PER J. ANDERSSON

Vom Schweden, der ein Schiff bestieg und auf den Inseln sein Glück fand

*Aus dem Schwedischen
von Angela Beuerle*

C.H.BECK

Die schwedische Originalausgabe erschien unter dem Titel
«Drömmen om en ö»
© Ordfront Förlag, Stockholm 2022

Abbildungen Weltkugeln: © Peter Palm, Berlin

Für die deutsche Ausgabe:
© Verlag C.H.Beck oHG, München 2023
www.chbeck.de
Umschlaggestaltung: geviert.com, Andrea Wirl
Umschlagabbildung: © stocksy und © shutterstock
Satz: C.H.Beck.Media.Solutions, Nördlingen
Druck und Bindung: Druckerei C.H.Beck, Nördlingen
Printed in Germany
ISBN 978 3 406 80716 9

⌒myclimate

klimaneutral produziert
www.chbeck.de/nachhaltig

«*Die Insel-Besessenheit ist ein wesentlicher Bestandteil
der westlichen Kultur, ein zentraler Punkt und eine treibende Kraft
aus vorgeschichtlicher Zeit bis in unsere Zeit hinein.*»

John R. Gillis

«*Seit zwei Tagen ohne Schnupftabak,
verschmachten wir auf dieser Insel.*»

Pippi Langstrumpf

Inhalt

Ja, ich bin nesophil!

Drei mal fünf Kilometer. Größer ist die Insel nicht. Dennoch gibt es hier einen Lebensmittelladen, eine Grundschule, Breitbandzugang und eine Kapelle samt Friedhof. Während der hellen Monate des Jahres, wenn die zweihundert Anwohner Gesellschaft von viertausend Feriengästen bekommen, öffnen auch ein Restaurant, eine Bäckerei und ein Kino. Sehr viel mehr braucht man nicht. Das finden zumindest wir Feriengäste. Was die ganzjährigen Bewohner von dem ausgesuchten Service-Angebot halten, ist eine andere Geschichte.

Die Knappheit verstärkt mein Gefühl, mich am Rande von etwas aufzuhalten, an einem Ort abseits des Zentrums, an den die Neuigkeiten aus der großen Welt erst mit gewisser Verspätung gelangen. Es sind nicht die Wälder, Schafweiden, Granitfelsen oder die im Meer versinkende Sonne, die den inneren Kern meiner Begeisterung ausmachen. Auch nicht die Geröllstrände, die silberblitzenden kleinen Seen, die Apollofalter oder all die verschiedenen Orchideenarten, die hier wachsen. Das magische Gefühl, sich jenseits von Zeit und Raum zu befinden, entsteht durch etwas anderes: den Schotterweg, der sich von Söderby über Svängen weiter nach Styrsvik und bis hin nach Stenbro schlängelt. Und das Seltsame dabei ist nicht, was passiert, sondern, was *nicht* passiert. Meist ist die Straße menschenleer, obwohl es die Hauptstraße der Insel ist. Vom Festland her bin ich stark frequentierte, asphaltierte und gerade Straßen gewöhnt. Hier sehe ich kaum mehr als ein paar Autos pro Tag. Aber umso mehr Fußgänger, Fahrradfahrer und das eine oder andere Lastenmoped. In den letzten Jahren ist mir aufgefallen, dass die Mopeds allmählich durch Quads ersetzt werden. Ich mag sie nicht, weil sie modern sind. Ich mag Lastenmopeds, weil sie das Gefühl einer vergangenen Epoche aufkommen lassen. Quads gehören in die Gegenwart, und die ist auf dem Festland zu Hause.

Jedes Mal, wenn ich rittlings auf einem der alten Armee-Fahrräder ohne Gangschaltung sitze, über die man als Mitglied des Schriftstellerverbands in den Häuschen auf Runmarö frei verfügen darf, bekomme ich beste Laune. Weil ich nämlich, unterwegs auf dem Schotterweg zum Lebensmittelladen durch den Wald, quer über die Kleewiese und an der ochsenblutroten Schule vorbei, statt Motorengeräuschen nur das Rauschen des Windes und Rascheln der Blätter höre.

Früher war die Atmosphäre auf dem Festland ebenso ruhig und friedvoll und die Straßen so gewunden und mit Schotter bedeckt. Auf der Insel entspricht die Anzahl der Autos pro Kopf ungefähr der auf den Festlandstraßen vor siebzig Jahren, und so werde ich an einen verlorenen Zustand erinnert. Dabei spielt es keine Rolle, dass ich zu jung bin, um selbst die Zeit erlebt zu haben, in der sich die Straßen auf dem Festland zwischen Wäldchen und Kuhweiden entlang schlängelten und die Verkehrsteilnehmer so wenige waren, dass sie sich grüßten, wenn sie einander begegneten. An den Zustand erinnere ich mich nicht, aber die Sehnsucht danach habe ich geerbt.

Nicht zu grüßen, wenn man jemandem auf der Hauptstraße der Insel begegnet, wäre grob unhöflich, geradezu suspekt. Wer kann das sein, der da offenbar anonym bleiben will? Hat sicher Dreck am Stecken. Während ich den Schotterweg entlang radele und immer wieder die Hand zum Gruß hebe, denke ich daran, wie erkannt zu werden etwas ist, worum ich auf dem Festland immer gekämpft habe. Wiederholte Male habe ich zu Hause versucht, vom Personal im Lebensmittelladen und in den Cafés als Stammgast begrüßt zu werden. Hin und wieder hat das für einen kurzen Zeitraum funktioniert, aber dann wechselte das Personal, oder der Laden schloss, oder ich wurde ungeduldig und bin in einen anderen Laden oder ein anderes Café gegangen oder in eine andere Stadt gezogen, und da musste ich wieder von vorne beginnen. Hier ist alles viel übersichtlicher und von einer größeren Kontinuität geprägt, wodurch das Zugehörigkeitsgefühl unmittelbar gegeben ist. Das gegenseitige Grüßen erscheint mir als triumphale Wiedergutmachung nach meinen Misserfolgen auf dem Festland.

Auf der Insel sitze ich im roten Häuschen vor meinem Computer und schreibe an dem Buch über Inseln. Nicht genug damit, dass ich mich auf einer Insel aufhalte und von anderen Inseln träume – ich befinde mich darüber hinaus im größten zusammenhängenden Inselreich der Welt. Vierundsiebzigtausend Inseln, Felseneilande und Schären schauen aus dem Schärengarten-Meer zwischen Stockholm und Åbo heraus (wovon vierundzwanzigtausend davon zu Schweden gehören und der Rest zu Finnland). Nirgendwo anders auf der Welt werden Meer und Horizont so häufig und so dicht gefolgt von kleinen Landstücken unterbrochen. Alle anderen Archipele bleiben weit dahinter zurück. Die Inselnation Indonesien hat nur achtzehntausend Inseln, die Karibik siebentausend, Griechenland gut dreitausend.

Runmarö gehört zu Schwedens Randbereich. Trotz der Nähe zur Hauptstadt ist Stockholms Schärengarten dünn besiedelt, mit historisch gesehen schwindender Bevölkerung, miserablen Kommunikationsmöglichkeiten und zunehmend ausgedünnter staatlicher Infrastruktur. Das Gefühl, außen vor zu sein, ist stark.

Vor noch gar nicht so langer Zeit konnte man sich im inselreichsten Schärengarten mit Infrastrukturvorteilen brüsten. Die Meere waren die Hauptverkehrswege der Welt, während das Innere der Kontinente Randbezirk und Wildnis war. Bereits während der Antike waren die Küsten und Inseln das Zentrum der

Welt, *empires of access.* So war es in Griechenland und Rom, bei der mittelalterlichen Hanse und bei den europäischen Seefahrernationen mit ihren Kolonialreichen. Auf dem Mittelmeer, dem Atlantik, dem Indischen Ozean und der Ostsee wurde Handel getrieben und politische Macht ausgeübt, und Städte, von denen man etwas erwarten konnte, lagen immer am Wasser. Am besten auf einer Insel.

In der Dämmerung höre ich auf zu schreiben, sitze still für mich da und betrachte die gigantischen Estlandfähren, die draußen auf dem Kanholmsfjärden vorbeigleiten. Sie leuchten, blinken und glitzern vor Licht und erinnern mich an die Geschichte der Inseln als infrastrukturelle Hotspots. Vor zweihundert Jahren allerdings geschah etwas, das den Inseln gegenüber der Festland-Konkurrenz ihren infrastrukturellen Vorteil nahm: Die ersten Eisenbahnlinien wurden gebaut. Nun setzte eine Veränderung ein, die Zentrum und Peripherie die Plätze tauschen ließ. Das Festland (zumindest die Gegenden, in denen Eisenbahnlinien entstanden) übernahm die Rolle, die zuvor die Inseln gehabt hatten. Welche stattdessen zum Gegenstand von Träumen über das verlorene Paradies wurden. Ideen und Vorstellungen aus Mythen und Sagen der Antike erhielten in Verbindung mit den Entdeckungen von Inseln in der Karibik und im Pazifischen Ozean durch die Weltumsegler neue Kraft.

Als die Industrialisierung Fahrt aufnahm und sich der europäische Himmel vom Kohlenrauch aus Dampflokomotiven und Fabrikschloten verdunkelte, wurde die Insel einmal mehr zum Gegenstand von Sehnsüchten nach einem Naturzustand. Das Leben auf der Insel wurde zur Antithese zum Kapitalismus. Inselbewohner waren glückliche Wilde, die – dachte man – so lebten, wie wir es alle in menschlicher Frühzeit getan hatten. Und die Inselzeit verging langsam, während sie auf dem Festland voraneilte.

Hier auf der Insel fühle ich mich ruhig, zufrieden, geradezu glücklich. Der Dichter Tomas Tranströmer, der die Sommer auch auf Runmarö verbracht hat – in einem Haus gegenüber dem von mir gemieteten Häuschen und dem Lebensmittelladen – fasst dieses Gefühl in folgenden Worten zusammen: «Ein stets helles Staunen, / wenn die Insel eine Hand ausstreckt / und mich aus Traurigkeit herauszieht.» Der englische Schriftsteller Lawrence Durrel hat die Gemütsverfassung, die ihn selbst auch überkam, als «eine seltene, aber keineswegs unbekannte Behexung der Seele» bezeichnet. In einem seiner vielen Inselbücher, *Leuchtende Orangen*, das von Rhodos handelt, analysiert er die Liebe zu Inseln, seine, meine und die vieler anderer. Die davon Betroffenen, schreibt er, erfüllt allein das Wissen, sich in einer kleinen, von Meer umgebenen Welt zu befinden, mit einem unbeschreiblichen Rausch.

Der Traum von der Insel

Regelmäßig bekomme ich Sehnsucht, zu einer weiteren Insel zu reisen. Gerne salzbesprengt, am liebsten ohne Brückenverbindung und am allerliebsten von kantigen und leicht schrulligen, aber zugleich unverfälschten und echten Persönlichkeiten bewohnt. Die Reise dorthin darf durchaus etwas Zeit kosten und muss nicht ganz einfach sein. Ein stürmisches Meer ist kein Hindernis. Aber wenn ich an Land gekommen bin, möchte ich das Gefühl bekommen, an einem Ort gelandet zu sein, an dem das Leben leicht, langsam und weniger komplex als auf dem Festland ist.

Mein Traum von der Insel ist keineswegs außergewöhnlich. Er ist so verbreitet, dass man ihn banal nennen könnte, denn ohne es zu wissen, sind die meisten von uns *nesophil*, Insel-Liebhaber. Man sehe nur, was die Reisebüros und Reiseveranstalter anbieten, dann wird deutlich, dass die Insel, wenn wir von einem anderen Ort träumen, einen zentralen Platz einnimmt. Allererstes Charterflug-Reiseziel der Schweden war im Sommer 1955 Mallorca. Noch immer gehört die spanische Mittelmeerinsel für die Europäer – nebst den Kanarischen Inseln, Sizilien und Sardinien in Italien sowie dem griechischen Korfu, Rhodos und Kreta – zu den Top Ten der Lieblingsreiseziele. Die Australier hingegen haben Bali und die Südseeinseln. Die Amerikaner Hawaii und die karibischen Inseln. Die Inder die Andamanen und die Malediven. Die Japaner die Ryūkyū-Inseln. Die Chinesen Hainan.

Die Festlandbewohner halten das Inselleben gerne für befreiend und verwandelnd. Auf den Inseln fühlen wir uns unserem Ursprung näher und schauen neidisch auf das Leben der Inselbewohner, das sich durch viel mehr familiären und gesellschaftlichen Zusammenhalt auszuzeichnen scheint.

Zugleich ist die Insel ein Ort, an dem wir gelegentliche Besucher unsere Ruhe haben. Manche reisen sogar auf eine Insel, um herauszufinden, wer sie in ihrem tiefsten Inneren eigentlich sind.

Für so viele Vorstellungen, so viele Träume, so viele Ideen mussten die Inseln herhalten. Wie konnten sie all das tragen, was wir über sie denken?

Bereits vor zweitausend Jahren haben die Römer auf Capri ihren Urlaub verbracht, aber erst Ende des neunzehnten Jahrhunderts hat der Insel-Tourismus ernsthaft begonnen. Außer Sonne und Wasser suchte man dort Ursprung, Vergangenheit, Übersichtlichkeit und Gemeinschaft, all das, was in dem industrialisierten, urbanen Leben auf dem Festland verloren gegangen war. Man sah die Inselbewohner zwar als weniger kultiviert und gebildet an als die Festlandbewohner, zugleich jedoch auch als natürlicher, einfacher, ehrlicher und freundlicher.

Die Griechen im Allgemeinen und Platon im Besonderen betrachteten Inseln als ideale Orte, um neue Städte zu gründen, sowohl in Wirklichkeit als auch in der Phantasie. Platons literarische Erfindung, *Atlantis*, war das Sinnbild der vollkommenen Insel, wo der Mensch in paradiesischer Harmonie lebte. Doch waren diese Inselbewohner von Hybris verblendet. Nachdem sie an der Eroberung Athens gescheitert waren, sank ihre Insel Atlantis in einer Nacht und einem Tag auf den Meeresgrund – was natürlich eine politische Allegorie darüber war, wie es einem ergehen kann, wenn man den Hals nicht voll kriegen kann und gegen die Gesetze der Natur verstößt. Eine Warnung, bedeutsamer denn je im Zeitalter der globalen Erwärmung, wo mehrere tief liegende Inseln – wie die Malediven und einige weitere in Melanesien, Mikronesien und Polynesien – zu den ersten Opfern steigender Meeresspiegel gehören werden. Letzten Endes ist nämlich die ganze Erde eine Insel im Universum, die, wenn wir gedankenlos weiter Dampf machen, Gefahr läuft, dasselbe Schicksal zu erleiden wie Atlantis.

Auch wenn die Sehnsucht nach Inseln eine mehrere Jahrtausende alte Geschichte hat, scheint die Intensität des Träumens davon zugenommen zu haben. Wenn das Leben sich immer stressiger und komplizierter anfühlt und die Weltlage sich verdüstert, träumen wir uns an einen Ort, an dem Ruhe, Einfachheit und Harmonie herrscht. Ein abgeschiedener Ort, umschlossen von Wasser, der für diese ideale Welt herhalten muss, nach der wir uns sehnen. Natürlich gibt es dieses erträumte Paradies nicht wirklich, das wissen wir wohl. Aber wenn es das geben würde, dann läge es aller Wahrscheinlichkeit nach auf einer Insel.

Auch in der Literaturgeschichte spielt die Insel eine Schlüsselrolle, von Homers *Odyssee* aus dem achten Jahrhundert vor Christus über Daniel Defoes *Robinson Crusoe* von 1719 bis zu William Goldings *Herr der Fliegen* von 1954.

Goldings Buch handelt von einigen Jungs, die auf einer Insel stranden und anfangen, sich gegenseitig zu mobben, zu misshandeln und schließlich auch zu töten. Der zentralen Aussage des Buches zufolge ist die Zivilisation ein dünner Firnis, ohne den wir als die grausamen Tiere erscheinen, die wir im tiefsten Inneren eigentlich sind. Einige Jahre, nachdem das Buch erschienen war, ist etwas in der Art wirklich passiert. Eine Gruppe Jungs aus Tonga landete schiffbrüchig auf einer einsamen Insel, von wo sie erst nach einem Jahr gerettet wurden. Das Ereignis ist gut dokumentiert, unter anderem durch den niederländischen Historiker Rutger Bregman, der sowohl die Jungen (die inzwischen in den Siebzigern sind) interviewt hat als auch die Besatzung, die sie gerettet hat. Hat es sich abgespielt wie in dem Buch? Nein, sagt Bregman und stellt fest, dass die beiden Geschichten, stellt man die wahre neben die erfundene, komplett gegenteilig verlaufen sind. Als die Jungen gerettet wurden, waren sie alle am Leben und vergleichsweise gesund. Um zu überleben hatten sie sich umeinander gekümmert und in beispielhafter Weise zusammengearbeitet.

Die Idee, dass die Isolation auf einer Insel das Schlechteste in uns hervorkehrt, löste sich nicht ein, als sie auf die Wirklichkeit traf. Gerade durch unsere Fähigkeit zur Zusammenarbeit ist die Spezies Mensch trotz allem so weit gekommen. Dennoch ist die Ansicht, der Mensch sei von Grund auf egoistisch, vom Kirchenvater Augustinus über den konservativen Philosophen Thomas Hobbes bis hin zur heutigen kapitalistischen Mainstreamkultur tief verwurzelt in der westlichen Zivilisation. Es liegt im Interesse der Machthaber zu behaupten, dass wir selbstsüchtige Monster seien, meint der niederländische Historiker. Denn wenn die Menschen *nicht* aufeinander vertrauen können und wenn es wahr ist, dass die Zivilisation nur ein dünner Firnis ist, dann brauchen wir schließlich Könige, Geschäftsführer, Präsidenten, Bürokraten, Polizisten, Militär sowie strenge Verbote und Restriktionen. Kurz gesagt: dann braucht man Hierarchie.

So knüpft Alex Garland in seinem Bestseller *Der Strand* von 1996 an William Goldings These an. In dem Roman versucht eine Gruppe Rucksackreisender auf einer thailändischen Insel ihre eigene Idealgesellschaft zu verwirklichen. Das Buch wurde in Maya Bay auf den thailändischen Kho Phi Phi verfilmt. Nach der Filmpremiere wurden die Inseln von Reisenden überschwemmt, die eine paradiesische Umgebung wie in dem Film erleben wollten. Doch sie trafen nur auf massentouristische Ausbeutung und Gedränge. Und auch die Reisenden in dem Buch scheitern in ihrem Versuch, die perfekte Gesellschaft zu erschaffen, da Alex Garland (wie Golding auch) der Überzeugung zu sein scheint, dass selbst das schöne Erlebnis eines vollkommenen tropischen

Strandes Egoismus, Neid und Machtgier der Menschen keinen Einhalt gebieten kann.

Der Traum von der Insel ist also nicht neu. Bevor wir wussten, wie man auf die Weltmeere hinaus reist, haben wir davon phantasiert, es zu tun. Auf den Karten war die Welt hinter dem Horizont nicht leer, nur weil wir noch nicht dort gewesen waren. Dank der Phantasie war das Meer, noch ehe wir es kartiert hatten, voller Leben. Die mythologische Geographie mit phantasievoll ausgemalten Inseln und Meeresungeheuern war für die Menschen des Mittelalters mindestens ebenso wirklich wie die tatsächliche Geographie, die allmählich die erfundene ersetzte. Zu dieser Zeit durften Mythos und Wirklichkeit gerne verschwimmen, die Grenzen dazwischen waren nicht so scharf, wie sie es heute wären.

Daher hatten die ersten Weltumsegler nicht die Erwartung, auf den abgelegenen Inseln etwas Unbekanntes zu erleben, sondern Dinge, die man dank antiker Sagen und Mythen bereits kannte. Man ging davon aus, die Inseln wiederzuentdecken, über die man seit tausend Jahren schrieb, redete und sie in Karten einzeichnete. Als man auf den Inseln im Atlantik und der Karibik an Land stieg, war daher die erste Herausforderung, sich von seinen vorgefassten Vorstellungen zu befreien und sie durch tatsächliche Beobachtungen zu ersetzen. Es muss ein Schock gewesen sein.

Ich finde, dass die Entdeckungsreisenden, denkt man an ihre lebhafte Vorstellungskraft, auch zu Hause hätten bleiben und weiter träumen können. Eine, die das viel später getan hat, war die deutsche Schriftstellerin Judith Schalansky, die schon ihr ganzes Leben lang an Inseln gedacht und sich nach ihnen gesehnt hat. Auf der falschen Seite der Berliner Mauer geboren, konnte sie in ihrer Kindheit nur in der Phantasie frei reisen. In dem Buch *Atlas der abgelegenen Inseln. Fünfzig Inseln, auf denen ich nie war und niemals sein werde* von 2009 nimmt sie uns mit an Orte, die sie, gerade wie die mittelalterlichen Seefahrer, mit erfundenem Leben gefüllt hat. Das Buch wurde ein internationaler Bestseller. So stark sind unsere Inselträume, dass wir bereit sind, sowohl wirklich erlebte als auch fiktive Inselschilderungen zu verschlingen.

Vielleicht wäre es besser, wenn ich es wie Judith Schalansky machte und die Träume von Abenteuern, exotischen Kulturen und idealen Inselgesellschaften Träume bleiben ließe?

Um die Ideengeschichte der Inseln zu verstehen, lese ich *Islands of the Mind: How the Human Imagination Created the Atlantic World* von dem amerikanischen Historiker John R. Gillis, einen der ehrgeizigsten Versuche, zu verstehen, welche Rolle Inseln im westlichen Denken gespielt haben.

Von Gillis lerne ich, dass der Garten Eden, das irdische Paradies, im frühen Mittelalter auf Bergspitzen verlegt wurde, da der Berg sich ein kleines Stückchen näher dem Himmelreich befand und so der Sintflut entkommen war, die weiter unten liegende Gegenden überschwemmt hatte. Daher platzierte Dante Alighieri in *Die Göttliche Komödie* von 1321 das Paradies beispielsweise auf den Gipfel des Läuterungsberges. Einige Forscher gingen von einem realen Vorbild für den Garten Eden aus und verorteten ihn entweder irgendwo in Armenien oder an der Mündung der Flüsse Euphrat und Tigris am Persischen Golf.

Als das Osmanische Reich im fünfzehnten Jahrhundert die Landwege Richtung Osten abschnitt und die Europäer sich stattdessen auf dem Meer Richtung Westen begaben, zog das Paradies von den Berggipfeln auf die Inseln. Die Portugiesen und Spanier waren überzeugt, sie würden den Garten Eden auf Inseln und Inselgruppen finden, die später Madeira, Kanarische Inseln, Kap Verde und Azoren genannt wurden. Als sie entdeckten, dass diese Inseln nicht so paradiesisch waren, wie sie es sich vorgestellt hatten, begannen sie stattdessen, sie als Orte anzusehen, an denen man zu weltlichem Vermögen kommen konnte. Da die Konkurrenz um Boden und Ressourcen auf dem europäischen Festland zugenommen hatte, schien es leichter, auf den dünn bevölkerten oder unbewohnten Inseln reich zu werden. Die primitiven Wilden, die dort möglicherweise schon wohnten, ließen sich leicht unterwerfen.

Diejenigen, die zuerst westwärts segelten, stellten sich das Meer voller Inseln vor. So ausgeprägt war diese Überzeugung, dass es lange dauerte, bis man verstand, dass einige der Landmassen, an denen man gelandet war, keine Inseln, sondern in Wirklichkeit Kontinente waren. So erging es auch Christoph Kolumbus. Er erwartete nicht, über weite Meeresgebiete zu segeln, sondern durch einen dichten Archipel mit tausenden von Inseln. Er war so besessen von diesem Gedanken, dass er, als er dann schließlich Amerika entdeckte, lebenslang in dem Glauben blieb, die neue Welt bestünde nicht aus einem Kontinent, sondern aus einem Archipel.

Außerdem war Kolumbus überzeugt, einige Inseln entdeckt zu haben, die in der Bibel erwähnt wurden. Als er vor Hispaniola ankerte, heute aufgeteilt in Dominikanische Republik und Haiti, glaubte er auf die mythischen Inseln gestoßen zu sein, von denen im Alten Testament erzählt wird – darunter Ofir, wohin König Salomo Schiffe schickte, um Gold, Sandelholz und Edelsteine zu holen. Kolumbus war sicher, eine der biblischen Inseln entdeckt und auf diese Weise die Menschheit ein Stück näher an Jesu Wiederkunft geführt zu haben. Jetzt, dachte er, könnte die Erde wieder ganz werden und das Meer verschwinden. «Er [Kolumbus] stellte sich selbst ins Zentrum des göttlichen Dramas und gab den Inseln die wichtige Rolle, die sie in der Bibel haben», schreibt Gillis. Was für eine Hybris!, denke ich.

Nachdem die spanischen Konquistadoren die Schätze des Inkareiches erblickt hatten, suchten die Seefahrer auch nach der vergoldeten Stadt El Dorado. Die goldbedeckten Wände entfesselten Träume von einer ganzen Stadt, einem ganzen Berg, einem ganzen See oder einer ganzen Insel, bedeckt von Gold. Hernán Cortés segelte nach Westen und suchte im Meer zwischen Südamerika und den Molukken, ebenso Álvaro de Mendaña, der nach der Insel Ausschau hielt, von der König Salomo dem Alten Testament zufolge sein Gold geholt hatte. Entsprechend heißen die Inseln, die Mendaña entdeckte, heute Salomon-Inseln.

Im antiken Griechenland gab es den Mythos von den Inseln der Seligen, gelegen irgendwo im westlichen Mittelmeer. Auf diesen befinde sich ein irdisches Paradies, bewohnt von Inkarnationen der Superhelden der griechischen Sagen. Der Philosoph Plutarch, der diese Inseln ein Stück weiter, draußen im Atlantik lokalisierte, beschrieb sie als Orte, an denen die Luft immer mild ist, der Regen wie silbriger Tau fällt und die glücklichen Bewohner sich ohne Mühe an reifen Früchten satt essen können.

Im frühen Mittelalter wurden die Trauminseln zahlreicher. Irgendwo westlich von Nordafrika wurde Sankt Brendan auf der Seekarte eingezeichnet, und ein Mönch, der behauptete, dort gewesen zu sein, berichtete von einem «atlantischen Paradies». Hundert Jahre später erschien eine weitere Insel auf den Karten. Brasilinsel oder Hy Brasil nannte man sie und platzierte sie westlich von Irland. Dass niemand sie mit eigenen Augen gesehen hatte, spielte keine große Rolle.

Bis zum fünfzehnten Jahrhundert führten die Meere gewissermaßen nirgendwohin. Und von da an überallhin. Während der vierhundert Jahre, die auf die Expeditionen des Kolumbus, Vasco da Gama, Amerigo Vespucci, Ferdinand Magellan folgten und die Gillis *the age of islands* nennt, erfanden die Europäer weitere Inselträume. Einerseits paradiesische Inseln, auf denen es alles gab, was der Mensch durch den Sündenfall verloren hatte – mit anderen Worten, Orte, die es *nicht mehr* gab –, und auf der anderen Seite utopische Inseln, die von besseren Gesellschaftssystemen als den existierenden erzählten – also Orte, die es *noch nicht* gab.

Die Inseln wurden zum Gegenstand politischer Visionen über Gesellschaften, die rationaler, demokratischer, gleichberechtigter und glücklicher waren. Als erster kam 1516 der Engländer Thomas More mit dem Buch *Utopia* heraus, das von einer Insel handelt, auf der das Leben so viel schöner und besser als zu Hause in England ist. Den Namen der Insel konstruierte er aus dem griechischen Wort für *nicht* und *Ort*, also *nirgendwo*. Also ein Ort, den es nicht gibt oder der aber zu gut ist, um wahr zu sein. So wie es geschrieben ist, kann man trotz des entlarvenden Titels verleitet werden, an die wahre Existenz der Insel zu glauben. Zu Beginn der Erzählung begegnet More in Antwerpen einem portugiesischen Seefahrer, der bei Amerigo Vespuccis Expeditionen in die Neue Welt dabei war. Der Portugiese erzählt, er sei dort auf der Insel Utopia an Land gegangen, die so ganz anders als England sei, und habe dann fünf Jahre lang dort gelebt. Alles Eigentum sei gemeinschaftlich, es herrsche Vollbeschäftigung, ein Sechs-Stunden-Tag und Arbeitsrotation (jeder Städter müsse zwei Jahre seines Lebens in der Landwirtschaft arbeiten). Jagen und Schlachten würden als barbarische Tätigkeiten angesehen. Die Bewohner hätten keine Konflikte untereinander und folglich gäbe es auch keine Anwälte. Wenn es mit anderen Inseln zum Krieg komme, heuere man Söldner von den kriegerischen Nachbarstaaten an oder ziehe sich durch Bestechung aus der Affäre. Für die Utopier ist Frieden, nicht Krieg am ehrenvollsten. Gold und Edelsteine haben keinen praktischen Nutzen, sind daher ohne Wert und werden von niemandem begehrt. Jeder Haushalt besteht aus einem Kollektiv von mindestens vierzig miteinander verwandten Personen. Leute, die spotten oder sich über andere lustig machen, werden als seltsam und abweichend angesehen.

Mit anderen Worten: ein entspanntes, friedliches, veganes Volk, das in Kollektiven wohnt, keinen Rachedurst verspürt und seine Mitmenschen respektvoll behandelt. Gibt es etwas Besseres? Vermutlich war More von Vespuccis echten Reisebeschreibungen von Nordamerika inspiriert, in denen der italienische Seefahrer die Ureinwohner auf den Karibischen Inseln mit folgenden Worten beschreibt: «Sie haben kein Privateigentum, alles gehört allen. Sie leben ohne König, ohne Obrigkeit, jeder ist sein eigener Herr.»

Gut hundert Jahre später war es Zeit für ein weiteres Buch über eine idealistische Trauminsel. Francis Bacon, auch er ein Engländer, verfasste 1626 *Neu-Atlantis*, beeinflusst sowohl von Mores *Utopia* als auch von Platons Beschreibung der versunkenen Insel. Bacons Erzählung beginnt damit, dass ein europäisches Schiff, unterwegs von Peru nach China und Japan, durch Stürme vom Kurs abkommt. Nach langer Zeit auf dem Meer gehen die Dinge des täglichen Bedarfs zur Neige, während zugleich immer mehr Menschen an Bord erkranken. Da, endlich, sichten sie in einem unbekannten Teil des Pazifischen Ozeans eine Insel. Nachdem sie an Land gekommen sind, werden sie im «Haus der Fremden» einquartiert. Die Kranken bekommen Medizin und werden gesund. Im Gespräch mit den Inselbewohnern wird ihnen deutlich, dass sie in eine ideale Gesellschaft geraten sind. Wenn sie wollen, dürfen sie gerne auf der Insel bleiben. Die Insel heißt Bensalem, zusammensetzt aus dem hebräischen *ben* – Sohn – und *salem* – Ganzheit. Die Inselbewohner erzählen von ihrem König namens Solamona, was an den alttestamentarischen Salomo erinnert. Früher hatte man einen lebhaften und ertragreichen Handel mit der übrigen Welt. Aber um Einflüsse des Bösen von außen zu vermeiden, entschied der König, die Insel zu isolieren. Die Jahrhunderte vergingen, der Handel mit der Welt nahm ab, die Navigationskenntnisse wurden verlernt, und in der übrigen Welt vergaß man die Insel.

Bensalem ist nicht genauso egalitär wie Utopia, sondern eher eine patriarchale Monarchie, die von einflussreichen Geschlechtern mit starken Familienoberhäuptern dominiert wird. Im Haus des Königs studiert man Gottes Werk und Schöpfung mit dem Ziel, Wissen zu erwerben über «die Ursachen und geheimen Bewegungen aller Dinge und die Erweiterung der Grenzen menschlicher Herrschaft ...». In der übrigen Inselgesellschaft dominiert die Wissenschaft in Laboren mit unbegrenzten Ressourcen, in denen Forscher Experimente durchführen, Theoretiker die Ergebnisse deuten und Ausführende für die praktische Anwendung sorgen. Mit anderen Worten, Ausdruck der Hoffnung auf eine zukünftige Welt, bestimmt von einem rationaleren, weniger religiösen Weltbild.

1602 erschien das Buch *Der Sonnenstaat* des italienischen Philosophen Tommaso Campanella. Die Rahmenerzählung ist ein Gespräch, das hundert Jahre zuvor in einer italienischen Hafenstadt stattgefunden haben soll. Ein Seefahrer berichtet einem Mann im Hafen, wie er während einer Weltumsegelung auf der Insel Taprobana an Land gekommen ist. Das war der alte Name der Griechen für die Insel, die heute Sri Lanka heißt. Auf der Insel, erzählt der Seemann, befinde sich eine befestigte und uneinnehmbare Stadt, die von einer Ringmauer umgeben und in sieben ineinander liegende Kreise aufgeteilt sei. Jeder Kreis ist von einer Mauer umgeben. Durch verschiedene Tore können die Bewohner sich von einem Kreis in den anderen begeben. In der Mitte des innersten Kreises liegt ein Tempel mit einem Altar, versehen mit zwei Globen: einem Himmelsglobus und einem Erdglobus. Der Sonnenstaat wird von einem gewählten Oberpriester namens Sol regiert, der drei Berater mit den Namen Pon, Sin und Mor hat, was Macht, Weisheit und Liebe bedeutet. Jede zweite Woche ist Vollversammlung, an der alle über Zwanzigjährigen, sowohl Männer als auch Frauen, teilnehmen und ihre Meinung äußern –

und wenn sie Lust haben, sogar die Regierungsbeamten absetzen dürfen. Ausgesprochen demokratisch.

Doch viel Freiheit haben die Inselbewohner nicht. Die Regierenden bestimmen, wer sich mit wem paaren darf und zu welcher Zeit genau sie miteinander schlafen sollen, damit die Nachkommenschaft optimal wird. Der Zeitpunkt für die Vereinigung wird vom Stand der Sterne am Himmel bestimmt. Die Kinder bleiben bis zum Alter von zwei Jahren bei ihren Müttern und werden danach gemeinsam aufgezogen. Privateigentum gibt es nicht, und die Regierenden verteilen die notwendigen Dinge nach Bedarf. Wissenschaft und Technik stehen hoch im Kurs, man findet es entscheidender, die Natur durch eigene Beobachtungen zu studieren, als Buchwissen auswendig zu lernen. Die Religion schließlich besteht aus einer synkretistischen Verbindung des Besten von Christentum, Astrologie und östlichen Lehren.

1656 war es Zeit für die Inselphantasien eines weiteren Engländers. Da nämlich erschien James Harringtons *The Commonwealth of Oceana*, das von einer Insel handelt, auf der die Herrschergewalt – anders als in den europäischen Monarchien – nicht erblich ist, sondern durch demokratische Wahlen zwischen verschiedenen Gesellschaftsgruppen rotieren musste. Auch darf niemand zu viel Ackerland besitzen, es soll vielmehr gerecht verteilt werden.

Die Welle von Büchern über Trauminseln war eine Folge der überlieferten, in der Antike verwurzelten Sagen und der Segel- und Entdeckerleidenschaft, von der Europa in den Jahrhunderten nach Kolumbus ergriffen worden war. Verstärkt wurden die Träume durch Schilderungen der Kolonisatoren vom glücklichen Leben, zunächst auf den blühenden Karibischen und später auf den Polynesischen Inseln. Dabei wurden die Bewohner als heitere Naturvölker beschrieben, die sich in einer an Früchten überbordenden Natur mit unbegrenzter Lust erotischen Ausschweifungen und sorglosen Vergnügungen hingaben.

Wie Lord Byron in dem Gedichtzyklus *Die Insel* von 1823, in der Übersetzung von Otto Gildemeister, schreibt:

> *Ihr ratet, was geschah. Das Inselland*
> *Reichte dem weißen Mann die braune Hand,*
> *Ein Wunder jeder jedem; dann gedieh*
> *Das Staunen bald zu wärmrer Sympathie;*
> *Hold war der Gruß der sonngebornen Väter,*
> *Der Töchter Lächeln holder und beredter;*
> *Die Eintracht wuchs; wohl sahn des Sturmes Söhne,*
> *Wie Anmut manche dunkle Form verschöne [...]*
> *Das Cavafest, der Yam, der Cocusschaft,*
> *Der Alles, Frucht und Milch und Becher, schafft;*
> *Der Brotbaum, der auf ungepflügtem Feld*
> *Die schnitterlosen Erntefeste hält [...].*

In einer chaotischen und unsicheren Welt handelt die magische Anziehungskraft der Inseln, denke ich, letzten Endes von der Sehnsucht nach Orten, die sich abgrenzbar, überschaubar, begreiflich und sicher anfühlen. Wahrscheinlich gibt es kaum einen Traum, der so weit verbreitet ist, wie dieser.

Doch träumen alle Menschen auf der Welt gleichermaßen von Inseln? Der amerikanisch-chinesische Geograph Yi-Fu Tuan bezweifelt es. Seiner Ansicht nach haben Inseln zwar eine gewisse universelle Anziehungskraft, allerdings ist diese in den westlichen Ländern am stärksten.

John R. Gillis meint, dass es auch einen Klassenaspekt gibt – oder gab. Die Armen Europas haben historisch gesehen nicht von ideal organisierten Gesellschaften auf abgelegenen Inseln geträumt, sondern eher vom Himmelreich, das sich der Offenbarung des Johannes zufolge den Rechtgläubigen eines Tages zeigen wird. Auch die Nomaden – die Samen, die Roma, das Reisende Volk und die Landstreicher – haben nicht so viele Inselträume gehabt, da sie ja selbst ständig unterwegs sind und es besser wissen, als von einem Paradies hinter dem Horizont – oder hinter der nächsten Wegbiegung oder im nächsten Tal – zu träumen. Auch in den zentralistischen und mächtigen Staaten, wie dem Römischen Reich, dem Kaiserreich China oder später der Sowjetunion, gediehen keine Träume von der Paradiesinsel, so Gillis, weil die Bürger der Imperien schließlich indoktriniert waren zu glauben, dass sie sich bereits mitten im Paradies befänden.

Im Westen denken wir nicht nur *an* Inseln, wir denken *mit* ihnen. Wir haben eine Tendenz, überall Inseln zu sehen, was die Insel zu einer unserer zentralen Metaphern macht. Wir denken an Inseln, wenn wir über Oasen in der Wüste sprechen, über Ghettos in Großstädten, über frei im Raum stehende Küchenschränke, über Zellgruppen, über einen Teil des Gehirns, über Muster, die man im Fingerabdruck findet und sogar über uns selbst als Individuen («jeder Mensch ist eine Insel» oder «kein Mensch ist eine Insel»). Zugleich stellen wir uns den Cyberspace als ein Meer voller Inseln vor, in dem wir herum *surfen*, mit Hilfe eines Webbrowsers als *Navigator*. Wenn jemand sich irrt oder etwas falsch verstanden hat, können wir sagen, dass er «auf dem falschen Dampfer» ist, wobei der Ozean die Lieblingsmetapher für Chaos und Verwirrung ist.

Gillis sieht zudem in den westlichen Ländern eine Tendenz, archipelartig zu denken und sich eher auf die Teile als auf das Ganze zu fokussieren. Viele andere Kulturen konzentrieren sich hingegen mehr auf das Verbindende als das Trennende. Die Einwohner Polynesiens haben sich beispielsweise eher einem Meer von Inseln als einer speziellen Insel zugehörig betrachtet. Es waren die Europäer, die im Zuge ihrer Weltumsegelungen den Begriff *insular* prägten, der nicht nur für Abgeschiedenheit, sondern – zumal im Englischen – auch für *Kleingeistigkeit* und *kulturelle Isolation* steht, die zwischen ihren Inselbesitzungen Grenzen schufen und eine Insel von der anderen isolierten. Das Meer, durch das die Polynesier sich verbunden fühlten, erschien den Europäern als ein Zwischenraum, eine Leere. Auch die Bewohner der Karibik dachten früher einmal wie die Polynesier, bevor die Europäer die Inseln zwischen sich aufteilten und sie voneinander und von ihrer eigenen Geschichte abtrennten.

Heute sind die Inselbesitzungen der Kolonialimperien im fernen Ozean eine bloße Erinnerung. Dachte ich zuerst. Aber wieso eigentlich? Denn es stimmt natürlich nicht. Frankreich herrscht noch immer über hundertachtzehn Inseln in Polynesien, siebenundsechzig davon bewohnt, mit Tahiti als Hauptinsel. Außerdem über Martinique und Guadeloupe in der Karibik und Réunion und Mayotte im Indischen Ozean. Und etwas weiter südlich im selben Meer über einige der isoliertesten Inseln der Welt: die Kerguelen-Inseln, auch bekannt als Inseln der Trostlosigkeit *(Îles de la Désolation)*, die selbst darum gebeten hatten, adoptiert zu werden.

Auch Großbritannien hat einige seiner kolonialen Insel-Eroberungen behalten, unter anderem Anguilla, Bermuda, die Britischen Jungferninseln, die Cayman-Inseln und die Turks- und Caicoinseln in der Karibik; die Falklandinseln, St. Helena, Ascension, Tristan da Cunha, Südgeorgien und die Südlichen Sandwichinseln im Südatlantik; Henderson und die Ducie- und Oenoinseln (Pitcairninseln) im Pazifischen Ozean sowie den Chagos-Archipel im Indischen Ozean.

Die Chagos-Inseln wecken meine Neugierde. Anfang der siebziger Jahre vertrieben die Briten die letzten Ureinwohner von der Inselgruppe, die offiziell British Indian Ocean Territory heißt, direkt unterhalb der Malediven liegt und eine britisch-amerikanische Militärbasis beherbergt. Die Chagossianer haben lange davon geträumt, auf ihre Heimatinseln zurückkehren zu können. Anfang 2022 durfte erstmals eine Gruppe glücklicher Ureinwohner, die auf Mauritius gelebt hatten, zurückreisen. Am liebsten wäre es ihnen, wenn die Briten verschwinden, damit sie die Inseln wieder für sich bekämen. Dieses Anliegen fand Unterstützung sowohl bei der UNO als auch von mehreren internationalen Gerichtshöfen. Doch die Briten weigern sich. Die Inseln haben große militärstrategische Bedeutung. 2020 hatte Mauritius es satt und wandte sich an Google, damit die Information, dass die Inseln zu Großbritannien gehören, gelöscht würde. Mit gewissem Erfolg, denn in den meisten Einträgen steht dort jetzt, dass Mauritius Anspruch auf die Inseln erhebt und bei der UNO Recht bekommen hat.

Die Chagos-Inseln sind ein Beispiel für Inseln, von denen die meisten Festlandbewohner noch nie gehört haben. Und natürlich gibt es noch mehr unbekannte Archipele. Wer kann die Königin-Elisabeth-Inseln, die Lakkadiven und die Nikobaren auf einer Weltkarte zeigen? Niemand? Das dachte ich mir! Nimmt man ihre Bekanntheit für den überwiegenden Teil der Menschen, ist also nicht die gesamte Welt durchkartografiert. Und wenn es Orte gibt, von denen wir nie haben reden hören, sind es mit größter Wahrscheinlichkeit abgelegene Inseln.

Die Zeit der kolonialen Neuerwerbungen ist vorbei. Stattdessen haben die Touristen die Rolle der Kolonisatoren übernommen. Heute reisen wir zu Inseln auf der Jagd nach «phantastischer Abgeschiedenheit und einer Atmosphäre von Zeitlosigkeit», um mit Gillis zu sprechen, kurz, all dem, was die frühen Entdecker gesucht haben. Und, muss man hinzufügen, auch nach der Abgeschnittenheit, der alle, die dauerhaft auf Inseln leben, nach Kräften zu entkommen versuchen.

Genau wie andere zentrale Metaphern kann die Insel für eine Menge verschiedener Dinge stehen. Die Inseln wecken also viele gegensätzliche Wünsche, Befürchtungen und Begierden. Sie können Bedrohtheit und Verletzlichkeit, aber auch Ganzheit, Echtheit und Sicherheit repräsentieren. Inseln symbolisieren etwas, was wir verloren haben, und sind damit ein Ort, an dem wir uns erholen können. Sie sind Metapher für Paradies und Hölle. Sie sind sowohl attraktiv als auch abschreckend. Sie stehen sowohl für Trennung als auch für Kontinuität, für Isolation und Zusammenhalt. Sie lassen uns in die Vergangenheit und in die Zukunft blicken. Wir projizieren auf sie unsere Wünsche und unsere Begierden. Zugleich sind sie geeignete Orte, um unsere größten Ängste zum Ausdruck zu bringen. Wie in Arnold Böcklins Gemälde *Die Toteninsel* von 1880–1881, in Stephen Spielbergs Film *Jurassic Park* von 1993 oder in den sechs Staffeln der amerikanischen Fernsehserie *Lost*, die zwischen 2004 und 2010 ausgestrahlt wurde – um nur einige Beispiele zu nennen.

Auf Inseln fühlen wir uns ungewöhnlich frei, aber auch extrem eingeschränkt. Auch wenn Inseln inzwischen meist mit Vergnügen, Friedlichkeit und Entspannung verbunden werden, nicht zuletzt in der Tourismusindustrie, stehen sie noch immer für Schmerz. Wir schicken Subversive, kriminelle Immigranten, Asylbewerber, Infizierte und andere nicht Erwünschte auf Inseln. Napoleon Bonaparte wurde gezwungen, zunächst auf Elba und dann auf Sankt Helena ins Exil zu gehen. Später schickten die Franzosen Kriminelle und Regimekritiker (unter anderem Dreyfus) auf die Teufelsinsel direkt vor Französisch-Guyana, die Briten brachten ihre Diebe und Staatsfeinde per Schiff nach Australien, die Seychellen und die Andamanen, und Südafrika sperrte seine Apartheidsgegner wie Nelson Mandela auf Robben Island ein. Venedig schickte Leprakranke auf die Insel Lazaretto und Pestinfizierte nach Poveglio, während Schweden Infizierte auf Känsö im Göteborger Schärengarten und auf Fejan im Stockholmer Schärengarten isolierte. Kürzlich erst brachte Australien Asylsuchende nach Papua-Neuguinea und Nauru, um sie nicht auf ihrer eigenen Rieseninsel, die eher ein Kontinent ist, haben zu müssen.

Auf den Inseln in der Karibik und im Indischen Ozean legten Briten und Franzosen Plantagen an, auf denen die Arbeit von Sklaven getan wurde. Für diese waren die Inseln natürlich Synonyme für Zwang, Gewalt, Tod und Krankheiten. So hoffnungsvoll, wie das Inselleben für die träumenden Kolonisatoren erschien, so hoffnungslos konnte es für die Untergebenen und Kolonialisierten sein.

Während der Aufklärungszeit verwandelten Wissenschaftler die Insel in eine Art natürliches Laboratorium. Anthropologen fanden sie ideal für Feldstudien zu Kulturen der indigenen Völker. Bronislaw Malinowskis Feldstudien auf einer Insel – genauer gesagt Kiriwina von den Trobriand Inseln – legten den Grund für die heutige Sozialanthropologie.

Die Europäer waren, kurz gesagt, fixiert auf Inseln, auf die sie ihre Träume projizierten, sich über sie entsetzten, auf sie emigrierten – dabei natürlich auch reich wurden –, auf denen sie ihren Ursprung erforschten und sich neugeboren fühlten.

Die indischen und chinesischen Festland-Imperien, die vor den europäischen Kolonialismen die Weltökonomie dominierten, schauten hingegen weiterhin in die Mitte der Kontinente. Das indische Königreich hatte seine Zentren weit von den Küsten entfernt und betrachtete das Meer – das *kala pani*, schwarzes Wasser, genannt wurde – als bedrohlich und uneinnehmbar. China hatte nach einigen Versuchen aufgegeben, durch Langstrecken-Seefahrt reich zu werden. In einem Handbuch von 1701 fasste dort ein Autor alle Europäer, Amerikaner und Afrikaner, von denen man fand, sie hätten das Meer und die Inseln im Kopf, zusammen und bezeichnete sie als «die Menschen vom großen westlichen Meer».

Während der ganzen Epoche des Kolonialismus lockten die Inseln unsere Besitzgier hervor. Sie wurden Objekte unseres Wunsches zu herrschen und waren zugleich Erinnerungen an unsere Machtlosigkeit. Mit anderen Worten weckten die Inseln sowohl stärkere Hoffnungen als auch dunklere Gefühle als jegliche andere Form von Landmasse. Im Disneyfilm *Vaiana* von 2016 dürfen wir mitkommen auf die grüne Insel Motunui, gelegen in glitzerndem Meer. Kokosnüsse fallen von den Palmen, das Gras wächst frisch, grün und weich, es gibt üppiges Laubwerk und viele farbenfrohe Blumen. Auf der Insel sieht man Körbe voller frischer Fische und Bäume und Büsche, die sich vor Bananen und Tarofrüchten nur so biegen. Die Inselbewohner sind fleißig, entspannt, großzügig, sozial, fröhlich, lustig und tanzfreudig. Die Botschaft könnte nicht deutlicher sein: Motunui ist das Paradies. An den Universitäten in den USA, in Australien und Neuseeland rief der Film nach der Premiere eine Debatte hervor und wurde der kulturellen Aneignung der pazifischen Kultur beschuldigt. Doch als der Film Studierenden an der National University der Inselnationen Samoa gezeigt wurde, in der Absicht, eine Diskussion über kulturellen Diebstahl in Gang zu setzen, war die Reaktion ganz anders, erzählen Kalissa Alexeyeff und Siobhan McDonnell in einem Essay in der Zeitschrift *The Contemporary Pacific*. Die Studierenden auf der Pazifik-Insel fanden, *Vaiana* müsse gefeiert werden, weil das Inselleben so schön geschildert wird. Der Film, sagten sie, mache sie stolz darauf, von einem Ort zu kommen, der zu so einer paradiesischen Schilderung inspiriert.

In der abendländischen Kosmologie steht Wasser für Chaos und Land für Ordnung, während die Inseln eine dritte Art von Ort ausmachen. Etwas zwischen Land und Meer. Daher eignen sich

Inseln gut als Tore zwischen den beiden Welten, als Tore zu einer anderen Art von Leben.

Im antiken Griechenland sah man sich als Bewohner einer Welt, die in sich eine Insel war. Einer ganz von Wasser umschlossenen Landmasse. Gar nicht schlecht geraten, denn schließlich ist es genau das, was auch alle Kontinente sind, inklusive des euroasiatischen, zu dem Griechenland gehört. Das uns umgebende Wasser definierte die Welt. Sowohl in der Mythologie der alten Griechen als auch des Nahen Ostens stellte man sich den Anfang als ein Chaos vor, das allein aus Wasser bestand. In den altnordischen Gesellschaften glaubte man, die Erde sei eine Insel im Weltmeer, in dem die gewaltige Midgardschlange und andere Seeungeheuer lebten. Die Hebräer stellten sich das Meer als ein ursprüngliches Chaos vor, aus dem es Gott in seiner Weisheit gelungen war, die Erde zu erschaffen, und damit auch den Menschen.

Sowohl im antiken Ägypten als auch in Indien verehrte man das Wasser in Bächen, Flüssen, Strömen und Seen, hegte dem Meer gegenüber jedoch ein großes Unbehagen und hielt sich am liebsten von ihm fern. Auch die griechischen Helden waren skeptisch. Wenn man sich zu den Inseln hinausbegab, hatte man immer das unausgesprochene Ziel, früher oder später wieder zum Festland zurückzukehren.

Reisen auf dem Meer waren voller Gefahren und deshalb eine strikt männliche Angelegenheit. Anständige Frauen, wie Penelope in Homers *Odyssee*, blieben, wenn die Männer loszogen, auf der Heimatinsel zurück, während es draußen auf den Inseln verführerische Frauen wie Kirke und die Sirenen gab, bereit, die sexuell ausgehungerten Seemänner in Versuchung zu führen und ins Verderben zu stürzen. Die Vorliebe für Inseln, meint Gillis, ist also ein Erbe aus dem antiken Griechenland, das sich über die Ära der großen Entdecker bis in unsere heutige Zeit fortgepflanzt hat.

Das Wasser war für die Menschen Quelle des Lebens und der Zerstörung zugleich. Die Angst vor Überschwemmungen war permanent gegenwärtig und ist vererbt worden. Heute sind die gestiegenen Meeresspiegel als Auswirkung der Klimaveränderungen sogar das Sinnbild des baldigen Untergangs unserer modernen Zivilisation.

Die Suche der Weltumsegler nach dem Paradies auf den Inseln war deutlich sexuell aufgeladen. Neben der rein wirtschaftlichen Verlockung des globalen Gewürzhandels gab es die erotische Anziehungskraft. Die europäischen Seefahrer, allesamt Männer, waren besessen von der Idee, auf Inseln an Land zu gehen, die man sich als rund und verführerisch vorstellte. Gillis schreibt, dass die Neue Welt als feminin betrachtet und unentdeckte Inseln häufig als «jungfräulich» beschrieben wurden. Kolumbus soll sogar eine Insel im südamerikanischen Orinoco-Delta, geformt wie eine weibliche Brustwarze, zum Paradies erklärt haben.

Aber es gab auch Vorstellungen und Träume von Inseln, auf denen Frauen herrschten. Die Insel Yonaguni wurde in der mittelalterlichen japanischen Mythenbildung als Fraueninsel bezeichnet, weil man sie als allein von Frauen bewohnt glaubte. Den Männern, die auf die Insel kamen, wurden köstliche Mahlzeiten serviert und als Gegenleistung erwartet, mit so vielen Frauen wie möglich Sex zu haben, um den Nachwuchs zu sichern. Wurden Jungen geboren, tötete man sie sofort, während Mädchen zu starken, selbstständigen Frauen erzogen wurden, von denen man erwartete, dass sie die Traditionen weiterführten.

Ähnliche Phantasien hatte die schwedische Künstlerin Tyra Kleen als kleines Mädchen Ende des 19. Jahrhunderts. Sie träumte davon, als Erwachsene zu einer unbewohnten, tropischen Insel zu reisen, so wie der, an der Robinson Crusoe an Land gespült wurde. Dort würde sie zwölf Kinder bekommen. Diese sollten nackt, frei und glücklich aufwachsen. Der Vater der Kinder würde ein Schattendasein führen, so wie ihr eigener Vater es getan hatte. In ihren Tagebuchaufzeichnungen schrieb sie, dass der Vater verschwinden solle, «ungefähr wie in der Bienengesellschaft die Drohnen, wenn sie ihren Auftrag erfüllt haben», also das Weibchen befruchtet und das Weiterleben des Volkes gesichert haben. Mit ihren Kindern würde sie dann in einem utopischen Matriarchat auf der einsamen Insel bleiben. Sie zeichnete und malte massenhaft Bilder, die ihren Traum von einer Insel mit ausschließlich Frauen und Kindern darauf illustrierten.

Später im Leben besuchte Tyra Kleen drei abgelegene Inseln, Sri Lanka, Java und Bali. Obwohl sie nicht genau das Matriarchat fand, von dem sie als Kind geträumt hatte, begeisterte sie sich doch für die femininen und feingliedrigeren Züge, die sie bei den Inselbewohnern festzustellen meinte.

Auf echte Matriarchate stießen die Europäer, als sie zu Beginn des sechzehnten Jahrhunderts nach Bijagós kamen, einem Archipel direkt vor Westafrikas Küste, bestehend aus achtundachtzig Inseln, von denen ungefähr zwanzig bewohnt waren. Die Inselbewohner hatten eine starke Flotte – bestehend aus riesengroßen Kanus, mit Platz für bis zu siebzig Personen –, die den Portugiesen gewachsen war. Die Inseln behielten ihre Unabhängigkeit bis 1936, als die Portugiesen sie schließlich unterwarfen. Die europäische Oberhoheit währte nur einige Jahrzehnte. Seit 1974 gehören die Inseln zu Guinea-Bissau. Die Inselbewohner, die sich von den Portugiesen nicht bezwingen ließen, ernährten sich in erster Linie von Jagd und Fischfang zwischen den Mangrovensträuchern in den Salzwassersümpfen. Die tägliche Arbeit für den Lebensunterhalt war hauptsächlich Aufgabe der Frauen, ebenso die Priester- und Häuptlingsrolle. Und es waren die Frauen, nicht die Männer, die den Partner zum Kinderkriegen wählten, während die Vererbung über die mütterliche Linie geschah. Das Matriarchat besteht bis in die moderne Zeit hinein. Ein Bericht der CBD-Habitat Foundation beschreibt jüngst die Machtverhältnisse auf den Inseln folgendermaßen: «Die Mädchen bestimmten sich ihre Männer, indem sie einen großen Teller mit Essen vor dem Haus des Mannes ihrer Wahl hinstellen. Wenn der Mann gewillt ist, ihre Werbung anzunehmen, isst er das Essen auf. Nachdem er das getan hat, zieht der zukünftige Mann ein. Wenn sie seiner überdrüssig ist, nimmt sie sein Eigentum und stellt es vor das Haus, um zu zeigen, dass sie nicht länger mit ihm zusammenleben will.»

Aus irgendeinem Grund ist die Stellung der Frauen auf Inseln stärker als auf dem Festland, betont Anders Källgård in seinem Buch Öar («Inseln») von 1994 und belegt dies damit, dass die ersten Präsidentinnen der Welt auf Island und Irland gewählt wurden.

Früh schon waren die Europäer der festen Überzeugung, dass die Urbevölkerung auf den Inseln dem Sündenfall entgangen sei. Deshalb waren die Ureinwohner auch so unverstellt, frei von Scham und unschuldig. Ein Zustand, den die Europäer hofften, selbst erreichen zu können, indem sie auf den Inseln an Land stiegen. Doch wenn man eine Zeitlang dort gewesen war und die rosaroten Paradiesmythen hinter sich gelassen hatte, änderte sich die Haltung. Nachdem man die Frauen der Insel zunächst als unschuldig und jungfräulich angesehen hatte, wurden sie dann als lebensbedrohliche Amazonen, gierige Kannibalinnen oder böse Hexen betrachtet. Wie Eva, die Adam dazu gebracht hatte, von dem Apfel zu essen.

Das wiedergefundene Paradies verwandelte sich zum verlorenen Paradies. Dennoch konnte sich die Suche nach Paradiesinseln noch eine Weile fortsetzen. Denn als die Europäer mit dem Atlantik fertig waren, nahmen sie sich die unendlich viel größere und weiter verstreut liegende Inselwelt im Pazifischen Ozean vor.

Irgendwann im neunzehnten Jahrhundert waren die Inseln der Welt größtenteils erforscht und in die Karten eingetragen, wo sie phantastische Seeungeheuer, riesenhafte Meeresschlangen und traumartige Phantasieinseln ersetzten. Die Zeit der großen Entdeckungen war vorbei.

Dennoch hörte die Suche nicht auf. Denn der Traum von der Paradiesinsel wurde von der Tourismusindustrie übernommen. Mit einer kurzen Google-Suche kommt man auf eine kleine Auswahl von Überschriften aus Reisekatalogen, Reisezeitschriften und den Reiseseiten der Tageszeitungen:

Schöne Paradiesinseln rund um die Welt
5 Paradiesinseln, deren Besuch einen nicht arm macht
10 Paradiesinseln, die man gesehen haben muss, bevor man stirbt
Finden Sie Ihre persönliche Paradiesinsel auf den Malediven
5 herrliche Paradiese in Weiß und Türkis
Hier sind die 9 verlockendsten Paradiesinseln

Groß ist die Zahl heutiger Ferienreisender, inklusive westlicher Steuerflüchtlinge und russischer Oligarchen samt ihren Luxusyachten, die wie die Entdeckungssegler früherer Zeiten vergeblich nach der Paradiesinsel suchen.

Doch als ich aufbreche, habe ich keine Angst, enttäuscht zu werden. Denn meine Überzeugung ist stark: Das Paradies ist für ewig verloren. Die Paradiesinsel hat nie existiert. Dennoch höre ich vom Meer her eine leise, aber verführerische Stimme, die flüstert, ich solle mir nicht so sicher sein. Das weißt du nicht, ehe du es nicht selbst gesehen hast, flüstert die Stimme.

Also mache ich mich auf die Reise.

El Hierro

Das Ende der Welt

Fläche: 269 km²
Einwohnerzahl: 11338
Koordinaten: 27°45'N 18°00'W
Zeitzone: GMT +−0
Höchster Punkt: 1.501 m ü. d. M.

Bei Sonnenuntergang legt der Benchijigua-Express in Los Cristianos im Süden Teneriffas ab und nimmt Kurs auf das Ende der Welt. Heute ist das nur eine schöne Bezeichnung. Aber früher einmal war die Insel der letzte Außenposten, ehe die bekannte Geographie aufhörte. Was dahinter lag, gehörte ins Reich der Fantasie.

Zusammen mit den Rauchern und Hundebesitzern stehe ich auf dem Achterdeck und betrachte die funkelnden Lichter des Hafenpiers hinter uns. Ein schwer durchdringlicher Geruch von Zigaretten, nassem Fell, Diesel und Salzwasser. Blecherne Stimmen aus den Walkie-Talkies des Personals. Metallisch klingende Lautsprecherdurchsagen in maschinengewehrratterndem Spanisch. Die dröhnenden Motoren und vibrierenden Wände der Fähre. Das schäumende Meer. Kreisende und kreischende Seevögel.

1492 segelte Kolumbus mit der Karacke *Santa Maria* an der Insel vorbei, in der Gewissheit, dass die Erde nicht flach war. Mit dieser Ansicht war er nicht der erste. Schon Hiob im Alten Testament beschreibt die Erde als Kugel, und im Buch Jesaja ist vom «Erdenrund» die Rede, über das der Himmel wie ein Zelt gespannt ist. Im sechsten Jahrhundert vor unserer Zeitrechnung wusste Pythagoras von der sphärischen Form der Erde, während seine Kollegen den Umfang der Erde berechneten. Aber man wusste nicht, was einen jenseits von El Hierro erwartete. Vielleicht war dort trotz allem ein Abgrund? Ehe man nicht nachgesehen hatte, konnte schließlich niemand sicher sein.

Es ist unklar, wie die Insel damals genannt wurde. Sie hat viele Namen getragen. Vielleicht sagte man Ombrion, Capararia, Pluvialia oder Eseró. Oder Meridianinsel, der Name, den der griechisch-römische Astronom Plutarch der Insel bereits im zweiten Jahrhundert nach Beginn unserer Zeitrechnung gab. Die Insel, die Europas südwestlichste Landmasse ausmacht und von der man früher einmal glaubte, sie sei der äußerste Außenposten der Welt, wird heute El Hierro genannt, was spanisch «das Eisen» bedeutet. Vielleicht, denke ich, hat man den Namen ausgesucht, weil Kolumbus noch ein weiteres Eisen im Feuer haben wollte und deshalb vorbei an Punta de Ochilla, der Westspitze der Insel, weiter Richtung Westen fuhr? Nein, wohl kaum! Dumme Idee! Eher deswegen, weil es das spanische Wort war, das *Hero* am nächsten kam, dem Namen, den die Urbevölkerung der Insel gab.

Ein paar Stunden später legt der Benchijigua-Express am Ende der Welt an. Aber Kolumbus ahnte, dass die Welt jenseits der Insel nicht zu Ende war. Er hoffte auf einen gewaltigen Ozean mit vielen weiteren Inseln. Neben der Verlockung, viel Geld mit Gewürzhandel zu verdienen, gab es die erotische Anziehungskraft. Die Seefahrer waren besessen davon, «ein arkadisches und friedliches Meer, jung, feminin, erstrebenswert und verletzlich, einen Ozean voller Lust und Verlangen» zu finden, wie der australische Inselforscher John Connell es formuliert hat.

Auf seiner zweiten Reise nach Westen ankerte Kolumbus vor

El Hierro und ging an Land, um auszuruhen, Wasser zu bunkern und Anlauf zu nehmen für den Sprung hinaus ins Unbekannte. Er blieb siebzehn Tage lang, ich begnüge mich mit vierzehn. Kolumbus schien keinerlei Bedenken zu haben, natürliche Ressourcen mitzunehmen, die es, im Unterschied zu Steinen, nicht so reichlich gab. Er füllte die Tanks der Karacke mit massenhaft Süßwasser, was auf dieser Insel, ebenso wie auf den meisten kleinen Inseln der Welt, Mangelware war – und noch immer ist. Es gab so wenig Wasser, dass die indigene Bevölkerung der Insel, die *Bimbaches*, nicht auskam mit den vorhandenen Süßwasserquellen und deshalb zu raffinierten Methoden greifen musste, etwa, den Tau des sagenumwobenen und heiligen Garoé-Baums zu sammeln.

Auch ich werde bunkern. Jedoch immaterielle Dinge wie Eindrücke, Erlebnisse und Erfahrungen. Vielleicht nehme ich trotzdem ein paar poröse Lavasteine mit, denn das habe ich meinem Sohn versprochen.

Als ich an Land gehe, ist es stockfinster. Autos und Lastwagen rollen von der Fähre und verschwinden in der Nacht. Der Kapitän und das übrige Personal schalten alles aus, schließen die Fähre ab und fahren in ihren Autos davon. Eine Viertelstunde später hört man nur noch das Geräusch der Wellen, die gegen die Klippen schlagen.

Im Dunkeln versuche ich zu erkennen, was mich erwartet. Ich sehe ein kleines Terminalgebäude und dahinter einen Weg, der den Berg hinaufführt. Nur drei Menschen sind noch da, die mir entgegenkommen. Jan-Erik und Monika, die mir den Weg zu dem Haus zeigen sollen, das ich gemietet habe, und Mercedes von der Autovermietungsfirma. Sie winken.

«Mit welcher Fähre kommen Sie?», hatte Mercedes gefragt, als ich ihr einige Tage zuvor gemailt hatte, ob sie ein Auto zu vermieten habe.

«Am Sonntag mit der Abendfähre», habe ich geantwortet.

«Bis dann», lautete die kurzangebundene Antwort.

Sie fragte nicht nach der genauen Uhrzeit oder dem Namen der Fähre, aus dem einfachen Grund, weil es nur eine Abendfähre gibt. Ebenso wenig fragte sie nach meinen Kreditkartendaten, Führerschein oder Passnummer, aus dem einfachen Grund, weil sie wie eine Inselbewohnerin denkt und anderen Menschen vertraut.

Mercedes gibt mir die Autoschlüssel und wünscht mir alles Gute.

«Wie Sie sehen, gibt es bereits einige Schrammen und kleine Beulen und es werden wohl noch mehr werden. Das ist nichts, was uns kümmert», sagt sie.

«Gut zu wissen», sage ich, der ich diese peniblen Inspektionsrunden, die die großen Autovermietungsfirmen durchführen, so gar nicht mag. Aber wo stelle ich das Auto ab, wenn ich die Insel verlasse?

«Stellen Sie es auf den Parkplatz.»

«Soll niemand überprüfen, dass es noch ganz ist?»

«Nein, warum denn?»

«Und die Schlüssel?»

«Die legen Sie in den Briefkasten an dem Kastenwagen, der auf demselben Parkplatz steht.»

So macht man es hier eben. Paragraphen, Misstrauen und Kontrollen gehören aufs Festland. Auf einer Insel, auf der alle alles wissen, braucht man so etwas nicht. Ohnehin kommt auf einer Insel, auf der alle alles und alle im Blick haben, niemand, nicht einmal der gerissenste Betrüger, davon.

Kurz vor Mitternacht fahre ich in die Dunkelheit hinein, der Mitte der Insel zu, die verheißungsvoll und bedrohlich zugleich erscheint.

Im Dorf auf achthundert Metern Höhe trete ich am nächsten Morgen auf die Terrasse des weißen Steinhauses hinaus. Von hier aus sehe ich weite Teile des sonnenglitzernden Meeres, das die Insel umgibt. Kein Schiff dort unten in dem großen Blau und kein Vogel dort oben in dem anderen großen Blau. Es kommt mir vor, als sei ich von einer riesigen Leere umschlossen. Als schwebte ich frei im Weltraum. Als sei das Meer eine schützende Hülle, die uns vom Rest der Welt abschirmt, uns umschließt und umarmt. Alles Aufreibende, Stressige, Gehetzte, Gemeine und Böse, was die Menschen auf dem Kontinent umtreibt, fühlt sich weit weg an.

Draußen über dem Meer, ungefähr auf gleicher Höhe wie das Haus, schweben die Wolkenbäuschchen vorbei. Dass sie nicht abbiegen und sich über den Ort hinweg begeben, lässt mich glauben, die Sonne scheine hier immer. Könnte ich von weiter oben wie ein Wettersatellit auf die Insel herabschauen, hätte ich gesehen, dass das stimmt. Über dem südlichen Teil der Insel, wo ich mich befinde, ist beinahe immer klares Wetter, während oben an der Nordküste eine dichte Wolkendecke geparkt hat. Gerade zwischen der heißen unfruchtbaren Wüste im Süden und den regenfeuchten Bananen- und Ananasfeldern im Norden sieht man ein Hochland mit blühender Heide. Mit den kühlen Winden zieht ein feuchter Nebel herein, der einem das Gefühl gibt, an Irlands Westküste zu sein.

Als ich an einem diesigen Nachmittag in der Inselhauptstadt unterwegs bin, gibt der Mietwagen den Geist auf. Es ist meine Schuld. Als ich geparkt hatte, um durch den feuchten, kalten und bleigrauen Nebel zu wandern, hatte ich vergessen, das Abblendlicht auszuschalten. Ich rufe Mercedes von der Autovermietungsfirma an. Sie fragt, wo ich mich befinde

«An dem Baum an der Calle de la Constitución», sage ich.

«Ich verstehe», antwortet sie kurz und beendet das Gespräch.

Zehn Minuten später ist sie mit einem Kollegen vor Ort. Die entladene Batterie wird gegen eine geladene ausgetauscht. Dabei fällt kein böses Wort, ich muss nichts bezahlen, auch Bürokratie gibt es keine. Am Ende werden nur ein kurzes «Jetzt läuft es wieder» und ein «Ok!» ausgetauscht. Dann verabschieden wir uns, ohne Umstände.

Ich fahre zur Heide des Hochlands hinauf mit dem Gefühl, dass die Entfernung sehr klein, die Toleranz sehr groß und der Wille, Probleme praktisch zu lösen, sehr mächtig ist. Die alles geregelt haben, haben nicht geschimpft, aber auch nicht gelächelt. Nicht geseufzt, nicht getröstet und auch nicht um einen Dank gebeten. So schnell wie es ging, habe ich daher vergessen zu danken. Sie haben getan, was ihrer Meinung nach der Anstand von ihnen verlangte. Sie haben wohl verstanden, dass ich dankbar war – ohne dass ich meine Gefühle in Worte fassen musste.

In diesem Moment fühlt es sich an, als sei diese Insel hier der unkomplizierteste Platz auf Erden.

Meine Nachbarn heißen Martin und Antoinette Harris. Ihr ganzes Leben lang waren sie Inselbewohner. Sie von Korsika und er von England – was schließlich auch eine Insel ist, wenn auch zu groß, um sich die meisten der Eigenschaften zugutehalten zu können, die man mit dem Inselleben verbindet. Nachdem sie sich kennengelernt hatten, lebten sie vier Jahre lang in London. Aber dort fühlten sie sich eingeschlossen, Antoinette kam die Stadt wie ein Gefängnis vor. Man konnte schließlich weder Meer noch Berg sehen, wie zu Hause, auf ihrer Geburtsinsel. Daher zogen sie nach Teneriffa, ebenfalls eine Insel, verlockt von den Träumen der Stadtflucht, «aus dem Hamsterrad auszusteigen, um zur Natur zurückzukehren und irgendwo in einem idyllischen kleinen Dorf Kartoffeln anzubauen», wie Martin es auf seinem Blog *The Westernmost Isle* formuliert.

Ein paar Jahre lang blieben sie auf Teneriffa, im Schatten des drittgrößten Vulkans der Erde. Eines Tages unternahm Martin mit einem seiner Söhne eine Wanderung um die Nachbarinsel El Hierro, die sich, wenn das möglich ist, noch vulkanischer anfühlt als Teneriffa. Hier kann man sich geradezu einbilden, das glühende Magma sei Anfang der Woche erst abgekühlt und fest geworden.

Kurz danach entschlossen sie sich, mit allen ihren sechs Kindern von der großen Insel mit den guten Kommunikationswegen zum restlichen Europa auf die kleinere Insel ohne Direktverbindung zum Festland zu ziehen. Wenn man sagen kann, dass einige Inseln inseliger sind als andere, dann gilt das für El Hierro in höchstem Maße.

Am ersten Silvester auf der neuen Insel erlebte die Familie eine Überraschung. In der Dämmerung standen plötzlich die Nachbarn Juan Pascal und Eulalia vor ihrem Gartentor. Sie wollten die neueingezogenen Fremden mit einem frisch gebackenen Kuchen, getrockneten Feigen, frischem Ziegenkäse und einer Flasche Wein willkommen heißen. Sie schützten vor, sich einsam zu fühlen und niemanden zu haben, mit dem sie Silvester feiern konnten. Aber Martin ist überzeugt davon, dass sie das nur gesagt haben, um ihnen Peinlichkeit zu ersparen. Schließlich kann zu viel unerbetene Großzügigkeit einem unangenehm sein. Am Weihnachtstag einige Tage zuvor hatten sie im Übrigen einen anderen Nachbarn, den Schafhirten Pancho Cara gefragt, ob sie ihm ein Lamm abkaufen könnten. Nein, das konnten sie nicht. Aber sie konnten eins *bekommen*. Das war doch ein guter Beginn.

So vergingen die Jahre. Inzwischen leben sie seit vierzig Jahren auf dieser kleinen Insel.

Schnell haben sie gelernt, dass es nicht genügt, Kartoffeln anzupflanzen. Man musste mehr können, um akzeptiert zu werden. Heute erstreckt sich um ihr weißes Steinhaus ein Garten mit

Büschen und Bäumen, überreich an Weintrauben, Aprikosen, Zitronen, Birnen, Orangen, Pfirsichen und Pflaumen.

«Für uns Inselbewohner ist es schwer, auf dem Festland zu wohnen. Mir geht es hier am Meer viel besser», sagt Antoinette auf Englisch mit französischem Akzent, während ich an dem frischen hausgekelterten Weißwein nippe und die zähen, in Weißwein eingelegten Auberginenstreifen kaue, die Martin aufgetragen hat.

«Nur wenn ich auf einer Insel bin, fühle ich mich frei», ergänzt Martin.

«Ich auch», stimmt Antoinette ein. «Jedes Mal, wenn ich aufs Festland komme, fühle ich mich eingesperrt.»

Während Martin unsere kleinen Gläser nachfüllt, sagt er, dass man nicht alle Inseln über einen Kamm scheren kann. Insel ist nicht gleich Insel. Letzten Endes geht es darum, in welchem Meer sie liegen.

«Auf den Inseln im Mittelmeer wohnen lebensfrohe Bon Vivants und Genießer, die in Cafés sitzen und gesellig sind. Hier auf den wilderen und kargeren Inseln im Atlantik bleibt man mehr bei sich zu Hause, hat eine eher melancholische Veranlagung und eine tiefere und gefühlsbetontere Persönlichkeit.»

«Traurig und gefühlsbetont wie die portugiesische Fado-Musik?», schlage ich vor.

«Ja, genau, auch die ist ein Produkt des Atlantiks.»

Apropos Atlantik. Als Festlandbewohner hatte ich mir vorgestellt, dass die Inselbewohner das Meer lieben. Dass man furchtlos damit lebt. Auf ihm segelt, in ihm schwimmt, taucht und fischt. Als ich von diesen meinen Ideen erzähle, sagt Martin, ich würde denken, wie ein typischer Reisender vom Festland. Was eine zutreffende Bemerkung ist, da ich nie mehr als etwa einen Monat am Stück auf Inseln verbracht habe. Sich vom Meer umfangen lassen und es nutzen ist vielleicht etwas, was man auf kleinen Inseln tut, die dicht an anderen Inseln liegen. Wie in den Schärengärten von Åbo, Stockholm und Göteborg. Das gilt jedoch nicht für die abgeschieden gelegenen Atlantikinseln. Auf El Hierro ist das Meer natürlich eine Voraussetzung dafür, dass die Bewohner der Insel sich sicher fühlen. Dabei sind es nicht die vielfältigen Möglichkeiten, die das Meer bietet, sondern der durch das Meer entstehende leere Raum, wodurch die Inselbewohner ihre innere Ruhe bekommen.

«Auf den Inseln lebt man am liebsten mit dem Rücken zum Meer, sagt Martin. Niemand, den ich hier kenne, hat ein Boot. Was soll man da draußen auch machen?»

Außerdem kann das Meer lebensgefährlich sein. Er erzählt eine Geschichte, die auf der Insel umgeht und die ich in den kommenden Wochen von verschiedenen Seiten zu hören bekomme.

Ein Paar aus Gran Canaria war hierhergekommen, um zu heiraten. Am Tag vor der Hochzeit sind sie zu den schroffen Klippen von Charco Azul an der Nordküste von El Hierro gefahren, um schöne Bilder mit dem schäumenden Meer im Hintergrund zu machen. Sie bat ihn, für ein maximal tolles Bild noch einen Schritt zurückzugehen. Da kam eine Welle, höher und stärker als die anderen, und riss ihn mit. Er wurde nie gefunden.

Eine andere Geschichte handelt von einem Mann, der in einem der natürlichen Becken schwamm, die ab und zu von den Wellen des Ozeans überschwemmt werden. Plötzlich kam eine höhere und stärkere Welle als sonst, saugte den Mann auf und beförderte ihn ins Meer hinaus, wo er ertrank.

Martin und Antoinette, die genau wie ich achthundert Meter über diesem wilden Meer wohnen, schauen sich an und nicken.

«Hier oben sind wir sicher», sagt Antoinette, doch fügt hinzu, sie sei abhängig davon, sich so oft wie möglich umzudrehen und auf das Meer zu sehen.

Wenn sie nicht schaut, ist sie dennoch sicher, dass es immer da ist. Das schenkt ihr inneren Frieden.

Schnell sinkt die Sonne und verschwindet hinter den Bergen. Während wir vom Tisch im Garten aufstehen, um durch die blaue Holztür in die Wärme der Küche hineinzugehen, denke ich, dass das Verhältnis der Insel zum Land die Geschichte von Zentrum und Peripherie erzählt. Also dass man hier, am Rand Europas, sein Dasein als sicher erlebt, wie weit man auch vom Zentrum entfernt ist. Ich frage danach. Martin antwortet, die Inselbewohner hätten eine paradoxe Einstellung zum Festland. Auf der einen Seite fühlt sich der Inselbewohner – und dazu zählt er sich natürlich selbst – benachteiligt und isoliert, ein bisschen wie ein geringerer Mensch als der Festlandbewohner. Andererseits hat der Inselbewohner ein großartiges Selbstbild, was sich gründet auf «meine Kleinheit ist besser als deine Größe».

Eine Art, mit diesem Minderwertigkeitsgefühl umzugehen, besteht darin, bestimmte Bezeichnungen für die Menschen zu haben, die auf der Insel leben, aber nicht dort geboren wurden. Ein eingeborener *herreño* wird als *gente gente* bezeichnet, was normales Volk oder Volk der Wirklichkeit bedeutet. Das ist der Ausgangspunkt. Wenn man nach Venezuela oder Kuba emigriert ist, was ab Mitte des neunzehnten Jahrhunderts häufig vorkam, und dann wieder nach Hause zurückkommt, wird man *retornado*, Rückkehrer genannt. Kurze Zeit nach der Rückkehr kommt man wieder in den Status von *gente gente* zurück. Die Kinder der Rückkehrer jedoch, geboren auf der anderen Seite des Atlantiks, bleiben für immer *venezolanos* beziehungsweise *cubanos*. Festlandspanier sowie Einwohner anderer Inseln des Archipels sind *los de fuera*, Außenstehende. Alle anderen Europäer außer Spanier und Portugiesen werden zusammengefasst und der Einfachheit halber *alemanes*, Deutsche, genannt, da die wenigen Reisenden, die sich hierher verirrt hatten, meist Deutsche waren.

Der Engländer Martin also, der seit vierzig Jahren El-Hierro-Bewohner ist, hat vergeblich versucht, den führenden Lokalpolitiker der Insel darüber aufzuklären, dass er *nicht alemán* ist. Inzwischen hat er es aufgegeben und stellt etwas verdrießlich fest, dass das Inseldenken des Lokalpolitikers «stärker ist als seine Bildung und Professionalität». Dennoch möchte Martin nicht so weit gehen, die Inselbewohner als xenophob zu bezeichnen. Eher, meint er, gehe es darum, zu kategorisieren und sich nach vielen Jahrhunderten von Abgeschnittenheit und Unveränderlichkeit in einer Welt voll schneller Veränderungen und gesteigerter Mobilität zurechtzufinden. Daher hat er Verständnis für ihre sehr spezielle Definition von Herkunft.

Auf der Insel wissen alle alles über alle. Damit niemand heimlich etwas anstellen kann, gab es auf El Hierro eine Tradition, die als Variante von *me too* beschrieben werden könnte. Doch hier treten nicht Betroffene vor, sondern die Zeugen des Geschehens. Einmal im Jahr sind die Jugendlichen auf den Berg oberhalb des Ortes gestiegen und haben alle schlechten Dinge, von denen sie reden gehört hatten, herausgeschrien. So wie: «Manuel schlägt seine Frau. Maria hat einen Esel getötet. Jesus war gemein zu seinen Kindern.» Auf die Weise versicherte man sich, dass alle alles über alle wussten und niemand mit Taten davonkam, die gegen die allgemein anerkannte Moral verstießen. Was ich von dieser Tradition halten soll, weiß ich nicht. Sozialkontrolle kann wirklich ein zweischneidiges Schwert sein. Auch Martin ist unschlüssig.

«Ich hätte auf El Hierro *niemals* einen Flirt haben können», seufzt er.

«Oh, Martin», stöhnt Antoinette und tätschelt ihm den Arm. «Nicht nur die Gefahr, entdeckt zu werden, hält dich davon ab, du bist einfach zu alt für sowas.»

Als Festlandbewohner, gewöhnt daran, nirgends einen durchgehenden Horizont zu sehen, schlinge ich den Anblick in mich hinein. Heute ist zwischen Himmel und Meer keine klare Grenze auszumachen. Der grauweiße Dunst, der fast unmerklich in den graublauen Dunst übergeht, sieht aus wie ein mit besonders nassem Pinsel gemaltes Aquarell. Der Atlantik ist so mächtig. Eine Kraft, mit der kein Mensch es aufnehmen kann. Wie respekteinflößend und furchterregend muss der Ozean für die Europäer gewesen sein, die ihn zuerst überquert haben. Auf Abstand – von meinem Haus in achthundert Metern Höhe aus – zugleich so still und ruhig. Wie ein schlafender Riese. Eine enorme, aber schlummernde Kraft. Die weißen Schaumkronen wie die Sterne am Nachthimmel. Ich weiß, sie bewegen sich, aber von hier oben aus gesehen erscheinen sie stumm und unbeweglich.

Mit dem Auto fahre ich zur Südspitze der Insel. Die schmale Asphaltstraße hat keine Leitplanke und schlängelt sich steil bergab durch eine Landschaft aus rabenschwarzen gezackten Steinblöcken und kegelförmigen Bergen mit rotem Kies. Entweder bin ich auf dem Mars gelandet oder ich bin in der Zeit in die evolutionäre Erd-Kindheit zurückgereist, in der die Vulkane gerade erst aufgehört haben, Feuer und Rauch zu spucken, der Boden eben erst abgekühlt ist und die Welt darauf wartet, dass jede Minute das Leben aus dem Wasser herausgekrochen kommt.

In Tacorón endet die Straße und das Meer beginnt. Es dröhnt, schlägt, klatscht und zischt, wenn die Wellen hereinrollen und die Klippen mit einer tödlich erscheinenden Kraft treffen. Ich steige ins Wasser und mache ein paar ängstliche Schwimmzüge. Da sehe ich das Meer sich aufbäumen und zu einer neuen Attacke ausholen. Im selben Augenblick, in dem ich mich am Badesteg festhalte, kommt eine wütende Welle. Brüllend stößt sie in das Becken vor, in dem ich gerade geschwommen bin, und verwandelt es mit einem Mal in einen schäumenden, sturmkochenden Kessel.

Als ich mich auf einen der Felsen zurückgezogen habe und mich von der Sonne trocknen lasse, denke ich, dass die kleine Gefahr, der ich mich ausgesetzt habe, jetzt vorüber ist. Ich habe es geschafft! Jetzt bin ich zurück an Land, wo die wärmende Sonne in mir das Gefühl noch verstärkt, in Sicherheit zu sein. Doch da sind wieder sechs Wellen vorbei und es ist Zeit für die kräftige siebte Welle. Das Klatschen und ihre Wasserkaskaden sind heftiger als zuvor. Aber am schlimmsten ist es, als sie sich saugend zurückzieht. Wie ein ausgehungertes Monster reißt sie mich mit in den gierigen Meeresrachen. Es hilft nichts, sich dagegen zu stemmen. Die Kraft ist übermächtig. Ich gebe auf und rolle über die scharfen Spitzen der Lavaklippen, die sich ins Fleisch bohren. Als das Meer sich zurückzieht, rinnt aus mehreren kleinen, über den ganzen Körper verteilten Wunden Blut, als ob das Monster doch einige kleine Bissen genommen hätte, ehe es entschied, mich auszuspucken und zu verschwinden.

Verwundet, aber erleichtert richte ich mich auf. Noch immer zittern mir vor Angst die Hände. Ich gehe weiter nach oben an Land, postiere mich in sicherem Abstand vor den Mäulern des wilden Tieres und betrachte das weitere Schauspiel. Da kommt die Riesenwelle zurück. Mit *noch* größerer Kraft. Wäre ich auf der Klippe sitzengeblieben, auf der ich gerade noch gesessen hatte, wäre es aus mit mir gewesen.

Weitere Gefahren warten. Arenas Blancas ist der einzige Strand der Insel mit hellgelbem Sand statt schwarzem Kies. Ein kühler Wind pfeift und wilde Wellen donnern. Es ist zu kalt, zu windig, zu wellenreich und zu steinig, als dass ich Lust zum Baden bekäme.

Da entdecke ich eine blaue Plastiktüte, die jemand anscheinend auf den Strand geworfen hat. Als ich mich herunterbeuge, um sie aufzuheben, sehe ich, dass sie aufgeblasen ist wie ein Ballon, ganz oben eine lila Naht hat und fest am Boden klebt. Ich fingere daran herum und merke, dass es überhaupt kein Plastik ist, sondern etwas Organisches. Aber eine fremde Form von Leben. Etwas, was ich noch nie zuvor gesehen habe. Ich drücke etwas fester, um zu sehen, ob es reagiert. Tut es nicht. Lebt es wirklich? Ich richte mich auf und schaue über den Strand und plötzlich sehe ich, dass in allen Wasserpfützen, die sich nach Rückzug der Wellen um die großen Steine herum gebildet haben, lauter blaue Punkte von den kleinen, unbeweglichen Kerlchen sind, die an aufgeblasene Kondome erinnern.

Als ich wieder von dort wegfahre, schicke ich an die Freunde zu Hause in Schweden, die das Haus vermieten, in dem ich wohne, Bilder von meiner Entdeckung.

«Hast du sie angefasst?», schreiben sie zurück.

«Ja!»

«Oh, nein, wirklich? Die sind giftig.»

Woran ich herumgefingert hatte, waren weder Plastiktüten noch aufgeblasene Kondome, sondern Portugiesische Galeeren. So werden sie genannt, die Seeblasen, zu den Staatsquallen gehörig, die mit ihren bis zu fünfzig Meter langen Tentakeln voller Nesselzellen Gift gegen ihre Angreifer spritzen können. Ich google und finde heraus, dass es sich um ein *Zooid* handelt. Was mich unweigerlich etwas Außerirdisches assoziieren lässt. Zugleich handelt es sich um ein Individuum, das zusammen mit anderen eine Kolonie bildet, die als ein Organismus fungiert. Die gasgefüllten Blasen, die ich gesehen habe, benutzen sie draußen auf dem Meer als Segel. Wenn ein Angreifer sich nähert, leeren sie das Gas aus ihren Ballonsegeln und sinken hinunter in die sichere Tiefe des Ozeans. Aber wie gefährlich ist das Gift? Ich finde eine Meldung, in der von dreitausend Australiern berichtet wird, die im Januar 2019 nach einer Invasion der Seeblasen im Bundesstaat Queensland gestochen wurden. «Sie enthalten ein starkes Nervengift, das tödlich sein kann», steht da. Und: «Der Schmerz nach einem Stich kann so intensiv sein, dass er zur Bewusstlosigkeit führt.»

Mein Glück war, dass ich nur das aufgeblasene Segel berührt habe und nicht die Tentakel mit ihrem brennenden Gift.

Im Fischerdorf La Restinga an der Südspitze der Insel scheint fast immer die Sonne. Das bedeutet natürlich zugleich, dass es beinahe nie regnet. Was zur Folge hat, dass beinahe nichts wächst. Um das Dorf herum erstreckt sich die Lavawüste, der Katlahöhle in der Geschichte von den Brüdern Löwenherz verblüffend ähnlich. Von hier aus fahre ich nordwärts, quer über die Insel. Hinaus aus der sonnengetrockneten, prähistorischen Wüste, hinauf in die Berge und durch den Pinienwald mit seinen metallic-grünen Nadeln und bartflechtenbedeckten Lorbeerbäumen. Danach direkt hinein in die Wolken, die sich über die Wiesen und Steinmauern der Hochebene geschoben haben. Weidende Kühe, Schafe und Pferde. Hohes Gras sprießt. Blauer Natternkopf, Senf, Raps und Mohn blühen. Der Nebel, der so schnell aufzieht, wie er sich danach wieder lichtet. Und dann die kleinen hinterherbummelnden Wolkenbäuschchen, die sich losreißen, kreiseln und wie unruhige Geister im Scheinwerferlicht des Autos auf der Fahrbahn umhertanzen.

Die Sonne bricht durch den dichten Nebel, das Licht kommt zurück, der Horizont wird wieder sichtbar und die blauschwarzen Umrisse der weit entfernt liegenden Nachbarinseln treten hervor. Als ob ich aus dem Schlafzimmerfenster zu Hause in Stockholm den Wasserturm von Örebro sehen würde. Oder die Bewohner von Paris den Eiffelturm hinaufklettern und einen Blick auf die Landungsstrände in der Normandie werfen könnten.

Die dramatischen Wetterwechsel erklären sich dadurch, dass die Insel klein, aber hoch ist. So kollidieren die unablässig mit den Passatwinden herantreibenden Wolken mit dem zentralen Bergrücken der Insel und parken sich dann hartnäckig an der Nordküste über dem Tal. Einige der forschesten Wolkenschleier geben sich damit nicht zufrieden, sondern schlecken den Bergrücken und rinnen auf der anderen Seite hinunter, ehe sie sich in der Sonne auflösen.

Auf El Hierro ist es, als seien alle Wetter und Landschaftstypen der Welt in einen Mikrokosmos zusammengepresst. Jeden Morgen kann man sich entscheiden, auf welches Klima und welche Art von Landschaft man Lust hat. Neugierig auf einen regnerischen Sommer in Schottland oder Irland? Ja gut, dann packe ich Wollpullover und Regenkleider ein und mache einen Ausflug in die nebelverhüllte Hochlandheide zwischen den Aussichtsplätzen Jinama und La Peña. Jetzt wäre ein Besuch auf den windigen Shetlandinseln toll. Dafür fahre ich zu dem kargen Blowhole Dehesa an der westlichsten Spitze von El Hierro. Dort sind die Stämme der wenigen Bäume rissig und hellgrau vor Alter und Trockenheit und beugen und krümmen sich demütig vor den Westwinden, die so stark sind, als hätten sie schon drüben in Amerika Anlauf genommen. Es wäre ja mal schön, die chlorophyllgesättigte, klare Luft der mediterranen Pinienwälder atmen zu können. Okay, dann schnüre ich meine Wanderstiefel und wandere den GR-131, den Wanderweg auf dem Bergrücken der Insel, mit Aussicht in nördlicher Richtung über Frontera und in südlicher Richtung über El Julan, beides Täler, die aus prähistorischen Felsstürzen nach Erdbeben entstanden sind. Wäre eine magische, in Nebel gehüllte Märchenlandschaft nicht spannend? Dann parke ich am Straßenrand nördlich von San Andrés und wandere dorthin, wo auf der Insel die Wolken an den Baumwipfeln lecken und die Luft feucht und kühl ist. Ausgekühlt, zitternd und bezaubert erreiche ich schließlich den heiligen Garoé-Baum, durch den die Urbevölkerung Wasser auffing, das mit den feuchtigkeitstriefenden Westwinden kam.

Nach dem Nebel und der Kälte wäre es schön, auf einer sonnigen Restaurant-Terrasse zu sitzen, mit einer Platte frisch gefangener Atlantikgarnelen, von den Inselbewohnern *camarones* genannt. Danach fahre ich in südlicher Richtung zurück nach La Restinga.

Auf kaum einer anderen bergigen Meeresinsel kann man innerhalb einer geographisch so begrenzten Fläche im Lauf eines einzigen Tages derart viele verschiedene Wetterarten erleben.

Eine Insel ist der perfekte Ort für neue Ideen. Das gilt in ganz besonderem Maße für El Hierro. Früher einmal kam alle Triebkraft für die Stromgeneratoren der Insel aus dem Diesel, der in rostigen Frachtern eintraf. Heutzutage kommt gut die Hälfte des Stroms von fünf surrenden Windrädern und von einem der Vulkane der Insel. Bei Windkraftwerken wissen alle, was gemeint ist, aber bei *Vulkankraft* haben die meisten ein Fragezeichen im Gesicht.

Man könnte natürlich glauben, die Inselbewohner hätten eine Art gefunden, die mächtigen Kräfte im Erdinneren zu nutzen. Kein ganz unrealistischer Gedanke, denn manchmal, wenn das Magma dagegen drückt, gibt es Erderschütterungen. Wie im Sommer 2011, als die Erde bebte und Hauswände Risse bekamen, Geschirr zerbrach und Bücherregale in sich zusammenfielen. Unter der Meeresbucht auf der Nordseite der Insel nahm eine unterirdische Lavawelle Anlauf. Unter der Erde bahnte sie sich einen Weg, bis sie sich im Herbst auf der anderen Seite der Insel, direkt vor dem Fischerdorf La Restinga, durch den Meeresboden hochdrückte. In tausend Metern Tiefe schoss die Lava sprudelnd aus dem Meeresboden. Ein halbes Jahr lang ging es so. Ein kegelförmiger Unterwasservulkan wuchs immer höher und erreichte beinahe die Wasseroberfläche. Als noch 80 Meter fehlten, kamen die Kräfte im Erdinneren endlich zur Ruhe.

Plötzliche, unvorhersehbare Ausbrüche zu nutzen, um den Haushalt mit Elektrizität zu versorgen, ist nach wie vor Zukunftsmusik. Stattdessen hatte ein Mann namens Tomás Padrón eine Idee, wie man von der Macht des Öles unabhängig werden könnte. Er war sowohl Ingenieur als auch Politiker im Inselrat, engagierte sich in Umweltfragen und begann, für eine Investition in Windkraft zu werben. Er stieß auf Widerstand, aber letztendlich gelang es ihm, die Kollegen zu überzeugen. Seit die Windräder vor Ort sind, hat die Insel ihren jährlichen Verbrauch an Diesel um siebentausend Tonnen und seinen Kohlendioxidausstoß um dreiundzwanzigtausend Tonnen reduziert. Auf das ganze Jahr gesehen, deckt die Windkraft heute gut die Hälfte des Stromverbrauchs der Insel ab. An windigen Tagen ist die Insel ganz selbstversorgend.

Doch die Krux mit dem Wind ist, dass er manchmal abflaut. Da ist die Frage, wie man die überschüssige Energie der windigen Tage für die windstillen speichert. An dieser Stelle kommt die Vulkankraft ins Spiel. Tomás Padrón und seine Kollegen haben im Inselrat eine Idee zur alternativen Energie ausgetüftelt, die darauf hinauslief, den Vulkankrater mit einem Gummituch auszukleiden, um ihn in ein Wasserkraftwerk zu verwandeln.

«An windigen Tagen pumpt man also das Wasser hoch, an windstillen Tagen wird es abgelassen und bringt so die Turbinen zum laufen», schlug Tomás vor.

«Das kann niemals funktionieren», unkten die Skeptiker.

Aber es konnte. Heute pilgern Ingenieure, Politiker und Mediengesellschaften aus der ganzen Welt nach El Hierro, um das klimafreundliche Energielagersystem der Insel in Augenschein zu nehmen. Jetzt sind die Inselbewohner stolz, auch wenn sie zunächst den Kopf geschüttelt haben. 2021 ging Tomás Padrón als Vorsitzender der Cabildo Insolar de El Hierro, der obersten politischen Versammlung der Insel, in Ruhestand. Doch egal, noch immer bezeichnen die Inselbewohner ihn als *el presidente*. Für das, was er zustande gebracht hat, finden sie, verdient er es, so tituliert zu werden.

Der Markt Mercadillo de la Frontera im Tal an der Nordküste der Insel ist von Deutschen ins Leben gerufen worden. Seitdem haben mehrere eingeborene *herreños* sich angeschlossen und verkaufen, was sie produziert, gebacken und angepflanzt haben. Heute ist er ein kleiner, aber abwechslungsreicher Markt mit ökologischem Flair geworden. Jeden Sonntag wird er zum Treffpunkt für Einheimische wie Zugezogene.

Dort bin ich mit Jan-Erik und Monika Eriksson verabredet, die mich bei meiner Ankunft auf der Insel an der Fähre abgeholt haben. Sie sind doppelte Inselbewohner. Einen Teil des Jahres verbringen sie auf El Hierro, den Rest der Zeit auf Gotland.

«Man wird hier besser behandelt, wenn man versichert, *kein* Deutscher zu sein. Und auf Gotland, wo wir im Sommer leben, steigt man im Kurs, wenn man deutlich macht, dass man *kein* Stockholmer ist», sagt Jan-Erik, während wir auf dem Markt herumlaufen und an den Ständen mit Uve, Dulce und Casanova eine Mischung aus Deutsch, Englisch und Spanisch reden, an frischgebackenem *Vierkornbrot* schnuppern und Verschlüsse für Weinflaschen kaufen.

Monika fasst zusammen, was sie an den Inseln mag. Wir sitzen dabei am Küchentisch ihres kürzlich erst angebauten kleinen Steinhauses am Hang, mit Aussicht über das Tal, das sich bis zum Atlantik herab erstreckt.

«Die Insel ist Zuflucht, Sicherheit, Ruhe und Stille. Du brauchst nicht mehr zu sein, als du bist. Du *sollst* nicht mehr sein, als du bist. Du musst dich nie herausputzen. Was das betrifft, sind El Hierro und Gotland sehr ähnlich.»

Hinter uns hüllen die schmutziggrauen Regenwolken den üppig grünen Berghang in Nebel ein. Ein stiller Nieselregen nässt die Steinplatten der Terrasse. Weit dort unten sehe ich Papaya-, Avocado- und Bananenpflanzen, mit Planen abgedeckt zum Schutz gegen den Wind. Und jenseits davon die weißen, schäumenden Wellen, die wütend gegen die schwarzen Klippen schlagen.

Die Inselbewohner sind versessen auf erbliche Verbindungen und Verwandtschaftsbeziehungen. Die genealogische Aufzählung von Cousinen und Cousins ersten und zweiten Grades sowie Vorfahren mütterlicher- und väterlicherseits viele Generationen weit zurück kann geradezu alttestamentarische Züge annehmen. In dem geschlossenen System, das Inseln sein können, sagt Monika, herrscht etwas, was sich am ehesten als eine Verschwiegenheits- und Ehrenkultur beschreiben lässt. Zugleich gibt es eine Übersichtlichkeit, eine Wärme und eine Gemeinschaft, sagen Monika und Jan-Erik, um den Vorurteilen über die Beschränktheit, Inzucht und Zurückgebliebenheit der Inselbewohner etwas entgegenzusetzen. Sie sagen, dass man in dieser Miniaturwelt hier paradoxerweise eine erstaunlich große Toleranz gegenüber Andersartigen beweist. Es existiert eine Offenheit sowohl für LGBTQI-Menschen wie für Unterdrückte und Flüchtlinge. Jan-Erik erzählt, dass die Inselbewohner während der Franco-Diktatur Oppositionellen halfen, nach Venezuela zu fliehen, und dass sie sich heute gemeinsam um Bootsflüchtlinge aus der besetzten Westsahara kümmern.

Mehrere Abende habe ich im El Mentidero gesessen, dem «Lügnercafé» in El Pinar, dem Ort, in dem mein Haus liegt, und an einem Café solo und einem spanischen Brandy genippt, während ich die älteren Männer am Tisch nebenan beobachtet habe.

Schweigend und hochkonzentriert spielten sie Domino. Partie auf Partie, ohne ein einziges Wort zu verlieren. Ist das ein Zeichen der atlantischen Schwermütigkeit? Eine Stunde vergeht, zwei Stunden, ohne dass ich einen vollständigen Satz höre. Ein Gespräch zu beginnen, käme einem plump und unsensibel vor.

Ich rufe Cristina Ferro Fernández an, um Tipps zu bekommen, wen ich für tiefergehende Inselreflexionen aufsuchen sollte. Nein, sie selbst sei nicht geeignet, sagt sie. Sie arbeitet freiberuflich als Guide für die wenigen Touristen, die den Weg auf die Insel finden. Zwar wohnt sie seit zwanzig Jahren hier, stammt aber aus Asturien vom spanischen Festland und wird daher als eine *los de fuera*, Außenseiterin, eingeordnet.

«Jetzt weiß ich es!», ruft Cristina. «Sie sollten mit dem Fischer David sprechen.»

An dem Nachmittag, an dem Cristina und ich ihn aufsuchen, ist David Pavón nicht wie sonst an den meisten Tagen der Woche draußen auf dem Meer beim Fischen. Heute sitzt er im Hafenbüro von Cofradía de Pescadores La Restinga, der Interessenvereinigung der Fischer, deren Vorsitzender er ist. Dort treffen wir ihn.

David ist glattrasiert, schlank und mit T-Shirt, kurzer Hose und Flip-Flops bekleidet. Er hat keine gewichtigen Gedanken zu seiner eigenen Situation. Im Unterschied zu den Zugezogenen hat er keine fertigen Formulierungen dafür, wie es ist, auf einer Insel zu leben. Als ich ihn frage, ob er El Hierro für einen sicheren Ort mit dem Meer als Schutz gegen die äußere Welt ansieht, sagt er, dass er keinen Vergleich habe und daher nie darüber nachgedacht habe. Sein ganzes Leben lang hat er auf der Insel gelebt. Aber wie so viele andere in den dünnbesiedelten Gegenden der Erde liebt er es, Anekdoten zu erzählen, in denen seine kleine Welt als ein sehr viel menschlicherer und sicherer Platz erscheint, als die große Welt, für die in seinem Fall das Festland steht.

Kürzlich musste David zur Versammlung der Fischereibranche in Barcelona, aber er vergaß die Abflugzeit. Die Insel hat einen klitzekleinen Flughafen, eingeklemmt zwischen Berg und Meer, von dem aus man mit kleinen Propellermaschinen zu zwei Nachbarinseln fliegen kann. Als er in den Straßen der Inselhauptstadt Valverde herumlief, riefen sie vom Check-In des Flughafens an, der zehn Kilometer serpentinenschlängelnde Autofahrt entfernt liegt.

«Sie wollten doch mit dieser Maschine mitfliegen, um den Anschlussflug von Las Palmas nach Barcelona zu bekommen», sagte die Frau vom Flughafen.

«Oh nein», stöhnte David.

«Okay, wir halten das Flugzeug auf, bis Sie da sind, aber beeilen Sie sich.»

«So etwas ist wohl eine absolute Ausnahme», behaupte ich.

«Nein, auch ich war einmal spät dran für den Abflug», sagt Cristina. «In dem Fall habe ich die Fluggesellschaft angerufen und gebeten, mit dem Start zu warten, bis ich dort war.»

«Und, haben sie es gemacht?»

«Ja», sagt Cristina und wundert sich, warum ich so erstaunt bin.

«Nein, warum auch nicht?», sage ich und finde diese Gesellschaft verlockend, in der die Akzeptanz der menschlichen Unvollkommenheit größer ist als die Notwendigkeit, den aufgestellten Regeln zu folgen.

David sitzt auf einem schwarzen Plastikstuhl in einer Ecke des Hafenspeichers, in dem die hellblauen Wände mit bebilderten Tafeln geschmückt sind, auf denen zu sehen ist, welche Fische sich in der Nähe der Insel fangen lassen. *Palometa negra* (Brachsenmakrele), *sargo* (Geißbrasse), *atun rojo* (Blauflossen-Thunfisch) und natürlich *dorada* (Goldbrasse), die einer der einheimischen Biersorten der Inselgruppe den Namen gegeben hat. Selbstverständlich sind noch viel mehr Fische auf den Tafeln zu sehen, da das Meer zwischen Senegal, Mauretanien, Westsahara und den Kanaren eine große biologische Vielfalt bietet. Den ausländischen Fischereiindustrie-Schiffen ist es verboten, näher als 160 km vor der Inselgruppe mit Schleppnetzen zu fischen. Auf diese Weise haben David und seine Kollegen in El Hierros kleiner Fischereiflotte, die handwerkliche Fischerei in kleinem Rahmen betreiben, diesen Teil des Meeres für sich allein.

«Der Bestand an Makrele und Thunfisch ist größer, als er war. Wir sind gerade in einer Phase, in der die Fangmenge jährlich steigt.»

Doch eines Nachts im Jahr 2011 starben alle Fische. Als die glühende Lava und giftigen Gase vor La Restinga aus dem Vulkan am Meeresboden herausquollen, richteten sie mehr oder weniger alles Leben im Meer zugrunde. Tote Fische trieben auf die Oberfläche hinauf und an Land. Eine Katastrophe. Beinahe wie Armageddon. Doch zum Erstaunen aller war das Unterwasserleben nur wenige Jahre später zurück. Nun gab es auch den Walhai, der sonst nicht bis hierher kam, und mehrere neue tropische Fischarten, die vom Äquator hergeschwommen waren. Sie wurden durch das wärmere Wasser angezogen – bewirkt durch die Wärme des Unterwasservulkans – sowie durch die Abwesenheit von Raubfischen.

«Alles, was ich möchte, gibt es hier. Ich habe die Berge. Ich habe ein Klima, das mich weder frieren noch schwitzen lässt. Und ich habe das Meer. Ich muss immer in seiner Nähe sein. Wenn ich das Meer nicht sehe, geht es mir nicht gut. Ich denke, vielen psychischen Krankheiten auf der Welt wäre abzuhelfen, wenn mehr Menschen nahe dem Meer wohnen könnten», sagt der Berufsfischer David.

Das Gefühl von der Gefährlichkeit des Meeres ist aber dauerhaft da. Man muss wissen, was man tut, wo man sich befindet und was als nächstes passieren wird. Den Überblick haben. Hat man den, hat man sich mit dem Meer angefreundet. So wie David.

«Diejenigen, die darin sterben», sagt er, «kennen das Meer nicht.»

Am letzten Abend, bevor ich die Insel verlasse, schaue ich den spanischen Psycho-Thriller *Hierro – Insel der Angst* von 2009 an. Der Film, den es auch als Fernsehserie gibt, handelt von einer Frau vom Festland, die mit der Fähre nach El Hierro kommt, wo der Film auch gedreht wurde. Sobald sie auf der Insel gelandet ist, wird der Frau klar, dass alle alles über alle wissen. Und dass die, die alles wissen, ihr nicht wohlgesonnen sind. Nicht nur die Landschaft ist schwarz, sondern auch die Seelen der Einwohner. Die Inselbewohner sind kurz gesagt übelgesinnte Charaktere. Die Stimmung ist Unglück verheißend, und der Besuch wird zu einer albtraumhaften Reise in ein Mysterium, das man besser nicht aufzudecken versucht.

Ein weiterer Film, der die Insel als einen verschlossenen, mystischen, intoleranten und bösen Ort zeigt. Ich denke an die Atmosphäre, die ich am ersten Abend auf der Insel in der Dunkelheit gespürt habe. Aber diejenigen, denen ich begegnet bin, haben dieselbe Insel, die in dem Film als reine Hölle geschildert wird, schließlich alle als einen geschützten Ort beschrieben. Vertraue niemals auf das Bild der Wirklichkeit, das die Populärkultur zeichnet, denke ich. Oder auf die vorgefassten Meinungen der Festlandbesucher über das Inselleben.

Doch sicherlich kann eine Insel eine Hölle sein. Ich denke an die *Bimbaches*, die Ursprungsbevölkerung der Insel, die von den ersten europäischen Entdeckungsreisenden gefangen genommen, verprügelt und als Sklaven verkauft wurden. Die ursprünglichen Einwohner sind heute nur noch eine Erinnerung.

Ganz anders wäre es verlaufen, wenn sie dieselbe Strategie gehabt hätten wie die Inselbewohner von North Sentinel Island.

North Sentinel Island

Bitte nicht hierher reisen!

Fläche: 59,57 km²
Einwohnerzahl: 50–150
Koordinaten: 11°33'25.2"N 92°14'27.6"O
Zeitzone: GMT +5:30
Höchster Punkt: 122 m ü. d. M.

Die Bewohner von North Sentinel Island lagen wahrscheinlich in ihren Hütten und schliefen, als die *Primrose* am zweiten August 1981 kurz vor Mitternacht gegen ein Korallenriff stieß. Einige Tage zuvor hatte der Kapitän Liu Chunglong im Hafen von Chittagong in Bangladesh abgelegt und Kurs auf Australien genommen. Doch durch einen der heftigen Stürme, wie sie zu dieser Jahreszeit häufig über den Bengalischen Golf fegen, hatte Liu die Kontrolle über das Schiff verloren, und es lief auf Grund.

Als er bei Tagesanbruch am nächsten Morgen sah, dass sie sich nahe einer waldbedeckten Insel befanden, war er beruhigt. Wenn das Schiff sinken würde, müssten sie zumindest nicht ertrinken. Doch die Winde waren noch immer frisch, und die Rettungsboote zu Wasser zu lassen, wäre lebensgefährlich gewesen. Daher entschied der Kapitän, dass die Besatzung an Bord blieb, während er Hilfe rief.

Doch durch den Sturm konnte auch keine Hilfe zu ihnen vordringen. Die Tage vergingen. Eines Morgens sah einer der wachhabenden Seemänner eine Gruppe von Menschen aus dem Wald kommen, die sich in einer Reihe am Strand aufstellten. Das Rettungsteam ist da!, dachte er zunächst, doch dann sah er, dass sie alle bis auf einen Gürtel um die Hüfte nackt waren und mit Speer und Bogen wedelten. Er begriff, dass dies nicht die indische Marine sein konnte, die zu Hilfe geeilt war, sondern, im Gegenteil, dass die Männer am Strand auf Kampf eingestellt waren.

Dann sah er, wie sie Kanus holten und sich bereit machten auszufahren, während sie zugleich ihre Bogen spannten und begannen, Pfeile auf das Schiff zu schießen. Glücklicherweise machte der Sturm es unmöglich, mit den Kanus voranzukommen, und die Winde sorgten dafür, dass die Pfeile, ehe sie ihr Ziel erreichten, im Wasser landeten. Liu rief die Rederei Regent Shipping Company in Hongkong an und bat darum, umgehend einen Hubschrauber mit Waffen zu schicken, damit sie sich verteidigen könnten.

«Befürchte, dass sie in der Dämmerung längsseits kommen werden. Das Leben der Besatzung ist in Gefahr», hörte man Liu im knisternden Komradio sagen.

Glücklicherweise wurden keine Waffen geschickt, denn das hätte vermutlich in einem Blutbad geendet. Und schließlich kam doch Hilfe. Nach einer Woche flaute der Wind ab, und die indischen Rettungsschiffe und Hubschrauber erreichten das Schiff, um die vollkommen verängstigten Seemänner zu retten. Nach der Evakuierung enterten die Sentinelesen das sinkende Schiff, um verschiedene Gegenstände aus Eisen mitzunehmen, aus denen sie wohl neue Pfeilspitzen schmieden wollten.

Die Strandung der *Primrose* ist jetzt mehr als vierzig Jahre her. Auf den Satellitenbildern von Google Earth schaue ich mir die Insel an. Dort, gleich unter der Meeresoberfläche, ist das rostige Wrack noch immer erkennbar. Ich zoome heran, bei dem Korallenriff im kristallklaren Wasser sehe ich es ganz deutlich.

North Sentinel Island, die Heimat der Sentinelesen, zählt zu den Andamanen-Inseln, eine Reihe kleinerer und größerer Inseln, zu Indien gehörig, obwohl sie deutlich näher an Myanmar und dem indonesischen Sumatra liegen. Auf den anderen Inseln sind ihnen verwandte Gruppen von Jägern und Sammlern ansässig, wie die Jarawa, die Onge und die Groß-Andamaner. Die meisten von ihnen bleiben außerhalb der indischen Mehrheitsgesellschaft, während einige ihr traditionelles Leben im Wald gegen das moderne in der Stadt getauscht haben. Nicht hingegen die Sentinelesen. Sie sind niemals von ihrer Insel weggezogen und hatten so gut wie keinen Kontakt mit Außenstehenden.

Wie ist es, wenn eine Insel völlig abgeschnitten bleibt vom Rest der Welt? Um das zu erforschen, beschließe ich, mich auf die Andamanen zu begeben. Aber bevor ich auf die Inseln reise, will ich mehr über die indischen Urvölker erfahren. Daher führt mein Weg zunächst nach Bhubaneswar im Teilstaat Odisha an der indischen Ostküste, um Studierende zu treffen, die zu Indiens Urbevölkerung, den *Adivasi*, gehören.

Vom Rücksitz eines Taxis, das auf den breiten, baumgesäumten Boulevards vorangleitet, sehe ich mittelalterliche hinduistische Tempel und Brückenfundamente, Hauswände und Mauern, die in ein Freiluftmuseum mit Tribal-Kunsthandwerk verwandelt wurden.

Eine sonderbare Bildwelt flimmert vorbei: weiße Farbe auf rotbraunem Hintergrund, Punkte, Spiralen, Achtecke, Tiere und Menschen, als Strichmännchen gemalt. Neben mir im Wagen sitzt Tushar Senapati. Er selbst stammt von einem der Urvölker und arbeitet im Kalinga Institute of Social Sciences, einer Schule mit dreißigtausend Kindern aus indigenen Völkern. Obwohl es eine Privatschule ist, bezahlen sie für den Unterricht keine einzige Rupie, da man ein Robin-Hood-Modell zur Anwendung kommen lässt. Die Studiengebühren einer benachbart liegenden technischen Prestige-Universität, von Studierenden aus reichen Familien besucht, finanziert die Ausbildung für Kinder aus armen Adivasi-Familien.

Die Schule soll den Adivasi bessere Möglichkeiten geben, sich in die Mehrheitsgesellschaft zu integrieren. Doch manche der Adivasi haben die Hoffnung aufgegeben. Seit 1967 kämpfen sie als Naxaliten, eine maoistische Guerilla, in den Wäldern Ost-Indiens gegen die Polizei und die Armee, da sie sich vom indischen Staat im Stich gelassen fühlen. In den Nullerjahren eskalierten sie die Gewalt, was eine Gegenoffensive der Regierungsarmee mit tausenden Toten und Gefangenen zur Folge hatte.

«Für die Maoisten-Guerilla ist Gewalt die Antwort auf die Probleme. Unsere Antwort ist Ausbildung, damit die indigene Bevölkerung ihre Situation verbessern kann», sagt Senapati, während das Taxi an Verkehrspolizistinnen mit hellen Tropenhüten, Sonnenbrillen und weißen Handschuhen vorbeirollt, die an Kreuzungen stehen und den Verkehr regeln.

Dann fahren wir durch das Tor der Schule, die sich wie eine Stadt in der Stadt ausnimmt, mit Schulgebäude, Speisesälen und Internat, umgeben von saftig grünem Rasen und gepflegten Rabatten. Tushar ist stolz auf seine Schule und den Kampf für die indigene Bevölkerung. Er selbst hat an der angesehenen Jawaharlal-Nehru-Universität in Neu Delhi soziale Arbeit studiert und ist damit ein lebendiger Beweis für die Devise, dass Ausbildung die Lebenssituation verändern kann.

Wir werden von dem Gründer und Inspirator der Schule, Achyuta Samanta, begrüßt.

«Im Bundesstaat Odisha leben dreiundsechzig Stämme, viele dieser Menschen haben keine Ausbildung, hängen dem Aberglauben an, und alle haben verschiedene Sprachen und Sitten. Kurz gesagt, es ist eine Riesenarbeit, sie in die Gesellschaft zu integrieren. Aber es wird gehen», sagt Samanta, der selbst in eine bettelarme Familie in Odishas Dschungeln geboren wurde und schon mit sechs Jahren begonnen hat zu arbeiten.

Er sagt, er verstehe, warum die Dorfbewohner in ihrer Verzweiflung die Leute der Guerilla willkommen geheißen haben. Das Versagen des Staates, für einen angemessenen Lebensstandard zu sorgen, ist monumental. Doch Dorfbewohnern ohne Ausbildung automatische Waffen in die Hand zu drücken, schafft mehr Probleme, als es löst. Befreiung von der Unterdrückung kann nur durch Bildung geschehen. Den Dorfbewohnern Lesen und Schreiben beizubringen ist, als gäbe man Blinden das Augenlicht zurück, sagt er. Wer zur Schule geht, bekommt die Macht über seine Zukunft wieder und wendet sich daher meist von der Guerilla ab.

Bevor ich weiter auf die Inseln reise, treffe ich noch sechs der Schüler. Alle sind Adivasis, kommen aus kleinen Dörfern in Odisha und haben Eltern, die Bauern oder Jäger und Sammler ohne akademische Bildung sind. Als sie mir von ihren Träumen erzählen, wird deutlich, dass diese nicht vom glitzernden, aber weit entfernten Bombay oder Amerika, auch nicht von feinen Sachen und schönen Kleidern handeln, sondern davon, nach Hause zurückzukehren, um etwas zu verändern. Einige wollen sich als Lehrer, einige als Ärzte weiter ausbilden. Alle, mit denen ich spreche, möchten nach dem Abschluss zurück in ihre Heimatdörfer gehen, um das Dunkel dort – wie sie sagen – zu vertreiben. Als ich die Schule wieder verlasse, bin ich voller Hoffnung, dass Ausbildung der beste Weg für die indigenen Völker ist, um aus ihrer Außenseiterposition herauszukommen.

Der Besuch ruft mehrere Fragen in mir hervor. Die erste lautet: Soll man zur Gewalt greifen, wie die maoistischen Naxaliten, oder zur Ausbildung, woran das Kalinga Institute of Social Sciences glaubt? Leicht zu beantworten: Ausbildung gewinnt. Doch die zweite Frage: Soll man überhaupt darauf hinwirken, die indigene Bevölkerung in die moderne Gesellschaft zu integrieren oder lässt man sie besser in Ruhe für sich selbst sorgen? Diese Frage ist bedeutend schwerer zu beantworten.

Auf einem dicht bevölkerten Subkontinent wie Indien, wo ein ständiger Kampf um Land und Ressourcen herrscht, ist es schwierig, Reservate für Naturvölker aufrechtzuerhalten. Ständig erheben irgendwelche benachbarten Städte oder expansive Bergwerksgesellschaften Anspruch auf ihren Grund und Boden. Doch auf einer Korallen- und Sandinsel ohne wertvolle Bodenschätze, weit draußen im Meer gelegen, ist es einfacher, in Ruhe gelassen zu werden. Was die Sentinelesen offenbar wollen.

Die erste schriftliche Quelle, in der North Sentinel Island erwähnt wird, ist von 1771. Die Besatzung des Schiffes *Diligent* der britischen East India Company sah eine Reihe von Lichtkegeln am Waldrand, drehte aber nicht bei, um nachzusehen, was es war. Beinahe hundert Jahre später, zum Ende des Sommermonsuns 1867, folgte der nächste Bericht. Das indische Handelsschiff *Niniveh* war auf Grund gelaufen, und den hundert Passagieren und Besatzungsmitgliedern war es gelungen, sich an den Strand zu retten. Am Morgen des dritten Tages wurden sie von einer Gruppe von Inselbewohnern angegriffen.

«Die Wilden waren ganz nackt, hatten kurzes, Pfefferkornähnliches Haar und mit roter Farbe bemalte Nasen. Sie riefen etwas, das wie ‹pa on ough› klang, und ihre Pfeile hatten Eisenspitzen», erzählte der Kapitän.

Die gestrandeten Inder konnten sie mit Stäben und Steinen vertreiben und wurden einige Tage später von der Marine der Briten, die gerade erst die Andamanen-Inseln kolonialisiert hatten, gerettet.

Zwölf Jahre später nahm Maurice Vidal Portman, seit wenigen Monaten Verwalter der britischen Andamanen, eine Gruppe von

Soldaten mit und segelte zur nach wie vor unerforschten North Sentinel Island, mit der Absicht, mehr über das unbekannte indigene Volk herauszufinden. Nach mehrtägiger Wanderung durch den dichten Dschungel der Insel kam er mit seinen Leuten an eine Lichtung, wo sie auf einige Inselbewohner, genauer gesagt ein älteres Paar und vier Kinder, stießen. Diese wurden gefangengenommen und nach Port Blair gebracht, der Hauptstadt des Archipels auf der Nachbarinsel Süd-Andaman. Die beiden älteren Inselbewohner steckten sich bald mit einer Infektionskrankheit an, vielleicht einem Grippevirus, und starben. Portman war entsetzt. Schließlich hatte er keine andere Absicht gehabt, als seine Neugierde zu stillen. Deshalb wurden die Kinder mit einem Sack voller Geschenke als Kompensation für die Todesfälle sofort zu ihrer Heimatinsel zurückgeschickt. Später bereute er, überhaupt einen Fuß auf die Insel gesetzt zu haben. Bei einem Vortrag für die Royal Geographic Society in London sagte er, dass für die Sentinelesen der Kontakt mit Außenstehenden schädlich gewesen sei und dass er sich selbst dafür verfluche, zu ihrer Ansteckung beigetragen zu haben. Er gab zu, dass seine Unternehmung die Existenz der Inselbewohner bedrohte. Sein Rat an das Publikum in London war, die Sentinelesen und alle anderen isolierten Volksgruppen der Erde in Ruhe zu lassen.

Vielleicht hatten die Kinder Viren und Bakterien zur Insel zurückgebracht und die übrigen Inselbewohner infiziert? Vielleicht war die Hälfte von ihnen gestorben? Wir wissen darüber nichts. Aber aus Erfahrungen von Besuchen Außenstehender bei anderen isolierten Volksgruppen wissen wir, dass als Folge davon ungefähr die Hälfte der Menschen an Viren und Bakterien gestorben ist, die ihrem Immunsystem unbekannt waren. Wir wissen auch, dass die Inselbewohner von North Sentinel Island seitdem gegenüber allen weiteren Versuchen, Kontakt aufzunehmen, feindlich eingestellt waren.

Wie die Sentinelesen sich selbst und ihre Insel nennen, wissen wir nicht. Aber wir wissen, dass niemand sonst ihre Sprache spricht. Niemand, nicht einmal die indigenen Völker auf den Nachbarinseln, versteht eine einzige Silbe von dem, was sie sagen. Ihre Sprache hat sich über einen so langen Zeitraum in eine eigene Richtung entwickelt, dass sie für alle anderen vollkommen unverständlich geworden ist. Vielleicht haben die Sentinelesen abgeschieden vom Rest der Menschheit gelebt, seit sie vor 60 000 Jahren in Kanus von Afrika gepaddelt kamen oder das letzte Stück über die Landzunge gelaufen waren, die es in früherer Zeit einmal von hier nach Myanmar gab. Vielleicht ist der Grund für ihre Feindseligkeit auch, dass sie sowohl intuitiv als auch instinktiv erfasst haben, wie das Immunsystem und Ansteckung funktionieren – und sie daher auch verstanden haben, dass nähere Begegnungen mit der Umwelt zu ihrem eigenen Untergang führen würden.

Maurice Portmans warnende Worte Ende des 19. Jahrhunderts waren bald vergessen. Seit Anfang 1967 unternahm Triloknath Pandit, Leiter des regionalen Büros von Anthropological Survey of India, wiederholte Versuche, sich North Sentinel Island zu nähern. Zusammen mit mehreren Kollegen nahm er Kurs auf die rätselhafte Insel, um Geschenke zu hinterlassen, in einem Versuch, die Sentinelesen verstehen zu lassen, dass sie keine bösen Absichten hatten.

Am Strand luden sie Säcke mit Kokosnüssen und Bananenstauden ab (die nicht natürlich auf der Insel vorkommen) sowie Eisenklumpen in geeigneter Größe, um Pfeilspitzen daraus hämmern zu können. Andere Male hinterließen sie auch Spiegel, rotes Stoffband, Gummibälle und Perlenketten. Manchmal sahen sie auf Entfernung Sentinelesen. Einige Male winkten sie in einer Weise, die Pandit und sein Team als freundlich auffassten. Andere Male hockten sie sich mit dem Rücken zu den Besuchern hin, eine Körperposition, die man einnimmt, um seine Notdurft zu verrichten, was Pandit als: «Kommt nicht hierher!» interpretierte. Nachdem die Sentinelesen eine Weile in der Hocke geblieben waren, standen sie auf und schossen einen Pfeilhagel gegen die Eindringlinge. Da verstand Pandit: Eindeutig Zeit zum Rückzug.

Andere, die auf North Sentinel Island an Land gekommen waren – geflohene Gefängnisinsassen von Süd-Andaman oder illegale Krabbenfischer –, hatten schlicht und einfach nicht gewusst, um was für eine Insel es sich handelte. Sie alle sind von den Inselbewohnern angegriffen und auf der Stelle getötet worden.

Die ersten Bilder von den Sentinelesen sind von dem indischen Fotografen Raghubir Singh gemacht worden. 1974 ist er mit einem Filmteam, beauftragt von *National Geographic*, und einer Gruppe von Anthropologen zur Insel gefahren, um eine Reportage für die Zeitschrift zu machen und den Dokumentarfilm *Man in search of man* zu drehen. Man hatte Geschenke wie eine Puppe, ein Spielzeugauto aus Plastik, ein lebendes Schwein, Nüsse und Haushaltsartikel dabei. Aus der Entfernung sah das Team dann, wie die Sentinelesen das Schwein töteten und begruben, zusammen mit der Puppe und dem Auto, die Nüsse und Haushaltsartikel mitnahmen und zurück in den Wald liefen. Zuvor schossen sie noch einen zweieinhalb Meter langen Speer los, der den Kameramann im Schiff traf. Auf Singhs herangezoomten Bildern der Männer am Strand sieht man, wie zwei von ihnen uninteressiert an den Ast eines Baumes gelehnt stehen, während ein dritter mit hochgereckten Armen wie in einer Siegesgeste seinen Pfeil und Bogen über dem Kopf spannt.

Weitere gescheiterte Kontaktversuche wurden unternommen, bis es zu dem bislang einzigen bekannten Besuch kam, der nicht zur Konfrontation geführt hat. Sechs Jahre verbrachte die Sozialanthropologin Madhumala Chattopadhyay aus Kalkutta in dem Archipel, um ihre Doktorarbeit über die indigene Bevölkerung zu schreiben. Im Januar 1991 kletterte sie aus dem Schlauchboot, das sie, Pandit und einige andere Kollegen auf das Riff der Insel gebracht hatte. Sie wateten also Richtung Strand. Dieses Mal kamen ihnen einige sentinelesische Männer ohne Speer und Bogen entgegen, um draußen im Wasser die angebotenen Kokosnüsse entgegenzunehmen. Dabei sah Chattopadhyay, wie ein junger bewaffneter Mann am Strand seinen Bogen spannte, um auf sie zu schießen. Eine Frau neben ihm gab ihm einen Schubs, wie um zu sagen: «Entspann dich!» Da senkte er den Bogen. Trotz des überwiegend freundlichen Empfangs im taillenhohen Wasser wurden sie nie eingeladen, mit auf den Strand und in den Dschungel hinein zu den Hütten zu kommen. Nach dem ersten Besuch unternahmen die Anthropologin und ihre Arbeitsgruppe noch zwei weitere, doch ohne Kontakt zu bekommen.

«Das indigene Volk auf der Insel braucht keine Außenstehenden, die sie beschützen. Was sie brauchen, ist, in Ruhe gelassen zu werden», sagte Chattopadhyay, als *National Geographic* sie siebenundzwanzig Jahre nach dem spektakulären Inselbesuch interviewte.

Triloknath Pandit, der einen bedeutenden Teil seiner beruflichen Laufbahn zwischen 1967 und 1991 auf Kontaktversuche mit den Inselbewohnern verwandt hatte, schloss sich dem in einem Interview mit der *New York Times* an:

«Sie wollen nichts von uns. Sie wollen in Ruhe gelassen werden. Sie meinen, wir haben böse Absichten. Daher leisten sie Widerstand.»

Man kann es auch ausdrücken, wie Michael Schönhuth, Professor für Sozialanthropologie an der Universität Trier, 2019 in *Anthropology Today*:

«Ihr Verhalten ist natürlicher Teil einer Überlebensstrategie.»

Vor tausend Jahren unternahm das südindische Chola-Reich von den Andamanen und Nikobaren aus Überraschungsangriffe gegen das Shrivijaya-Reich auf Sumatra, doch es gibt keine überlieferten Berichte über ihre Kontakte mit der Urbevölkerung der Inseln. Ein paar hunderte Jahre später segelte Marco Polo direkt südlich des Archipels vorbei, ging wahrscheinlich aber nie an Land. Dennoch berichtete er, dass die Inseln von Wilden bewohnt würden, deren Köpfe Mastiffhunden ähnelten: «Sie haben viele Gewürze, aber sind grausam und verschlingen alle, die sie zu fassen bekommen.» In einer französischen Ausgabe von Marco Polos Berichten wird die Urbevölkerung der Andamanen mit Wolfsköpfen abgebildet.

Danach dauerte es bis zum Ende des achtzehnten Jahrhunderts, bis die Briten auf Chatham Island – direkt nördlich der Hauptstadt der Inselgruppe Port Blair – eine Strafkolonie einrichteten. In den folgenden Jahren gab es mehrere Erzählungen von gestrandeten europäischen Schiffen und Besatzungen, die von den Waldmenschen angegriffen und getötet worden waren. Als die Briten Mitte des neunzehnten Jahrhunderts ihre Kolonie auf Süd-Andaman erweiterten, gab es dort zehn unterschiedliche Gruppen mit insgesamt siebentausend Ureinwohnern. Doch in den kommenden Jahrzehnten starb beinahe die Hälfe von ihnen an Infektionskrankheiten, vor allen Dingen Masern. Zugleich begannen die Briten, ihre Siedlungen auszubauen und Wald für den Holzexport zu roden. Die Urbevölkerung setzte sich sofort zu Wehr. 1859 kulminierte der Konflikt in einer Schlacht zwischen Briten mit Gewehren und Andamanen, ausgerüstet mit Speer und Bogen. Es endete damit, dass so gut wie kein Brite verletzt wurde, während alle angreifenden Ureinwohner getötet wurden.

Heute sind nur noch fünfhundert Menschen des Urvolkes der Insel übrig. Wohin sind sie also gegangen, diejenigen, die nicht an

Masern starben oder im Kampf getötet wurden? Ein Teil ging auf das Angebot der kolonialen Regierung ein, zog in ein Haus in Port Blair und nahm die modernere südasiatische Kultur mit indischer Sprache, Religion, Sitten und Gebräuchen an.

Menschen mit einer Kombination aus ansteckenden Krankheiten und Feuerwaffen umzubringen, ist eine Art Völkerrechtsverletzung, doch ist die heutige Politik, die Urbevölkerung in Ruhe zu lassen, wirklich die humanste Verhaltensweise? Soll man Volksgruppen wirklich «schützen», als seien sie vom Aussterben bedrohte Tierarten oder seltene Katzenrassen? Ist das nicht Rassismus, wenn auch wohlmeinender, in seiner reinsten Form? Ich bin nicht sicher, was ich davon halte, doch bei einer Sache bin ich sicher: Es ist nicht gut, wenn Menschen gegen ihren Willen gezwungen werden, ihre Kultur aufzugeben, da sollte man sich zurückziehen. Das hat die indische Regierung auch getan. Kontakt aufzunehmen mit den Sentinelesen, der letzten Gruppe der Urvölker, die noch keinen Kontakt hatte, ist nach indischem Gesetz streng verboten. Da sie mit niemand Kontakt haben wollen, sollen sie auch in Frieden leben.

Gleich als ich das Ankunftsterminal im Veer Savarkar Airport in Port Blair betrat, sah ich das Schild: «Fotografieren der indigenen Bevölkerung strengstens verboten». Die Sentinelesen genießen noch einen höheren Schutzstatus, ihnen darf man sich noch nicht einmal nähern. Das schreckte John Allen Chau nicht, Mitglied der amerikanischen All Nations Family, einer missionierenden Vereinigung, die sich vorgenommen hatte, das christliche Evangelium in die Teile der Welt zu bringen, in denen es unbekannt war. Von 2015 an machte Chau insgesamt vier Erkundungsreisen auf die Andamanen, bis er im Spätherbst drei Jahre später meinte, die Zeit sei reif für den nächsten Schritt. Er bestach einige Fischer, ihn mit seinem Seekajak bis ins Gewässer unmittelbar vor der

Insel zu bringen. Bevor er in sein Kajak stieg, um zum Strand zu paddeln, gab er den Fischern einen beschriebenen Zettel, dessen Inhalt sie in der übrigen Welt verbreiten sollten, falls er nicht zurückkäme. Auf dem Papier stand, dass Jesus ihm die Kraft gegeben habe, sich zu den verbotensten Orten der Erde zu begeben.

Als Chau zur Insel paddelte, wurde er von Pfeilen empfangen. Er zog sich zurück, aber gab nicht auf. An den folgenden Tagen unternahm er mehrere Versuche. Trotz der deutlichen Zeichen der Inselbewohner kam am Morgen des siebzehnten November 2018 die Zeit für einen letzten tapferen Landungsversuch. Denn Chau blieb hartnäckig, war er doch davon überzeugt, die Insel sei ein «letzter Vorposten Satans» hier auf Erden. Im Kajak führte er Geschenke mit, nicht Kokosnüsse und Bananen wie frühere Besucher, sondern Fußbälle, Angelschnur und Scheren. Als er beinahe am Strand war, rief er:

«Mein Name ist John! Ich liebe euch und Jesus liebt euch!»

Doch wieder kamen die Pfeile durch die Luft geflogen. John wurde sofort getötet. Aus der Entfernung konnten die Fischer sehen, wie die Sentinelesen danach seinen Körper im Sand begruben. Von Plänen, den Leichnam zu bergen, nahmen die staatlichen Stellen schnell Abstand. Es wäre schlicht und einfach zu gefährlich, sowohl für die Sentinelesen (Infektionsrisiko) als auch für die indischen Rettungskräfte (Pfeile). Die Fischer, die sich hatten bestechen lassen, wurden gefasst, angeklagt und zu Gefängnisstrafen verurteilt. Der Missionsverband jedoch, der John angespornt hatte, bereute nichts. In einer Stellungnahme sagte ein Repräsentant der Organisation, Johns heldenhafte Tat, sich für Jesus zu opfern, würde früher oder später Früchte tragen. Johns Vater Patrick, auch er tief religiös, kommentierte den Tod des Sohnes mit einem Bibelzitat:

«Ein jegliches hat seine Zeit, und alles Vorhaben unter dem Himmel hat seine Stunde.»

Da North Sentinel Island nicht zugänglich ist, mache ich es wie die indischen Touristen: Ich nehme die Fähre nach Ross Island, dem ehemaligen administrativen Hauptquartier der Briten, früher eine schmucke Inselgemeinde, ein Miniaturengland und der direkte Gegensatz zu North Sentinel Island. Doch als die britische Herrschaft fiel, wurde die Insel aufgegeben. Heute erscheint sie wie ein Horrorszenario aus einem Science-Fiction-Film, in dem eine fremde Naturkraft die Zivilisation in Trümmer gelegt hat. Aus den verfallenen Backsteinhäusern ragen mächtige Banyanbäume auf. Lianen haben sich um Gebäude geschlungen, den Kirchturm in den Würgegriff genommen und die Dächer zum Einsturz gebracht. In der British Officers' Mess gehen Axishirsche und Pfauen ein und aus. Die Bäckerei, der Club, der Swimmingpool und die Presbyterianische Kirche mit Teakholz aus Myanmar und Glas aus Venedig – alles ist zu Ruinen geworden, umschlungen von kraftvoll ausragenden Zweigen und Wurzeln. Als hätte die Urbevölkerung der Insel die Natur auf ihrer Seite gehabt in einer bittersüßen Rache für all die Jahre, in denen die Kolonisatoren praktisch sämtliche Andamanen-Inseln außer North Sentinel Island besetzt hielten.

Als ich auf Süd-Andaman zurück bin, besuche ich das Gefängnis Cellular Jail auf dem Hügel oberhalb des Aberdeen Bazaar. Mit der Unabhängigkeit Indiens wurde es geschlossen und in ein patriotisches Denkmal verwandelt, das an den Unabhängigkeitskampf und die Folter, die harte Strafarbeit im Wald und alle, die in den 663 Zellen schmachteten, erinnert. Gemeinsam mit Mördern und anderen Gewaltverbrechern saßen hier überführte Aktivisten, die Widerstand gegen die Kolonialmacht geleistet hatten – ihre Fälle wurden an den Gerichten unter Titeln wie *Faridpur Bomb Case, Benares Conspiracy Case* und *Alipore Bomb Case* geführt.

1858, im Jahr nach dem ersten Befreiungskrieg, wie er in indischer Geschichtsschreibung heißt, oder dem Aufstand, wie die Briten es vorzogen auszudrücken, hatte der Pendelverkehr über das Meer mit britischen Gefangenentransporten vom indischen Festland auf die Andamanen Fahrt aufgenommen. Die Ton- und Lichtshow vor dem Hintergrund der Gefängniswände, mit einer Donnerstimme, die schicksalsschwanger von den Opfern und dem Leid erzählt, ist so ergreifend, dass ich zu weinen beginne. Was für eine Hölle! Was für ein Leid!

Die Inder nannten das Gefängnis auf der abgelegenen Insel *Kala Pani*, schwarzes Wasser. Die Reise hinaus zur Hölleninsel ging schließlich über ein tiefes, schwarzes Meer. Eine Reise, die nach hinduistischer Mythologie ein Tabu darstellt: Wenn du dich auf das Meer hinausbegibst und fremde Inseln und Länder besuchst, verlieren du und deine Nachkommen jeglichen sozialen und kulturellen Status. Es war schlimm genug, von den Briten gefangengenommen und in ein ausbruchsicheres Gefängnis geschickt zu werden. Es wurde noch schlimmer dadurch, dass dieses auf einer Insel im Kala Pani lag, also in dem sozial degenerierenden schwarzen Wasser.

Im Gefängnis half es nichts, zu irgendwelchen Göttern zu beten. Der Schotte David Barry, Gefängniswärter zwischen 1909 und 1939, inselweit bekannt für seine Grausamkeit, begrüßte alle Neuankömmlinge: «Solange ihr hier seid, bin ich euer Gott!», schrie er den Gefangenen zu, während sie auf dem Hof aufgestellt standen, um darüber informiert zu werden, welch qualvolle Strafen sie bei einem Fluchtversuch erwarteten.

Als ich das Gefängnis verlasse, um durch die Nacht zum Hotel zu spazieren, begegne ich noch mehr Wehmut: Um die fünfzig Rentner stehen neben der Statue des gewaltsamen Widerstandsmannes V. D. Savarkar, der hier zehn Jahre lang gefangen war. Sie singen ein Lied aus dem Unabhängigkeitskampf, und die Nacht ist erfüllt von Erinnerungen aus der Zeit, als Großbritannien die

Feinde des Empires auf abgelegene Inseln im Golf von Bengalen schickte.

Von Port Blair aus nehme ich die Fähre zu einer weiteren Insel im Archipel, Havelock, wo die Baumstämme so dicht stehen, das Rauschen des Meeres so sanft klingt und der Gesang der Vögel so andersartig ist. Im Dschungel hinter dem Strand ragen die Baumkronen der Padoukbäume so hoch hinauf, dass ich mir wie in einer mächtigen Kathedrale vorkomme. Weiter wandere ich in den Wald hinein, bis er in Mangrovensümpfe übergeht. Rechtshändige Einsiedlerkrebse springen in dem kristallklaren Hochwasser, das die grauen, verwachsenen Stämme und dunklen Luftwurzeln überschwemmt. Langsam bewegen Fische sich auf Sand- und Schlammbänke und dann die Bäume hinauf. Erst glaube ich zu delirieren und Wahnbilder zu sehen, aber doch, die Fische können auf Bäume klettern, als ob sie sich gerade entschlossen hätten, das Meer zu verlassen und Landtiere zu werden. Ich wate in kniehohem Wasser, wo die Zehen in den Schlamm sinken. Gegen die brennende Sonne wickele ich mein Handtuch wie einen Turban um den Kopf, setze den Fuß neben eine zusammengerollte Kobra und schrecke zurück – nur um zu entdecken, dass die Schlange tot ist. Ich steige in tiefe Elefantenfußabdrücke hinein, wate voran, habe mich verirrt. Schließlich finde ich auf den Weg zurück, schwitzend wie verrückt. Der Hals zieht sich zu, mir wird schwindelig und ich habe nichts zu trinken. Plötzlich steht vor mir auf dem Weg ein Mann in Lendenschurz und mit bloßem Oberkörper, glänzend vor Schweiß. In der Hand hält er eine Machete, und neben ihm liegt – ein Berg frischer, grüner Kokosnüsse.

«Eine Kokosnuss zu trinken, Sir?», fragt er höflich.

«Zwei, danke, Sir!», antworte ich.

Das kühle Kokoswasser, süß und salzig zugleich, befeuchtet

die Kehle. Als meine Dauerkopfschmerzen verschwinden, merke ich, dass ich mich in einem der schönsten Wälder befinde, in denen ich je gewesen bin. Havelock hat eine ebenso verführerisch schöne Natur, wie ich sie auf Satellitenbildern von North Sentinel Island auf der anderen Seite von Süd-Andaman gesehen habe. Doch lebt hier keine Urbevölkerung. Die Insel war unbewohnt, bis Flüchtlinge aus Ostpakistan, dem heutigen Bangladesch, Ende der vierziger Jahre begannen, sich auf der Insel niederzulassen, die heute offiziell Swaraj (Selbstregierung auf Hindi) heißt. Sie ist eine der wenigen Inseln im Archipel, die Touristen empfängt.

Der schönste Strand der Insel heißt *Lonely Planet* zufolge Beach Number 7, ein technokratischer Name für eines der großartigsten Naturerlebnisse Südostasiens, von dem man hofft, dass es der «Thailandisierung» entgeht. Glücklicherweise werden dem Tourismus straffe Zügel angelegt: Am Meer darf nur bis zweihundert Meter von der Hochwasserlinie entfernt gebaut werden, auch Häuser über neun Meter Höhe sind verboten. Nördlich von Beach Number 7 liegt Neil's Cove, eine weitere der magischen Naturbuchten von Havelock. Doch als ich ohne irgendeinen anderen Menschen in Sichtweite am Wasserrand entlangschlendere, muss ich unweigerlich daran denken, was ich über die Amerikanerin Lauren Failla gelesen habe. Sie ist 2010, als sie in unmittelbarer Nähe des Strandes geschnorchelt hat, von einem Salzwasserkrokodil getötet worden. Ich bekomme Krokodil-Panik, kehre um und gehe zurück zum Barefoot, dem ökologischen Bungalow-Hotel, in dem ich abgestiegen bin.

Die Rezeptionistin frage ich nach dem tragischen Unglück.

«Oh ja, das war so fürchterlich», sagt sie. «Deshalb darf man seitdem nach Einbruch der Dämmerung nicht mehr zum Strand hinunter gehen. Beach Number 7 ist abends geschlossen.»

Natürlich kann ich es nicht lassen, zu googeln, ob es auf den

Andamanen noch mehr Krokodilangriffe gegeben hat. In der Tat. Project Crocodile hat dafür gesorgt, dass die Population der früher heftig gejagten und daher vom Aussterben bedrohten Salzwasserkrokodile von um die dreißig Exemplaren in den Siebzigerjahren auf über fünfhundert heute angestiegen ist. Zugleich sind die Menschen zahlreicher geworden: Seit die Briten 1947 abgezogen sind, hat die Bevölkerung sich verzehnfacht. Die Folge davon waren häufigere Konfrontationen zwischen Amphibien und Menschen. Den Berichten in den lokalen Medien nach hat es auf den Andamanen in den letzten Jahren um die zehn Angriffe gegeben, mehr als jemals zuvor.

Ich schaudere. Doch als die Krokodil-Panik nachgelassen hat, versuche ich, so rational wie möglich über die starken Gefühle, die von Bedrohungen durch wilde Tiere hervorgerufen werden, nachzudenken. Die Furcht sitzt uns wohl seit den Anfängen der Menschheit im Blut. Durchschnittlich ein bis zwei Menschen pro Jahr wurden auf den Andamanen von Krokodilen angegriffen. In neun von zehn Fällen betrifft dies die Bevölkerung vor Ort und führt zu einer Meldung in der Lokalpresse. 2010 wurde eine Amerikanerin zum Opfer, was für aufsehenerregende Schlagzeilen in der internationalen Presse gesorgt hat.

Tatsächlich ist der indische Verkehr eine wesentlich größere Bedrohung für mein Leben. Warum bekomme ich dann nicht auch Auto-Panik? Wenn wir konsequent wären, denke ich, müssten wir nicht nur Verbote einführen, nach Einbruch der Dunkelheit an Strände zu gehen, wo Krokodile jagen, sondern ebenso Verbote, sich Straßen zu nähern, auf denen regelmäßig tödliche Autounfälle passieren.

Am nächsten Abend besuche ich Rahul, der am Wendeplatz einige Meter vom Strand entfernt in einer aus Brettern zusammengezimmerten Restaurant-Hütte Fisch serviert.

«Kommen Sie doch heute Abend in mein Dorf und feiern mit uns Shivaratri.»

«Da müssen wir ja in der Dunkelheit über den Strand laufen», wende ich ein. «Das ist verboten. Denken Sie doch an die Krokodile!»

Rahul, der Selbstgebranntes getrunken hat und ordentlich angesäuselt ist, hört meinen Einwand nicht. Er zieht mich mit auf den Strand, hinaus in die Dunkelheit. Im Lichtstrahl meiner Taschenlampe sausen bleiche Krabben vorbei. Das Meer braust. Der Sternenhimmel gleicht einem Feuerwerk.

Ich lausche auf Geräusche von etwas Großem, das sich kriechend im Sand fortbewegt. Ich höre etwas. Doch es ist etwas ganz anderes. Technomusik. Dann erscheinen sie im Lichtkegel der Taschenlampe: zwei barfüßige Männer mit Hipsterbärten, die Köpfe in den Nacken gelegt und den Blick auf den Himmel gerichtet, die zu der hämmernden Musik riesige achtförmige Figuren laufen.

«Mach sofort die Taschenlampe aus!», sagte einer von ihnen, ohne stehenzubleiben. «Wenn du uns anleuchtest, sehen wir die Sterne nicht.»

Wir gehen weiter.

«Typisch israelische Touristen. Völlig ausgeflippt», lallt Rahul.

Dann biegt er ab in den Busch, weg vom Strand und der Bedrohung durch die Krokodile. Erleichtert folge ich. Wir kommen an einer Gruppe von Kindern vorbei, die ausgelassen auf Äste gespießte Krabben über dem offenen Feuer grillen. Darum herum stehen Jugendliche und junge Erwachsene, die kleinsten Kinder auf dem Arm, und schauen zu. Es knistert und zischt, wenn die Flammen die Krabbenpanzer treffen.

Dann haben wir Rahuls Dorf erreicht. Radha Nagar heißt es und wird von hinduistischen Flüchtlingen aus dem muslimischen Bangladesch bewohnt. Über offenem Feuer köchelt ein großer

Topf mit Linsen und Chili und ein weiterer Topf mit Gemüse und Reis.

«Ah, *Kishdi*», ruft Rahul aus, als er den Gemüsereis sieht. «Das kochen wir, um Shiva zu feiern.»

Der Gott, dessen Aufgabe es ist, die Welt zu zerstören, damit sie wieder aufgebaut werden kann, wird durch einen Phallus, einen *Lingam*, symbolisiert, der in einem weiblichen Schoß, einer *Yoni*, steht. Um das Feuer herum liegen Opfergaben: Reiskörner, Blumenzweige, Kokosnussschalen und Gurken. Frauen und Männer sitzen in Lotusstellung vor den Göttersymbolen. Der warme Schein der Stearinkerzen flackert über ihre Gesichter. Ein Mann spielt auf einem mit der Hand gepumpten Harmonium, drei Frauen schlagen Taktreihen auf dem Becken und alle singen mit. Schlafende Kleinkinder, zusammengekauert auf den Knien der Erwachsenen. Im Hintergrund sind die Geräusche des Waldes zu hören, in Form von quakenden Kröten, pfeifenden Vögeln, fiependen Grillen und surrenden Insekten. Ein Chillum mit Hasch wird herumgereicht, und der süße Duft der Droge vermischt sich mit dem herberen Rauch des Holzes, das unter den Eisentöpfen brennt.

In der Abenddämmerung am folgenden Tag sitze ich auf einem großen Kissen mit orangem Batik-Kissenbezug auf dem Holzboden des Restaurants Barefoot, genieße ein Fischcurry und denke an die Einwohner von North Sentinel Island auf der anderen Seite von Süd-Andaman. Ich bin noch immer gespalten, was ihre Absonderung angeht. Indem wir uns fernhalten, definieren wir sie ganz deutlich als etwas vom Rest der Menschheit Verschiedenes. Schließlich wissen wir nichts darüber, wie sie leben. Ich denke an Samanta und die Studierenden der Schule für Adivasi in Odisha auf dem Festland, die gesagt haben, dass «illiteraten Dorfbewohnern Lesen und Schreiben beizubringen, ist, als gäbe man

Blinden das Augenlicht zurück» und dass es gelte, «das Dunkel in den Dörfern zu lichten».

Vielleicht gibt es bei den Sentinelesen Pennalismus und andere Grausamkeiten. Vielleicht schlagen sie ihre Kinder. Die Männer vergewaltigen vielleicht die Frauen. Vielleicht verhungern sie, wenn zu wenig oder zu viel Regen die Ernte der Früchte und Wurzeln, von denen sie leben, verdirbt. Der Klimawandel hat vielleicht die Zahl der Wildschweine, Krabben, Fische und Schildkröten- und Seevogeleier, die sie essen, verringert. Vielleicht ist die Insel für die Ureinwohner in Wirklichkeit ein China, Nordkorea oder Russland, regiert von einem so autokratischen wie paranoiden Häuptling. Vielleicht brauchen die Einwohner dringend unsere Hilfe.

Oder aber es ist umgekehrt. Vielleicht leben sie in friedlicher Harmonie miteinander und haben das ganze Jahr hindurch genug zu essen.

Doch wahrscheinlich sind sie weder grausam noch gut, weder einseitig unterdrückend noch ausschließlich sozial, sondern so, wie die meisten Leute – sowohl gemein als auch gut, unangenehm als auch nett, tolerant als auch intolerant, egoistisch als auch selbstlos.

Unabhängig davon, wie es um die Stimmung zwischen den schätzungsweise rund hundert Sentinelesen bestellt ist, hat die Nation, die die Oberhoheit über die Insel hat – also Indien – bestimmt, dass sie für sich selbst sorgen dürfen. Praktisch bedeutet dies, dass sie nicht juristisch belangt werden, wenn sie gegen indisches Gesetz verstoßen. Wie sie es getan haben, als sie den amerikanischen Missionar getötet haben.

Während die Fruchtfledermäuse zwitschernd über den Baumkronen kreisen und der Andamanenspecht in die riesenhaften Baumstämme hackt, lese ich, wie es den Einwohnern von North Sentinel Island gelungen ist, mit heiler Haut dem Tsunami von

2004 zu entkommen, obwohl ihre Insel in der Nähe des Epizentrums des Erdbebens liegt. Man geht davon aus, dass sie, als sie die der Welle vorausgehenden Erderschütterungen im Boden gespürt haben, sich schon auf die Erhebung in der Mitte der Insel begaben. Als ein indischer Rettungshubschrauber nach der Katastrophe über die Insel flog, schienen alle heil davongekommen zu sein. Und ein sentinelesischer Mann sah zum Hubschrauber hoch und spannte seinen Bogen, bereit, einen Pfeil gegen den unerwünschten Eindringling zu schießen. Kann man es deutlicher sagen: Kommt nicht hierher!

Auch lese ich verschiedene Zeitschriftenartikel im Internet, mit widerstreitenden Argumenten dazu, ob man die Inselbewohner auf North Sentinel Island für sich selbst sorgen lassen sollte. Auf der Erde gibt es außer den Sentinelesen über hundert isolierte und nicht kontaktierte Volksgruppen, erfahre ich. Der überwiegende Teil der Naturvölker, die keinen Kontakt mit der Außenwelt haben, lebt in den Regenwäldern des Amazonas, während der Rest im Gran Chaco in Paraguay und auf Westneuguinea zu Hause ist.

Im *Science Magazine* schreiben die amerikanischen Anthropologen Kim Hill und Robert Walker, man solle sich isolierten Stämmen weiterhin nähern. Doch die Annäherungen müssten klug geplant und kontrolliert sein, da die Geschichte voller Beispiele von Kontaktversuchen sei, die von unbeholfenen und unbedachten Regierungsbeamten und christlichen Missionaren unternommen worden waren, von Forstwirtschaftsunternehmen und Bergwerksgesellschaften mit eigener Agenda und fehlendem Interesse für die eigene Perspektive der Urvölker.

Der Gefahr hinsichtlich des Immunsystems, das mit unseren Infektionskrankheiten nicht zurechtkommt, begegnen Hill und Walker mit dem Argument, dass Kontakte mit isolierten Völkern selbstverständlich von engmaschigen Gesundheitskontrollen und

Medikamenten begleitet werden müssen. Es gibt Erfahrungen mit den indigenen Völkern Aché, Yora, Mashco-Piro und Machiguenga in Paraguay und Peru, bei denen es gelungen war, nach einem richtig durchgeführten Besuch die Sterblichkeit beinahe bei Null zu halten, dank ärztlicher Betreuung rund um die Uhr vor Ort im Dschungel.

Respektvolle Besuche, unterstützt von den neuesten sozialanthropologischen Forschungsergebnissen und medizinischem Personal mit ausreichend Medikamenten sind eine Garantie für ihr weiteres Wohlergehen. Wenn man das nicht tut, werden sie früher oder später von anderen, skrupellosen Eindringlingen ohne gute Absichten kontaktiert werden, mit furchtbaren Folgen.

«Wenn ein nachhaltiger und friedlicher Kontakt geschaffen wird, ist es sehr viel einfacher, die Rechte der isolierten Volksgruppen zu schützen», fassen es die Forscher im *Science Magazine* zusammen.

Survival International, die weltweit größte Organisation für die Rechte der indigenen Völker, ist genau der gegenteiligen Meinung. Sie finden, dass man die Insel vor Eingriffen bewahren und alle indigenen Völker, einschließlich der Inselbewohner von North Sentinel Island, in Frieden lassen soll. Denn die letzten isolierten Volksgruppen schützen die letzten Gegenden der Erde mit der größten biologischen Vielfalt. Betrachtet man ein Satellitenbild, so Sarah Schenker, Aktivistin von Survival, sieht man, dass die Umgebung dieser Völker von unberührtem Grün bedeckt ist. Auf diese Weise sind die isolierten Urvölker unsere besten Verbündeten im Kampf gegen den Klimawandel. Sie verteidigen ihre Umgebungen, weil ihr Überleben von ihnen abhängig ist. Und ihre Botschaft ist schließlich glasklar: Sie wollen keinen Kontakt mit Außenstehenden! In einem TED-Talk auf Youtube sagt sie:

«Sie sind das verletzlichste Volk auf der ganzen Welt. Erneute Kontaktversuche drohen, sie zu vernichten.»

Wie ich versunken über meinem Laptop dasitze, schaut die Bedienung im Barefoot mich forschend an.

«Ich erkenne Sie. Sie waren gestern Abend beim *Shivaratri*.»

«In Radha Nagar, ja, wie aufmerksam! Woher wissen Sie das?»

«Ich habe neben Ihnen im Dunkeln gestanden, mit meinem kleinen Bruder auf dem Arm, und den Kindern zugeschaut, die über dem Feuer Krabben gegrillt haben. Dann bin ich mit Ihnen zum Kessel gegangen, in dem wir *Khichdi* gekocht haben. Ich habe Ihnen den Teller gereicht.»

Sie verschwindet in die Küche, um eine weitere Flasche kühles Bier zu holen, während ich mich schäme, sie nicht erkannt zu haben. Sympathischerweise läuft im Restaurant keine Musik, dafür höre ich Besteck gegen Porzellan klappern, gedämpfte Gespräche, spielende Grashüpfer, rufende Vögel und, so bilde ich mir ein, das Geräusch von weißen, hauchdünnen Blütenblättern, die sanft und wehmütig von dem mächtigen Padouk-Baum fallen.

Bali

Nach dem Sündenfall

Fläche: 5780 km²
Einwohnerzahl: 4,4 Millionen
Koordinaten: 8°20'06"S 115°05'17"O
Zeitzone: GMT +8 h
Höchster Punkt: 3031 m ü. d. M.

Der bleiche Schein des Vollmondes lässt die löcherübersäten
Gassen in dem Ort Anturan aussehen, als seien sie von herabfallenden
Kometen perforiert worden. Die Dunkelheit in den Entwässerungsgräben
erscheint bedrohlich, als harrte in den nassen
Schatten ein furchterregender Dämon. Ist es nicht Rangda mit
ihren scharfen Klauen, das Böse selbst, Königin der Dämonen
und Göttin des Zaubers, die im Dunkeln lauert? Ja, sicher, sie ist
es. Aber warum ist die Stimmung trotzdem so heiter und erwartungsvoll?
Ja, weil dort im weißen Mondlicht der gutmütige Barong
getrottet kommt, er, der König über die Geister, er, der aussieht
wie ein Löwe mit rotem Kopf, weißer Mähne und lachendem
Mund. Er, der Rangda in die Flucht treibt, das Böse besiegt und
die himmlische Ordnung wiederherstellt.

Heute Abend ist ein Fest im Tempel. Bald beginnt die Zeremonie
für Götter und Menschen mit flackernden Lichtern, starken
Farben und süßen Düften. Die Vorbereitungen sind schon seit
einigen Tagen im Gange. Im Dorf hat man Hühnerfleisch gebraten,
in kleine Palmblätterkörbe gepackt und auf Blumenblätter

gebettet, hat Reismehlkuchen in schreienden Zuckerfarben gebacken, Früchte in hohen, schlanken Pyramiden aufgestapelt, und es hat jemand sogar ein kleines, aber gut gemästetes Schwein am Stück gebraten.

Ich bin zu Hause bei dem Dorfbewohner Ketut Sukrawarsa und seinen Freunden eingeladen. Sie wollen mich mit zum Tempel nehmen, aber erst sollen wir uns umziehen. Genau wie die anderen bekomme ich einen *Sarong* (Stoffstück, das um die Hüften herumgewickelt wird), ein *Selendang* (breite, glänzende Stoffschärpe) und ein *Destár* (Schal, der um den Kopf gewunden wird, mit Knoten auf der Stirn). Das Hemd klebt am Leib, und unter dem Schal läuft der Schweiß auf die Stirn.

Krabang!, hört man aus dem Nachbarhaus. Ich sehe hinaus. Der leichte Nebel, der den Mond verdeckte, ist aufgerissen und legt die Sterne frei. Entfernt höre ich Xylophone, Gongs und Flötentöne in einer außerirdisch anmutenden Harmonie; an pentatonische polyphone Musik bin ich nicht gewöhnt. Umso bekannter ist, was aus dem Fernseher in der Ecke des Wohnzimmers strömt: die amerikanische Rocksängerin Alanis Morissette, die ihr langes, schwarzes Haar über den Bühnenboden fegt, während sie singt: «*Thank you India, thank you providence, thank you disillusionment*».

Widerwillig reißt Ketut den Blick von der Mattscheibe, richtet das Haarband um seinen langen, glänzenden Pferdeschwanz. Während Brahma, Vishnu und Shiva darauf warten, aus der Ewigkeit herabzusteigen und den Tempel in Besitz zu nehmen, hört man die Hunde heulen. Als wir in unseren engen Sarongs auf den Hof hinaus trippeln, hin zum mondbeschienenen Tempel des Ortes, riecht die Luft nach feuchten Lumpen. Die Straße vor dem *Pura Desa*-Tempel ist gesäumt von selbstgezimmerten Partyzelten mit Holzbänken, Plastikhockern und Campingtischen, auf denen lange Reihen von Bintang-Bierflaschen, Coca-

Cola-Dosen, Keksen, Zigaretten und in Plastik verpacktem Weißbrot mit Schokoladenfüllung aufgebaut sind. Hämmernder Techno aus Lautsprechern, süße Rauchschwaden von *Kretek* (Nelkenzigaretten), fettiger Chipsgeruch, müde Kinder auf den Schultern, Ausschau haltende Teenagerjungs und kichernde Teenagermädchen. Diese faszinierende Mischung aus Alltag und Fest, profan und sakral, weltlich und göttlich. Ketut bestätigt das, als er auf dem Weg in das Allerheiligste hinein erzählt, dass sein kleiner Bruder es im Tempel immer darauf anlegt, die Mädchen aufzureißen.

«Schließlich sind sie während der Zeremonie so schön, in ihren durchsichtigen, goldfarbenen Spitzenblusen», sagt er.

Im selben Moment, in dem wir uns auf die aus Palmblättern geflochtenen Matten niederlassen, beginnt der Priester in einer Mischung aus Sanskrit und *Kedung*, Hochbalinesisch, das Mantra des Abends aus den Veden zu rezitieren. Vor Farben sprühende Opfergaben, aufgereiht wie Weihnachtsschmuck auf den Zeremonienpodien ringsherum. Schön gekleidete Menschen im Gebet, die Hände wie ein Dach vor dem Kopf zusammengelegt, die Daumen an der Stirn.

Für diejenigen, die Gaben bringen und dem Priester lauschen, ist es ein Abend wie viele andere. Für mich ist er das natürlich keinesfalls. Stundenlang sitzen wir still und hören den geleierten Worten zu. Ich verstehe sie nicht, die Botschaft der Worte geht an mir vorbei.

Dennoch wird mir nicht langweilig. Ich mag es, die fremden Laute zu hören, die sich mit dem Geräusch klingelnder Messingglocken, dem Duft von Räucherstäbchen und der kaleidoskopischen Farbenpracht der genauestens geschichteten Pyramiden von tropischen Früchten verbinden. Ich nehme an, das Gefühl, das mich gerade jetzt erfüllt, macht den Kern von dem aus, was Exotisierung des Fremden genannt wird.

Am nächsten Abend bin ich wieder im Tempel. Die Früchte, die gegrillten Hähnchen und das gebratene Schwein sind fort. Doch nicht die Götter haben die ganze Nacht geschlemmt, sondern die Dorfbewohner sind morgens zurückgekommen und haben die Opfergaben nach Hause genommen. Dann haben sie Mango, Fleisch und Reiskuchen gegessen, bis sie beinahe geplatzt sind. Heute Abend nun gibt es keine Gebete, sondern es findet *Joged* statt, eine weltliche Tanzaufführung mit erotischer Komponente.

«Wir singen Lieder und trinken Palmwein», sagt Ketut. «Dann, wenn wir betrunken sind, tanzen wir.»

«Genau wie in Schweden», sage ich.

«Das ist wohl überall das Gleiche», stellt Ketut fest.

Eine junge, schöne Frau mit Golddiadem, geschmückt mit weißen Tempelblumen, einer langen Lederschürze mit verschnörkeltem roten und goldfarbenen Muster und kugeligen Goldohrringen gleitet mit kurzen, schnellen Schritten herein. Das Gamelanorchester schlägt auf seine Gongs, und der Männerchor singt «Ale, ale, ala, le, le, le aee, aee». Das Mädchen zeigt auf einen Mann im Publikum. Er zögert, will eigentlich nicht, doch seine Kameraden nötigen ihn aufzustehen. Er bekommt ein Glas milchigen Palmwein, das er leeren muss. Sie schwingt ihre Hüften. Widerwillig folgt er. Sie wippt mit dem Unterleib. Absichtlich stößt er mit seiner Hüfte gegen ihre. Das Publikum windet sich vor Lachen. Dann darf der Mann gehen und sich wieder hinsetzen. Die anderen Männer im Publikum ducken sich – «Gnade, nicht ich, verschone mich» – doch selbstbewusst zeigt das Mädchen auf einen neuen Tanzpartner. Abzulehnen ist unhöflich und unpassend, also lässt auch er sich überreden. So geht es immer weiter, während der Männerchor singend von einer Seite zur anderen wogt und dem Publikum bald der Bauch vor Lachen so wehtut, dass nur noch Lachtränen rinnen und verzücktes Wimmern zu hören ist.

Als Bali vor hundert Jahren zur Paradiesinsel gekürt wurde, gab es bereits eine andere Insel, die Anspruch auf den Titel erhob. Aus Sicht der westlichen Länder war Polynesien im Allgemeinen und Tahiti im Besonderen der Garten Eden. Es begann Ende des achtzehnten Jahrhunderts mit Expeditionen, geleitet von dem Briten James Cook und dem Franzosen Louis Antoine de Bougainville. Auf Tahiti meinten beide, den «edlen Wilden» und den ursprünglichen und damit glücklichen Naturzustand gefunden zu haben, über den der Aufklärungsphilosoph Jean-Jacques Rousseau geschrieben hatte.

Die Tahitianer wurden als fragil, ursprünglich, feminin, schön und begehrenswert angesehen. Daher bekam die Insel den Kosenamen *Neu-Kythira (Nouvelle Cythère)*, nach der griechischen Insel, auf der die Liebesgöttin Aphrodite geboren wurde. Anspielungen auf Aphrodite waren im achtzehnten Jahrhundert gleichbedeutend mit Softpornographie, also eine etwas feinere Art zu sagen, dass etwas sexuell verlockend war. Der Sozialanthropologin Anne Salmond zufolge ist der Mythos von der erotischen Südsee 1758 mit Bougainvilles Ankunft in Tahiti geboren worden. In dem Buch *Aphrodite's Island – The European Discovery of Tahiti* erzählt sie von der Begrüßungsdelegation, die unter anderem aus einem jungen, schönen Mädchen bestand. Plötzlich ließ dieses vor den sexuell ausgehungerten französischen Seemännern, die ein halbes Jahr lang keine Frau gesehen hatten, ihre Kleider fallen. Aber das, was die Seefahrer als eine Einladung deuteten, war eigentlich etwas ganz anderes. Anne Salmond meint, es gebe einen polynesischen Brauch, beim Besuch von Göttern, Häuptlingen und hochstehenden Fremden eine in ein Stück Stoff eingewickelte Frau sich langsam um die eigene Achse drehen zu lassen, bis der Stoff abgewickelt und sie vollkommen nackt war. Es sei ein ritueller Akt, der Respekt und Ehrfurcht erweise, aber nicht bedeute, sich als zur Verfügung stehend zu präsentieren. Also ein Missverständnis. Doch das hielt Bougainville nicht davon ab, nach seiner Rückkehr nach Paris das Buch *Voyage autour du monde par la frégate du roi La Boudeuse et la flûte L'Étoile* (1771) herauszugeben, in dem er die Begegnung mit dem nackten Frauenkörper schilderte, als ob Venus selbst sich vor ihm offenbart hätte.

Auch James Cook war erregt von all dem, was er als natürlich, feminin und schön interpretierte, und er schickte den Künstler John Webber nach Tahiti. Der Mythos der Südsee wurde 1789 angereichert durch die Meuterei auf dem britischen Kriegsschiff HMS Bounty. Die Besatzung lehnte sich gegen die autoritäre Schiffsordnung auf – eine Ordnung, die zugleich der herrschenden europäischen Gesellschaftsordnung entsprach –, und jeder Seemann nahm sich eine tahitianische Frau. Einige von ihnen ließen sich auf der unbewohnten Insel Pitcairn nieder, auf der ihre Nachfahren noch immer leben. Ob die mehr als zweihundert Jahre alte Vorstellung von der sexuellen Freizügigkeit etwas damit zu tun hatte, weiß ich nicht, aber 2004 wurden sieben Männer auf Pitcairn, darunter der Bürgermeister, wegen mehrerer sexueller Übergriffe – ein Teil davon an Minderjährigen begangen – zu Gefängnisstrafen verurteilt. Die Meuterei und wie es dann auf der klitzekleinen Insel, auf der alle alle kennen, zuging, hat Anders Källgård in seinen Reportagebüchern *Myteristernas ättlingar* («Die Nachkommen der Meuterer») und *På Pitcairn – återbesök i Polynesien* («Auf Pitcairn – wieder zu Besuch in Polynesien») geschildert, und Lotta Lundberg hat die Anklagen wegen der sexuellen Übergriffe in dem Roman *Ön* («Die Insel») in satirischer Form bearbeitet.

Doch im neunzehnten Jahrhundert war das Bild von den Südseeinseln noch idyllisch und ohne Schatten. Während sich zeitgleich die Himmel in Europa vom Kohlenrauch aus Fabrikschloten und Dampflokomotiven verdunkelten, blühte die Südseeromantik. Zwei polynesische Männer mussten mit heim nach Europa kommen, um in den Salons als Beispiele für den edlen

Wilden und den exotischen Fremdling vorgeführt zu werden. Polynesische Tapeten kamen groß in Mode, und romantische Gedichtzyklen, Reiseschilderungen und Abenteuerromane mit Südseethemen gingen weg wie heiße Semmeln. Vorne im Schaufenster der Buchhandlungen lagen, um nur einige zu nennen, Johann David Wyss' *Der Schweizerische Robinson*, Lord Byrons *Die Insel*, Herman Melvilles *Taipi/Typee* und *Omu*, Robert Ballantynes *Die Koralleninsel*, Jules Vernes *Die geheimnisvolle Insel*, Pierre Lotis *Rarahu – Le mariage de Loti*, Robert Louis Stevensons *Die Schatzinsel*, H. G. Wells' *Die Insel des Dr. Moreau* und Victor Segalens alias Max Anélys *Die Unvordenklichen*.

Die größte Bedeutung für das romantische Südsee-Bild hatte der französische Impressionist Paul Gauguin, der in den 1890er-Jahren die Insel zweimal besuchte. Seine Gemälde zeigen halbnackte Frauen und Männer in einer schwelgerischen, prangenden tropischen Landschaft. Auf einem seiner letzten Kunstwerke mit dem Titel *Woher kommen wir? Wer sind wir? Wohin gehen wir?* ist eine Insel mit barbusigen tahitianischen Frauen und übervollen Obstbäumen vor blauem Meer zu sehen.

Als zwanzig Jahre nach Gauguins Tahiti-Bildern Bali als Lieblingsparadies der westlichen Länder in den Vordergrund rückte, wollten viele die indonesische Insel in der Südsee verorten. Das Wissen darüber, wo alle diese entlegenen Orte sich befanden, war nur ungefähr vorhanden. Man brauchte schon besondere Kenntnisse, um zu wissen, dass Bali eigentlich zehntausend Kilometer westlich davon, eingeklemmt zwischen Java und Lombok liegt. Trotz der Unsicherheit bezüglich der geographischen Lage hat keine andere Insel außer vielleicht Tahiti so viele Paradies-Hoffnungen getragen wie Bali. Während Polynesien christianisiert wurde und immer stärker westlichen Charakter annahm, bot Bali neben einer südseehaften Natur außerdem indische Spiritualität und Mystizismus. Das Bild von der Insel handelte daher nicht allein von palmengesäumten Stränden, sondern auch von den ständigen Tempelfesten, religiösen Tänzen und Begräbnisprozessionen. Von den *Penjors* (aus geflochtenen Palmblättern hergestellter religiöser Schmuck), Reisterrassen und Haustempeln nicht zu reden.

Doch Bali ist nicht immer als paradiesisch angesehen worden. Während die Tahiti-Romantik blühte, galt die indonesische Insel noch als wild und gefährlich. Wie der niederländische Besucher Dirk van Hogendorp im Jahr 1800 schrieb: «Die Balinesen sind ein gewalttätiges, wildes, bösartiges und kriegerisches Volk, das es verabscheut zu arbeiten, … zum Amoklauf neigt und sich mit barbarischen Ritualen wie der Witwenverbrennung befasst.» Die Holländer waren empört und enttäuscht zugleich, dass es noch nicht gelungen war, alle Königreiche der Insel zu unterwerfen. Noch immer war der südliche Teil der Insel nicht eingenommen. Erst nach zwei Blutbädern Anfang des zwanzigsten Jahrhunderts eroberten die Holländer schließlich auch diesen Teil der Insel und konnten mit der Verwandlung beginnen.

Bei meinem ersten Besuch Ende der Neunzigerjahre interviewte ich einen IT-Unternehmer über die Digitalisierung des Paradieses. Gede Sanat Kumara, wie er hieß, sorgte dafür, dass kleine Pensionen, Bed-and-Breakfast-Unterkünfte und Homestays von der anderen Seite des Erdballs aus online gebucht werden konnten. Ich war sehr beeindruckt. Noch bevor sich in der Reisebranche der westlichen Länder das Internet durchsetzte, hatte Bali schon den ersten Schritt getan.

An einem unexotischen braunen Laminattisch, unter einem kitschigen Bild mit breitem Goldrahmen und blauen und rosa Vögeln darauf saß Gede und klickte sich durch die tägliche Fragerunde. Das blaue Licht des Bildschirms schien auf sein säuberlich gebügeltes rot-weißes Hemd, das ordentlich gekämmte Haar und den kurzen, dichten Schnurrbart. Im Luftzug der dröhnenden Klimaanlage flatterten die weißen Spitzengardinen. Gede murmelte vor sich hin:

«Mail aus Southhampton, Brisbane, Bremen und Katrineholm aus … Schweden? So weit weg.» (Er lachte zufrieden.) «Was wollen sie denn nur? Zwei Familien. Hotel auf Bali über die Weihnachtsferien … okay!»

In einem Vorort der Inselhauptstadt Denpasar, wo die Straßen voller Löcher und eng sind, die Häuser nie höher als zwei Stockwerke und die Bougainvillea, Christsterne, Flamingoblumen und Frangipaniblumen mit tropischer Kraft wachsen, hatte er 1996 in seinem Reihenhaus «Access Bali online» gegründet. Da hatte Gede bereits dreizehn Angestellte für Buchungen, die html-Codierungen und das Weblayout.

«Über meine Internetseite können jetzt Balis Handwerker, Hotels und Restaurants für fast kein Geld Werbung für sich machen», sagte Gede.

Damals, 1998, war das etwas Unglaubliches. Die digitale Technik war verheißungsvoll für alle kleinen Akteure auf der Insel, die Zimmer an Backpacker vermieteten. Gede sagte, der Tourismus sei der Gott Vishnu – der Erhaltende, der Garant dafür, dass die Balinesen auch morgen noch ausreichend Einkünfte und ein würdiges Leben haben, trotz der Unruhen auf Jakarta und dem wirtschaftlichen Rückgang im Rest der indonesischen Inselwelt. Das Internet – das auf Bali die Verbindung zu den Reichen, den westlichen Ländern stärkte – sah er als den Wagen an, mit dem Vishnu über das Himmelszelt fährt.

Putupan Square in Denpasar ist nach zwei Blutbädern benannt. Als die Holländer die ostindischen Inseln kolonialisierten, waren sie hauptsächlich an den Molukken, Java und Sumatra interessiert. Auf Bali fehlten große, flache Gebiete für Gewürzplantagen. Daher segelten die meisten Handels- und Militärschiffe vorbei. Es dauerte bis zur Mitte des neunzehnten Jahrhunderts, bis die niederländischen Staaten verstanden, dass es bei kolonialer Herrschaft nicht allein um Einkünfte und Ausgaben, sondern auch um territoriale und strategische Macht geht, nicht zuletzt, um Großbritannien in Schach zu halten. Die Briten gaben sich mit Indien nicht zufrieden, sondern streckten ihre Fühler auch nach den ostindischen Inseln aus.

1906 griffen die niederländischen Kolonialtruppen die drei letzten selbständigen Königshöfe im südlichen Teil von Bali an: Badung, Tabanan und Klungkung. Doch den Invasoren bot sich ein verblüffender Anblick. Statt Balinesen mit Schusswaffen zu begegnen, standen sie Auge in Auge mit einer Prozession weißgekleideter Priester, Hofadjutanten und ihren Familien, und ganz vorne, in einer Sänfte, saß der Raja selbst, geschmückt mit Gold, Blumen und Palmblättern, als sei ein Fest im Gange. Auf ein Signal hin stürzte einer der Priester plötzlich vor und stach seinem Raja einen Dolch in die Brust. Der Rest der königlichen Prozession hob Lanzen und Dolche und begann, auf die niederländischen Soldaten zuzulaufen. Die Kolonialtruppe antwortete, indem sie direkt in die Menge hineinschoss. Da brach der Wahnsinn aus. Statt den Angriff zu Ende zu führen, erstachen die Balinesen ihre angeschossenen Kameraden und sich selbst. Einige Minuten später lag die gesamte Hofelite tot vor den Holländern. Am selben Nachmittag, an einem anderen Hof in der Nähe, wiederholte sich das Ereignis, wenn auch mit weniger Blutvergießen, und zwei Jahre später am Hof in Klungkung. Über tausend Balinesen starben, aber kaum ein einziger Holländer.

Kollektiven Selbstmord zu begehen, wenn man realisiert, dass der Kampf verloren ist, wurde *Puputan* genannt. Kurz gesagt ging es darum, lieber zu sterben, als aufzugeben. Ein moralischer

Rückschlag für den Feind, wie die Holländer erleben durften. Die Wirkung war dieselbe, als ob die Soldaten Bambi totgeschossen hätten. Die Weltpresse verurteilte die grausamen Holländer, die auf die zum Selbstmord bereiten, mit traditionellen Dolchen ausgerüsteten Balinesen geschossen hatten

Die Kolonialverwaltung merkte, dass sie etwas tun musste, um ihr Image aufzupolieren. Außerdem verstand man, dass der Hinduismus – der tausend Jahre zuvor mit Kaufleuten aus Indien gekommen war – als Bremsklotz für die Verbreitung des Islam in Südostasien dienen könnte. Innerhalb kurzer Zeit versuchten die Holländer, das Bild der Insel und ihrer eigenen Taten aufzuhübschen. Man verbot Sklaverei, Witwenverbrennung, Hahnenkämpfe und den Konsum von Opium. Ein gewisses Maß an Selbstbestimmung sollte dank paralleler wirtschaftlicher, administrativer und juristischer Systeme garantiert werden: ein traditionell balinesischer Apparat, welcher das kleine Leben in den Orten lenkte, und ein niederländischer, der die großen Fragen behandelte und von Holländern geleitet wurde. Die Idee hinter den doppelten Systemen war eine paternalistische rassistische Sichtweise, die davon ausging, dass die Inselbewohner sich in einem primitiven Stadium ihrer Entwicklung befanden und beschützt und behütet werden mussten, um durch die Einflüsse aus den modernen und destruktiven westlichen Ländern keinen Schaden zu nehmen. Ein System, das nach Adrian Vickers, Professor für Südostasienstudien und Verfasser des Buches *Bali – A Paradise Created* dieselben Wurzeln hat wie die südafrikanische Apartheid.

Nach den drei grausamen Aufeinandertreffen versuchten die Kolonisatoren die Insel in ein lebendes Museum zu verwandeln, um auf diese Weise die Blutflecken abzuwaschen. Christliche Mission wurde verboten («... unsere Aktivitäten auf diesem Außenposten sind stark eingeschränkt worden», klagte Pastor Kersten in einem Brief aus Denpasar), der Hinduismus sollte sich in Freiheit entfalten dürfen, und balinesische Kultur wurde unterstützt. G. P. Rouffer, Leiter des kolonialen «Bali Instituut», fasste zusammen: «Lasst die Balinesen ihr eigenes schönes, ursprüngliches Leben so unbeeinflusst wie möglich leben. Ihre Landwirtschaft, ihr Gemeindeleben, ihre eigenen Formen der Gottesanbetung, ihre eigene Literatur ... Lasst die koloniale Verwaltung ... Bali wie ein besonderes Juwel behandeln, ein Juwel, das wir schützen müssen und dessen Jungfräulichkeit intakt bleiben muss.» Bali sollte nicht nur bewahrt, sondern wiederhergestellt werden, wie es früher einmal gewesen war. Bali, beschloss man, sollte *balinisiert* werden – zur Freude der Besucher aus westlichen Ländern auf der Suche nach paradiesischer Schönheit.

Zielstrebig inszenierten die Holländer den Sprung von einer selbstständigen und traditionellen Agrargesellschaft hin zu einer kolonial verwalteten Tourismuswirtschaft: 1908 wurde die Touristenvereinigung für das Niederländische Indien gegründet, 1924 richtete die holländische Dampfschifffahrtsgesellschaft KPM die Direktverbindung Bali Express zwischen Singapur und Bali ein, 1928 eröffnete die Reederei das Bali Hotel in Denpasar, und 1932 gingen die Türen des Bali Museums auf, das Werke von Künstlern wie den beiden Niederländern W. O. J. Nieuwenkamp und Johann Rudolf Bonnet sowie dem Deutschen Walter Spies ausstellte. Bei der Gründung des Künstlerkollektivs «Pita Maha» (Sanskrit für Vorvater, aber auch ein Name des Schöpfergottes Brahma) bekamen sie Gesellschaft von balinesischen Künstlern wie Ida Bagus Madé und Made Buni und Unterstützung durch den Prinzen von Ubud.

Die europäischen Gummi- und Kaffeebarone blieben auf den muslimischen Nachbarinseln Java und Sumatra, während das hinduistische Bali zum Tummelplatz für europäische Künstler, Sozialanthropologen und Dokumentarfilmer wurde. Manchmal griff man ein, um die Tradition zu «verbessern». Etwa, indem

man *Kecak* erfunden hat. Ein Tanzdrama, das auf dem jahr-
tausendealten hinduistischen Epos *Ramayana* basiert und von
dem Kampf von Hanuman und seiner Affenarmee gegen den
Dämon Ravana handelt. Die Erzählung wird von bis zu hundertfünfzig Männern in schachbrettgemusterten Sarongs aufgeführt,
die simultan die Arme in die Luft strecken, während sie «chak
ke-chak ke-chak ke-chak» rufen. Das Tanzdrama wurde in den
1930er Jahren von Walter Spies in Zusammenarbeit mit dem
balinesischen Tänzer Wayan Limbak entwickelt. Noch immer
gehört *Kecak* beinahe obligatorisch dazu, wenn die Insel Touristen und anderen Besuchern gezeigt wird. So gesehen kann
man sagen, dass die westlichen Länder mit inszeniert haben, wie
die Kultur auf der Insel von der Außenwelt gesehen werden
sollte.

Genauso wie Paul Gauguins romantische Schilderung von Tahiti
erschufen Künstler wie Spies und Bonnet durch Malerei ein ver-
führerisches Bild von Bali als dem letzten noch existierenden
Paradies der Erde. In Bildbänden, Kunstausstellungen und Zeit-
schriften wie *National Geographic* wurde Bali bald als *Das tropische
Märchenland* und *Die Insel der Seligen*, bald als *Lotusinsel* und *Insel
der Götter* bezeichnet. Der Schweizer Reisende Gotthard Schuh
schrieb nach seinem Besuch Ende der dreißiger Jahre, die Balinesen seien ein so «friedliches Volk, in sorgloser Harmonie mit sich
selbst und der Umwelt, wach, geistig hochstehend, künstlerisch
begabt und so dankbar ihren Göttern gegenüber, dass das ganze
Leben sich zu einem einzigen freudenvollen, in den Alltag ver-
wobenen Gottesdienst formt». Die Inselbewohner, fuhr er fort,
leben nicht nur im Einklang mit der Natur, sondern auch in
einem «glücklichen Naturzustand». Auf Bali konnte man mit
anderen Worten also einen Blick auf den ursprünglichen Charakter des Menschen bekommen, bevor Mammon, Gier, rauchende

Schornsteine, lärmende Fabriken und puritanische Moral alles verdorben haben.

Meist waren es Männer, die von den halbnackten Körpern der Inselbewohner fasziniert waren. Doch nicht nur. Auch die schwedische Künstlerin Tyra Kleen war hingerissen von der Physiognomie der Inselbewohner. Nachdem sie Anfang der 1920er-Jahre anderthalb Jahre auf der Insel verbracht und mehrere Bücher über die Insel geschrieben hatte, unter anderem *Mudras auf Bali* und *Tempeldanser och musikinstrument på Bali* («Tempeltänze und Musikinstrumente auf Bali»), stellte sie fest, dass die Balinesen «edler und feiner und häufig näher am Idealtypus menschlicher Schönheit sind …» und dass ihre Körper «… eine wunderbare Feinheit, Geschmeidigkeit und äußere Schlankheit …» haben.

Es waren auch nicht allein Europäer, die die Insel als einen Ort ansahen, an dem zivilisationsmüde Seelen einen spirituellen Neustart erwarten konnten. Der indische Premierminister Nehru wurde von Indonesiens Präsident Sukarno eingeladen, um über die Bewegung der Blockfreien Staaten zu sprechen. Nachdem er die schönsten Plätze der Insel erleben durfte und im Tempel traditionellen Tanz gesehen hatte, ernannte er Bali zur «Morgenstunde der ganzen Welt». Bali ist das Versprechen einer leuchtenderen Zukunft, sagte Nehru und fügte hinzu, dass die Insel der ganzen Menschheit gehöre.

Der Anblick nackter, bronzefarbener Haut machte für männliche Besucher einen wesentlichen Teil der Faszination aus. Bali wurde als die Insel betrachtet, auf der die Stoffstücke verführerisch und unbekümmert von den Schultern der Frauen fallen und jungfräuliche Brüste freilegen, wie der amerikanische Schriftsteller Hickman Powell es in *The Last Paradise* von 1930 formulierte. Er war nur einer aus einer ganzen Reihe von westlichen Männern, denen die nackten weiblichen Brüste als ein sexuelles Versprechen erschienen und die Insel gleichbedeutend mit einer noch unverheirateten und daher verfügbaren Frau war. Der britische Reisende Joseph G. Gorer fügte einige Jahre später hinzu: «Ich verließ die Insel gegen meinen Willen, überzeugt, etwas erblickt zu haben, was der Utopie so nahe kam wie nur möglich.»

Der holländische Arzt Julius Jacobs kam in den 1880er-Jahren her, um die Inselbewohner gegen die Pocken zu impfen, und wurde tief in das Alltagsleben hineingezogen. Die Gepflogenheit der Balinesinnen, sich in dem warmen Klima barbusig zu bewegen, brachte ihn dazu, medizinische Schlüsse zu ziehen, dahingehend, dass die Frauen von Bali sich von den Europäerinnen nicht nur in Bezug auf Hautfarbe und Körperkonstitution, sondern auch im Hinblick auf die Geschlechtsorgane unterschieden. Jacobs meinte festzustellen, dass Lesbianismus unter balinesischen Frauen häufiger verbreitet war als unter westlichen: «Die stark ausgeprägte Klitoris, mit der … viele balinesische Schönheiten gesegnet sind, ermuntert zu diesem Missbrauch.» Und mit Missbrauch meinte er Geschlechtsverkehr, möglicherweise auch Onanie. Damit schloss er sich der in dieser Zeit gängigen Meinung an, dass Dunkelhäutige im Vergleich zu Hellhäutigen einen stärkeren Sexualtrieb und größere Geschlechtsorgane hatten und promiskuitiver waren.

1920 veröffentlichte der deutsche Anthropologe Gregor Krause einen Bildband mit beinahe vierhundert Bildern aus Bali, von denen ein ansehnlicher Teil barbusige Frauen zeigt, genauso wie die Bücher von Gotthard Schuh und vielen anderen aus dieser Zeit. Krause, ein Intellektueller, schrieb natürlich nicht, dass er (Gott bewahre) geil war, sondern: «Alles ist schön, von vollkommener Schönheit» und «Ich war wütend auf Gott, dass ich nicht auf Bali geboren wurde». Sein Bildband enthielt alles, was nötig war, um Träume von einem unzerstörten Eden jenseits des zerstörten und dekadenten Europa zu wecken. Er schrieb über das Leben auf der Insel als eine vollkommene Verschmelzung von

Gott, Natur und Mensch, als einen Ort, an dem die Menschen die den Göttern gehörende Erde verwalten. Er meinte, die Balineser hätten ein organisches Verhältnis zur Gesellschaft und Religion. Außerdem eine moralisch hochstehende Einstellung zu Tieren, da die Inselbewohner vor der Schlachtung von Gänsen, Schweinen, Schildkröten und Hühnern freundlich zu dem Tier sprächen und sie um Verzeihung bäten für die Tat, die gleich ausgeführt wird. Das Alltagsleben auf der Insel sei schlicht und einfach im Einklang mit den natürlichen und damit eins mit den göttlichen Gegebenheiten – was schließlich nur eine andere Art war, auszudrücken, dass sie einen ökologisch nachhaltigen Lebensstil hatten.

Dank der europäischen Künstler wurde Bali zur Lieblingsinsel des kulturellen Parnass'. H. G. Wells, Charlie Chaplin, Barbara Hutton und Noël Coward waren nur einige der Schauspieler und Schriftsteller, die aus dem Westen hierher pilgerten. Die Insel lockte auch Homosexuelle aus den westlichen Ländern, welche die Sexualmoral auf der Insel entspannter und freizügiger empfanden als im Westen, auch wenn das Gerücht die Wirklichkeit übertraf. Als ein Nachtclub in New York *The Sins of Bali* getauft wurde, hatte dies genauso wenig mit den realen Gegebenheiten zu tun wie Ingmar Bergmans Film *Die Zeit mit Monika* oder *Monika – the Story of a Bad Girl*, wie der Film in den USA hieß. Ungefähr zur gleichen Zeit, in der Bergman Mythen über Schweden verbreitete, spann Hollywood in dem Musical *The Road to Bali* die Vorstellung von Balis erotischen Verlockungen weiter. Bing Crosby und Bob Hope flirten darin mit einer balinesischen Prinzessin, gespielt von Dorothy Lamour. Alles in einem Als-ob-Bali gedreht, also in einem Studio in Los Angeles.

«Wir gehen in ein Paradies», sagt Bob Hope zu Bing Crosby.

«Mit Mädchen?», fragt Crosby.

«Kann es ein Paradies ohne Mädchen geben?», antwortet Hope.

Als ich im Herbst 2017 wieder auf Bali bin, speit Gunung Agung zum ersten Mal seit fünfundfünfzig Jahren glühende Lava und dicke Aschepilze. Jeden Morgen beobachte ich die Aschewolke über dem Krater. Doch dieses Mal fordert er keine Todesopfer. Dieser Ausbruch ist schwächer als der letzte, während man zugleich besser darin ist, die Nächstwohnenden zu warnen und zu evakuieren.

Der Suzuki-Minibus, in dem ich sitze, fährt durch wasserüberflutete Straßen, vom Meer zu den Bergen und zurück. Seminyak–Denpasar–Ubud–Sukawati–Batubulan. Wie eine einzige längliche Stadt, in der es wegen des dichten Verkehrs Stunden braucht, um hindurchzufahren. Wir schlängeln uns voran zwischen Motorrollern und Motorrädern durch den dampfenden Nachmittag, durch einen sich verengenden Tunnel voller blauem Rauch, mit einem Dach aus grünen Blättern. In der Ferne grollt der Vulkan, der Regen peitscht auf den Asphalt.

Nach sieben Stunden Monsunregen reißen die Wolken endlich auf, und die hellrote Sonne, die bald hinter den Palmkronen verschwinden wird, färbt den Himmel lila und rosa. Alle diese Menschen mit den Körben auf dem Kopf, die jetzt zum Abendmarkt auf Jalan Diponegoro unterwegs sind, und alle diese Motorroller im abendlichen Verkehrschaos auf der zweispurigen Straße zwischen Kuta und Sanur. Der Reis, der in ein und derselben Zeit in sämtlichen Reifestadien zu sehen ist. Die zarten, hellgrünen Sprösslinge, die im Wasser baden. Die hohen, dunkelgrünen Büsche, die im Wind rascheln. Die reifen, gelben Garben, die gegen Masonitscheiben geschlagen werden, so dass die Reisrispen sprühen. Der Hinterhof des Hauses in Ubud, wo der Wayang-Kulit-Meister Wayan Wija einen neuen Affengott für sein Schattentheaterensemble schneidet. Die grünen Reispflanzen, die aus den blaugrauen, von grasbewachsenen Dämmen gerahmten Wasserspiegeln herausschauen. Die Enten, die scharenweise in den wasserüberfluteten Äckern baden.

Seit meinem letzten Besuch ist der Verkehr dichter geworden. Die kurvenreichen, schmalen Straßen sind dieselben wie vor neunzehn Jahren, doch die Autos, Motorräder und Motorroller sind um ein Vielfaches mehr. Die Kokospalmen und Reisterrassen erscheinen nun oftmals in eine hellblaue Auspuffwolke eingebettet. Seit ich das letzte Mal hier war, hat die Amerikanerin Elizabeth Gilbert den Feelgood-Roman *Eat, Pray, Love* herausgebracht, in dem die Hauptfigur nach einer Scheidung und anschließender Lebenskrise Harmonie und inneres Gleichgewicht auf Bali findet. Das Buch und seine Verfilmung brachten scharenweise Frauen aus westlichen Ländern auf der Jagd nach traditionell balinesischem Healing hierher.

Des Weiteren wurde auf der Insel das Ubud Writers & Readers Festival gegründet und hat sich zu einem der meistbeachteten Treffpunkte für Literatur in Asien entwickelt. Das Literaturfestival wurde 2002, direkt nach dem Bombenanschlag gegen eine Diskothek in Kutah Beach initiiert. Das Attentat wurde von der Terrorgruppe Jemaah Islamiyah verübt und tötete gut zweihundert Menschen, ein Großteil davon junge Rucksacktouristen, sechs von ihnen aus Schweden. Die Initiatoren des Festivals, die Australierin Janet de Neefe und ihr balinesischer Mann Ketut, wollten vor allen Dingen diejenigen zurücklocken, die durch den Terroranschlag abgeschreckt wurden, und zugleich Begegnungen zwischen westlichen und balinesischen Kulturschaffenden im Geist des Künstlerkollektivs Pita Maha ermöglichen.

Das Festival, zu dem ich eingeladen bin, um über eines meiner Bücher zu sprechen, organisiert eine bunte Auswahl von Seminaren zu aktuellen literarischen und gesellschaftlichen Fragen. Ein

ständig wiederkehrender Diskussionsgegenstand ist der Paradies-
mythos und die Tatsache, dass sich auch eine Paradiesinsel zu
einer kleinen Hölle verwandeln kann, wenn man nicht aufpasst.
Das Gute wird ständig vom Bösen herausgefordert. Beides, das
Bestreben des Literaturfestivals, Ost und West zusammenzubrin-
gen, und Elizabeth Gilberts Buch über die Suche nach einem
spirituellen Neustart, basieren weiterhin auf dem hundert Jahre
alten Bild des kulturellen Bali. Der Fokus liegt nicht mehr auf den
Stränden, Charterhotels, Bars und Clubs – das Bali, das die Isla-
misten angegriffen haben –, sondern auf dem kulturellen Herzen
der Insel, Ubud, der Stadt im Inland, umgeben von ästhetisch ar-
rangierten Reisfeldern und Obstbaumhainen, voller Künstlerate-
liers, Königspalästen, Tanzdarbietungen, religiösen Prozessionen
und hinduistischen Tempeln.

Dem Meer den Rücken zuzudrehen und sich dem Berg zuzu-
wenden ist nichts Neues. Im Gegenteil. Natürlich bot das fisch-
reiche Meer für die Inselbewohner seit Urzeiten einen wichtigen
Broterwerb. Daher ruft es Verehrung, Respekt, Dankbarkeit und
Wohlbefinden hervor, doch zugleich auch Angst. Das Meer ist die
Unvorhersehbarkeit und die Heimat der gefährlichsten Götter
und Dämonen, sagt man. Der Mitte der Insel zuzustreben, *kaja*,
ist die heiligste aller Handlungen. Dem Meer zuzustreben, *kelod*,
die am wenigsten heilige.

In einem der Seminare des Literaturfestivals wurde über das
goldene kulturelle Zeitalter diskutiert, das mit Beginn der japanischen Besatzung 1942 ein Ende fand. Nach dem Krieg folgte der
blutige Freiheitskampf, und 1949 wurde die Republik Indonesien
gegründet. Der Unabhängigkeit folgten ständige Regierungskri-
sen, während das Land zugleich von militärischen und muslimischen Widerstandsbewegungen zersplittert wurde. 1958 kam es,
durch den CIA unterstützt, zu einem versuchten Militärputsch,

1963–64 wurde die Insel vom schlimmsten Vulkanausbruch des Jahrhunderts getroffen (2000 Inselbewohner verloren ihr Leben), und 1965–66 kam es unter der Regierung von General Suharto zur Treibjagd auf Kommunisten, so dass Bäche und Flüsse der Insel sich rot färbten vor Blut (80000 Balineser wurden ermordet).

«Erst haben die Lavaströme die Reisfelder zerstört. Dann führte das Chaos rund um die ‹Säuberung› von den Kommunisten zu einer breiten Hungersnot. Wir waren so hungrig, dass wir in Ermangelung von anderem Käfer, Blumen und Kröten gegessen haben», erinnert sich Jan Mantijka, die mit ihrem balinesischen Mann zusammen kurz vor dem Vulkanausbruch von Neuseeland auf die Insel gezogen war.

Ich treffe sie auf einem Seminar des Literaturfestivals mit dem Titel *Das bedrohte Paradies*. Sie erzählt, wie nach den traumatisierenden Ereignissen die Zeit für eine weitere Veränderung des Bildes von Bali kam. Jetzt sollte das Höllenbild weggewaschen werden, genau wie zu Beginn des zwanzigsten Jahrhunderts durch eine Förderung des Tourismus.

«Die Touristen wurden unsere Rettung. Die Leute bekamen Arbeit. Niemand musste mehr hungern», sagt Jan, die das erste Reisebüro der Insel nach der Unabhängigkeit gründete.

«Noch immer hat die Insel etwas Paradiesisches, der Tourismus war unsere Rettung, aber zugleich ist er dabei, alles zu zerstören», fährt sie fort. «Überall werden Petflaschen hingeworfen, das Grundwasser versiegt, die Autostaus sind fürchterlich, und die Luft wird durch Abgase vergiftet.»

Ebenfalls zum Seminar über das bedrohte Paradies eingeladen ist Asana Viebeke Lengkong. Sie hat die Organisation *I'm an Angel* gegründet, die sich um Mikrofinanzierung von lokalen Projekten kümmert, wodurch das Bewusstsein für Umweltfragen gesteigert werden soll. Ihr Ziel ist es, die Pläne der Regierung, immer mehr Touristen ins Land zu holen, zu stoppen. In der *Jakarta Post* habe ich gelesen, dass man die heutige Zahl von vier Millionen Besuchern pro Jahr auf zehn Millionen steigern will. Was vor allen Dingen dadurch geschehen soll, indem man mehr Chinesen herlockt.

«Sie geben Bali dem Ausverkauf preis. Aber wir wollen kein Disneyland voller Plastikmüll sein. Wir werden alles tun, um das aufzuhalten», sagt sie, während sie in einem Rattansessel auf der Veranda des Neka Art Museum in Ubud sitzt.

Es bleibt die Frage, ob Bali ein Paradies oder eine Hölle ist? Die Antwort: etwas dazwischen. Der Kampf zwischen dem gutwilligen Löwen Barong und dem böswilligen Dämon Rangda geht weiter. Wer am Ende siegt, entscheiden nicht die Götter, sondern die Menschen.

Gotland

Scholle und Familie

Fläche: 2 994 km²
Einwohnerzahl: 60 124
Koordinaten: 57°30'0"N 18°30'0"O
Zeitzone: GMT +1 h
Höchster Punkt: 82 m ü. M.

Es ist, als ob die kleinen, zarten Kiefernsprossen sich einmal vor langer Zeit entschlossen hätten, mit derselben Kraft und demselben Ehrgeiz zu wachsen wie ihre hochgewachsenen Cousinen auf dem Festland. Doch auf halbem Weg in den Himmel hinauf legte ein starker, sturer Riese seine Hand über ihre Zweige und drückte dagegen. Die Nadeln flogen, die Stämme krümmten sich und die Äste verknoteten sich. Jetzt stehen sie da, verkrüppelt und geduckt, mit ihren hungernden Wurzeln in der mageren Erde. Kleingehalten durch die harten Bedingungen ihrer Herkunft. Dennoch scheinen sie sich nicht als krumme Baumkrüppel zu fühlen. Ganz im Gegenteil verströmen sie Exzentrik und Schönheit. Aus der Not haben sie eine Tugend gemacht. Sie schämen sich nicht, sie sind stolz auf ihre Besonderheit.

Die verkrümmten Krüppelkiefern geben mir als Erstes das Gefühl, an einem exotischen Ort gelandet zu sein. Natürlich fallen nicht allein die Bäume auf. Sondern auch die hellen Kalksteinklippen, die weißen Schotterwege und die gotischen Kirchtürme. Zwischen den schwedischen Festlandumgebungen sind die Unterschiede klein. Die Veränderungen passieren graduell und langsam. Wenn man die Grenze von der einen Region zur anderen überschreitet, ist es unmöglich, die Veränderung gleich zu sehen. Norra Skåne ähnelt dem südlichen Småland, nördliches Östergötland und südliches Södermanland sind identisch, und die Wälder Västerbottens unterscheiden sich nicht nennenswert von denen Norrbottens. Wenn man sich jedoch von der schwedischen Ostküste aus über das Meer begeben hat und nach Gotland gekommen ist, hat sich die Landschaft radikal verändert. Man trifft nicht auf eine ähnliche Version von dem, was man gerade verlassen hat, sondern auf etwas ganz anderes.

Seit der Tourismus zur wichtigsten Einnahmequelle der Insel geworden ist, wurde die charakteristische Landschaft zu einem Erfolgsrezept. Die Raukar – Steinsäulen, Überbleibsel von Korallenriffen aus dem Silur vor vierhundert Millionen Jahren, als Schweden am Äquator lag – haben größte Anziehungskraft für Besucher vom Festland. In einem der Werbefilme des Fremdenverkehrsamtes ist eine Familie zu sehen, die man am ehesten als Großstadt-Hipster bezeichnen kann. Sie fahren mit einem VW-Bus durch verschiedene gotländische Landschaften, die von einem magischen Seitenlicht beschienen sind. Die Plätze, an die sie kommen, erinnern an eine Menge Orte auf der Erde, nur nicht an den europäischen Norden. Der Film fragt die Zuschauer: Ist das Aruba, Andalusien, Costa Rica, die Bretagne, Havanna oder Hawaii? Oder vielleicht Kyoto, Kenia und warum nicht Kreta? Ja, wirklich nicht?, denke ich. Ich werde unsicher. Vielleicht haben sie Bilder von verschiedenen Orten rund um die Welt reingeschnitten? Dieses Gefühl meiner Unsicherheit ist beabsichtigt, es soll den Eindruck von etwas erwecken, was auf der Liste meiner Orte steht, die ich unbedingt sehen will, bevor ich sterbe. So wird mir die Botschaft eingebläut, dass ich nirgendwo anders hinfahren muss als hierher. Schließlich ist hier alles versammelt, auf ein und demselben Fleck in der Ostsee, hundert Kilometer östlich vom schwedischen Festland.

Aufgewachsen im Mälardalen, habe ich Gotland immer als eine Insel angesehen, die den Bewohnern des Mälartals gehört. Sie ist *unser* Zufluchtsort, *unsere* Ferieninsel und von sonst niemand anderem. Vor tausend Jahren hingegen gab es um den Mälarsee herum kaum jemanden, der sich für Gotland interessierte. Und das beruhte auf Gegenseitigkeit: Genauso wenig interessierten sich die Gotländer für Schweden. Ihr Blick war ostwärts gerichtet zur Küste, die heute zu Russland, Estland und Lettland gehört. Wenn man die Insel verließ, war es diese Richtung, in die man sich begab. Dann fuhr man auf Flüssen, Strömen und Wegen nach Russland hinein, um in Nowgorod gotländische Handelsniederlassungen aufzubauen. Von dort reiste man auf Handelsstraßen weiter nach Smolensk, Kiew und Konstantinopel.

In Gotlands Fornsal, dem historischen Museum in Visby, wird das besonders deutlich. Dort kann man über tausend Jahre alte Bildsteine betrachten, die Männer in orientalischer Kleidung zeigen, und Silberschätze bewundern, die von dem Handel mit dem Osten erzählen. Die mehr als tausend Jahre alten Münzen, die aus gotländischen Äckern gegraben werden, sind in Ländern geprägt, die heute Russland, Jemen, Ägypten, Iran, Irak, Afghanistan, Turkmenistan und Usbekistan heißen.

Im fünfzehnten Jahrhundert geschah etwas. Eine neue, mächtige Handelsflotte wuchs heran, und die Blicke der Gotländer wendeten sich Richtung Süden, nach Lübeck. Erst in der Mitte des siebzehnten Jahrhunderts drehte man den Kopf im Uhrzeigersinn noch eine Viertelrunde weiter und erblickte Schweden, vor allen Dingen Småland; von dort kamen die Immigranten, dorthin gingen die Emigranten. Es dauerte noch bis ins neunzehnte Jahrhundert, bevor Stockholmer wie Ivan Aguéli, Ferdinand Boberg, Hanna Hirsch und Georg Pauli auf die Insel kamen und in der neueröffneten Pension in Ljugarn und südlich von Visby um die Sommerresidenz von Prinzessin Eugénie herum einen frühen Oberklassen-Tourismus begründeten.

Heute sind die Fähren und Flüge, die Visby mit der Stockholmer Gegend verbinden, Nabelschnur, Rettungsleine und Fluchtweg der Insel. Ein Viertel von allen, die auf der Insel geboren wurden, wohnen auf dem Festland, vor allen Dingen in Stockholm. Ein ebenso großer Teil derjenigen, die auf der Insel wohnen, ist auf dem Festland geboren worden, auch hier vor allen Dingen in Stockholm. In den Gassen von Visby ist der Anteil an Stockholmern noch größer. Auf Klinten hinter dem Dom, wo früher die Seemannswitwen und andere arme Leute wohnten, gehören die Häuser heute Architekten, Journalisten und Juristen aus der schwedischen Hauptstadt. Sie bewohnen ihre Häuser meist im Sommer, wodurch das Viertel im Winter verlassen erscheint. Hört man hier überhaupt irgendeinen Dialekt, ist es sehr viel wahrscheinlicher der aus Stockholm und nicht der gotländische.

Meine Ankunft auf Gotland erinnert an die auf El Hierro. Der Autovermieter hat in einer E-Mail erklärt, das Auto stehe auf dem Parkplatz fünfhundert Meter südlich vom Hafenterminal, hinter dem Kreisverkehr links, und die Schlüssel und der Vertrag lägen unter der Fußmatte der Fahrerseite. Dass das Auto unverschlossen ist, erwähnt er nicht einmal. Ich bekomme keine Anweisungen, wie die Rückgabe vonstattengehen soll. Aber ich verstehe. Ich soll die Schlüssel wieder unter die Fußmatte am Fahrersitz legen und das Auto unverschlossen lassen. Und ich muss keine SMS schicken, denn dass ich das Auto zurückgestellt habe, werden sie schließlich zu gegebener Zeit merken. In dieser Kommunikation liegt so viel Inselgefühl, dass mir warm ums Herz wird.

Von der Westküste der Insel, die nach Schweden gewandt liegt, fahre ich langsam zur Ostküste, die Richtung Baltikum und Russland zeigt. An den Straßenrändern und auf den Äckern flammt der Mohn rot, leuchtet der Raps sonnengelb, schimmert der Weizen golden. Die spitzen Kirchtürme mit ihren geteerten Holzdächern strecken sich zum Himmel. Die ochsenblutroten Ställe und die weißen Kalksteinhäuser verbergen sich hinter Flieder und Spirea. Die gehisste Gotlandfahne, die ein Schaf mit angewinkeltem Bein zeigt, weht träge im schwachen Sommerwind. In regelmäßigen Abständen berichten die weißen Wegweiserschilder der Verkehrsbehörde Trafikverket von den Produkten und Diensten, die den Besuchern angeboten werden. Auf «Hofladen», «Kleines Lädchen», «Honig» und «Lammfell» folgen «Retro Flohmarkt» und kreative Kombinationen wie «Lammfleisch & Trüffel» und «Chili & Rhabarber». Mein Lieblingsschild ist allerdings das mit dem bewusstseinserweiternden Angebot «Innere Seele Spa». Ich bin kurz davor, aufs Bremspedal zu treten, doch schließlich habe ich Botvaldevik anvisiert, einen der Häfen an der Ostküste der Insel, wo ich mich mit dem Inselforscher Owe Ronström verabredet habe.

Vor einigen Monaten, als ich mich noch auf El Hierro mit Ausblick auf den Atlantik befand, habe ich sein Buch *Öar och öighet* («Inseln und Inselhaftigkeit») gelesen, ein Buch, das mit etymologischem, historischem und kulturanalytischem Eifer einkreist, was eine Insel und Inselkultur eigentlich bedeutet. Nun werden wir uns sehen. Ich habe große Erwartungen, wie man sie zu haben pflegt, wenn man den Verfasser eines Buches trifft, das einem eine neue Perspektive auf das Dasein gegeben hat.

Ich fahre einen Umweg über die Ostküstengemeinde Slite. Im Unterschied zum restlichen Gotland lebt diese Gemeinde nicht vom Tourismus. Hier ist man noch im Industrialismus verankert.

Die Fabrik mit ihrem Hafen und dem Kalksteinbruch, der wie eine gotländische Version des Grand Canyon aussieht, versorgt ganz Schweden mit Zement. Da die Kalksteingewinnung den ohnehin niedrigen Grundwasserspiegel der Insel bedroht, wollte das höchste schwedische Boden- und Umweltgericht MMD den Kalksteinbruch im Sommer 2021 schließen. Schließlich herrscht auf allen Inseln, die ich besucht habe, ein Mangel an Frischwasser; der Kampf um die Trinkwasserversorgung ist eine universelle Inselerfahrung. Nachdem die Regierung sich eingeschaltet hatte, durfte die Zementfabrik ihre Gewinnung eine Weile fortsetzen, da man der Meinung war, ein Stopp würde in Schwedens Bauindustrie zu Problemen führen. Zugespitzt formuliert stehen sich bei dem Streit der Bau von mehr Straßen und Häusern auf dem Festland und Garantien für die Wasserversorgung der Inselbewohner gegenüber.

Als ich in einen Wald aus Krüppelkiefern hineinfahre, fällt mir ein anderer Umwelt-Streit in Nordgotland ein. Damals ging es um den Ojnareskogen, der Wasserschutzgebiet ist, Heimat endemischer Pflanzen und von Tieren, die auf der Roten Liste der bedrohten Tierarten stehen. Indem die Regierung 2015 dort endgültig den Kalkabbau verbot und den Wald zum Naturschutzgebiet erklärte, gewannen diesmal diejenigen, die das Grundwasser sichern und die Natur schützen wollten.

Dann fahre ich direkt in das Industriegebiet hinein und werde an all das erinnert, was ich glaubte, definitiv hinter mir zu lassen, als ich mich vom Festland aufgemacht habe. Denn so wie die meisten anderen Besucher verbinde ich die Insel mit Entspannung und Freizeit. Hier jedoch begegne ich einer stahlgrauen und schwarzfleckigen Industrielandschaft, in der die Sonne von hohen Schornsteinen und Zisternen verdeckt wird, während Plastikkabel, Stahlrohre und Blechrohre wie dicke Lianen über die Straße hängen. Als ich auf der anderen Seite der Fabrikanlage wieder herauskomme, kehrt das Licht zurück. Die Landschaft wird wieder ein so friedvoller Ort, wie ich es haben möchte, mit einer mittelalterlichen Kirche, roten Fischerhütten und einem baufälligen Holzzaun, einem *tun*, wie man hier sagt. Die Ordnung ist wiederhergestellt. Das hier ist es, wofür ich gekommen bin.

Der Ethnologieprofessor Owe Ronström wurde auf Gotland geboren, war lange aufs Festland ausgewandert, ist aber nun auf die Insel zurückgekehrt. Man kann sagen, dass er mit seinem Interesse für Inselforschung in der Erde gräbt, die ihn geformt hat. Er sprudelt förmlich über vor Gedanken, wie es ist, auf einer Insel zu wohnen, im Unterschied zum Festland, und wofür die Insel in der Vorstellungswelt der Menschen steht. Zunächst sprechen wir über mein Vorurteil, Inselbewohner seien echt, verwurzelt und stolz, aber auch konservativ und nachtragend. Kommt man als Außenstehender an einen neuen Ort, ist es leicht, zu verallgemeinern. Owe hat eine Erklärung dafür, warum die Verallgemeinerungen besonders stark werden, wenn es um die Kategorisierung einer Insel geht. Das sie umgebende Wasser, sagt er, hat nämlich die magische Kraft, die Inselbewohner zu vereinheitlichen. Oder, wie er es auch formuliert: das Wasser drückt uns zusammen.

«Für einen Inselbewohner hat das Meer paradoxe Funktionen. Es ist ein Hindernis, stellt eine deutliche äußere Grenze dar. Zugleich ist es das Verbindungsglied zur Außenwelt. Wenn wir das Schiff nehmen und die Insel verlassen, löst die Grenze sich auf. Wir sind so fixiert auf diese Verbindung, die die Isolierung durchbricht, dass die meisten Gotländer den Fahrplan der Fähre zum Festland auswendig hersagen können», erzählt er, als wir in seinem Garten am Kalksteinhaus sitzen und an unserem kellerkühlen Leichtbier nippen.

«Das, was innerhalb der Grenze liegt, wird homogenisiert»,

sagt er und hält das Bierglas gegen die Sonne. «Da ist die Grenze, das Glas umgibt das Bier wie das Meer die Insel umgibt, und es sorgt dafür, dass alles innerhalb dasselbe zu sein scheint.»

Auch wenn der Blick der Touristen voller Vorurteile ist, kann er doch bereichernd sein. Wenn der Inselbewohner sieht, was der Besucher sieht, kann es ihm nämlich die Augen für seine eigenen Qualitäten öffnen. Ich dachte sofort an den hässlichen Feuerhaken, den ich in der siebten Klasse im Werkunterricht gedrechselt hatte. Als meine Mutter und Großmutter sagten, dass es der schönste sei, den sie je gesehen hätten, veränderte der Haken seinen Charakter und wurde auch für mich schön. Genauso ist es bei den Inselbewohnern in Strindbergs *Die Leute von Hemsö*. Sie denken nicht sehr hoch von sich, doch als sie das Haus an eine schwedisch-deutsche Professorenfamilie vom Festland vermieten und merken, dass diese ihre ländliche Art schätzen, ja, dann sehen sie ihre eigene Schönheit.

Eine auf Gotland weit verbreitete Erzählung handelt von Festlandbewohnern, häufig Stockholmern, die auf der Insel Ferien machen, sich in Landschaft und Kultur verlieben und dann entschließen, ihren Traum, dauerhaft auf der Insel zu wohnen, wahrzumachen. Die Geschichte geht damit weiter, dass man den Zugezogenen mit Skepsis begegnet, diese aufgeben und nach Stockholm zurückziehen, nicht ohne sich lautstark über die veränderungsunwilligen Gotländer zu beklagen, die sich weigern, sie in die Gemeinschaft hineinzulassen. Owe hat eine Erklärung für diese archetypische Erzählung. Die Großstadtbewohner sind in der Regel auf irgendetwas spezialisiert. Sie sind es gewohnt, sich mittels einer einzigen Fertigkeit zu ernähren. Für sie sind Dienstleistungen Handelswaren, die man kauft und verkauft.

Doch auf Gotland funktioniert es anders. Hier ist es nötig, in verschiedenen Gebieten tätig zu sein, mehrere verschiedene Dinge zu beherrschen. Über viele Jahrhunderte gab es auf der

Insel beispielsweise keine Vollzeit-Fischer. Es waren vielmehr Bauern, die in den Teilen des Jahres, in denen die Felder weniger Arbeit erforderten, in die Fischerhütten am Meer gezogen sind. Heute ist es sehr gut möglich, als Kulturschaffender auf Gotland zu leben, sagt Owe, wenn man sich nur außerdem noch als Schafsbauer, Busfahrer, Gemüsebauer, Schweinebauer, Schreiner betätigt oder aber gut darin ist, Häuser anzustreichen, Rasenmäher zu reparieren, kaputte Möbel zusammenzukleben oder vielleicht Schnee zu pflügen. Der Zugezogene muss auch verstehen, dass man sich für die Dinge, die man tut, nicht immer bezahlen lassen kann. Es ist besser, sie in das Tauschsystem der Insel einzubringen. Wenn der Nachbar Hilfe braucht, bietet man sie an, ohne Gegenleistung zu verlangen. Früher oder später wird einem der Dienst vergolten.

Den Tauschhandel gibt es heute auch in Form von digitalen Tauschzirkeln, wie der Facebookgruppe *Gotlands lånecirkel* («Gotlands Leihzirkel»), in der man Posts lesen kann wie: «Ich würde gerne eine Nähmaschine leihen, wenn das in der Nähe von Visby Zentrum möglich wäre!» Und: «Falls jemand zufällig einen zweiten Staubsauger hat, leihe ich ihn gerne für unbestimmte Zeit. Ich tausche auch, zum Beispiel gegen Blumensetzlinge (Buntnessel, Hoya Carnosa, Glückstaler), eine Tüte Zimtschnecken oder Schokoladenmuffins, eine selbstgemachte Lasagne.»

In vielen Bereichen tätig zu sein sowie der Tauschhandel sind verbreitete Phänomene. Indem man die verschiedenen Fertigkeiten zeigt, wird man sichtbar, ansprechbar, anrufbar und somit akzeptiert. Dann muss man außerdem lernen, «ja» zu antworten. Ein «Nein» mögen die Inselbewohner nicht hören.

Um auszuprobieren, wie weit man mit ehrenamtlicher Hilfe seiner Nachbarn kommen kann, initiierte Owe ein Projekt, in dem er zweihundert Kirchenglocken auf der Insel gleichzeitig und im Einklang läuten lassen wollte. Das Glockenläuten sollte außerdem noch live gesendet werden. Um die Idee zu verwirklichen, rekrutierte er vierhundert Gotländer, die beinahe ausschließlich ehrenamtlich arbeiten sollten, entsprechend dem Prinzip, dass ein Dienst früher oder später einen Gegendienst erbringt, wenn nicht von dem, dem man geholfen hat, dann doch von jemand anderem innerhalb des Systems. Eines der Ziele des Projektes war es, zu studieren, wie weit man allein mit Hilfe ehrenamtlicher Kräfte kommen konnte. Um zu zeigen, so hatte es Owe im Projektentwurf formuliert, dass «kleine und marginalisierte Orte eine große und mächtige Stimme haben können». Zugleich sollte das Projekt eine Fallstudie im Rahmen seiner Forschung über Inseln und Inselbewohner werden.

Für die Komposition des Glockenkonzertes wurden einige Musiker rekrutiert. Für die technische Lösung entschied man sich, die Livesendung über normale Smartphones laufen zu lassen, etwas, was praktisch alle Beteiligten hatten, während ein Technikunternehmen einen Glockensynthesizer und eine Klockofon-App, eine Glockenton-App, beisteuerte.

«Wir wollten die Charakteristik der Insellandschaft überprüfen. Unsere Idee war es, ganz und gar unabhängig vom Festland zu handeln. Alle Hilfe, die wir brauchten, um die Herausforderung zu bewältigen, sollte von den Inselbewohnern kommen.»

Alle Probleme, die entstanden, sollten lokal und am liebsten ehrenamtlich gelöst werden.

«Etwa als wir entdeckt haben, dass es bei der Kirche in Ganthem keine Mobilfunkabdeckung gab. Jemand in unserem Netzwerk sagte: Ja, aber im Haus nebenan wohnen doch die und die. Ein Telefongespräch später, und wir durften uns in ihr WLAN einloggen. Nach fünfzehn Sekunden war es gelöst.»

Wie ist es gelaufen? Ja, doch, wie erhofft. Im Sommer 2013, zwei Jahre, nachdem die Idee geboren wurde, spielten zweihundert gotländische Kirchen ein einundzwanzig Minuten langes

Glockenkonzert in drei Sätzen, das live auf Gotland, aber mit Hilfe eines Produzenten, der auf der Insel lebt, auch als Direktsendung in Sveriges Radio im Sender P2 zu hören war. Die Aufzeichnung des Konzertes wurde über das Internet in elf Ländern gesendet und hatte insgesamt zwischen vier und fünf Millionen Zuhörer.

Außer der Beschäftigung in vielen Gebieten und dem Tauschhandel werden in allen marginalisierten Orten mit kleinen Ressourcen Verwandtschaftsbeziehungen wichtig. Ein Beispiel dafür ist, dass die gotländischen Bauern früher einmal, genau wie andere indigene Völker, ihre Geschichte mit den Namen historischer Personen über mehrere Generationen gesungen haben.

«Heute können Sie keinem Inselbewohner begegnen und vorbringen, was Sie auf dem Herzen haben, bevor Sie nicht geklärt haben, welcher Familie er angehört und welche Vorfahren und entferntere Verwandte und Cousins er hat. Es kann gut und gerne zwanzig Minuten dauern, bevor man damit fertig ist», sagt Owe Ronström. «Wir erzählen uns gegenseitig weiter. Wir kartieren einander. Wir zeichnen immer wieder neu eine Karte von der kleinen Welt, welche die Insel ausmacht, damit sie verständlich und überschaubar wird.»

Er vergleicht die gotländische Mentalität mit der deutschen Idee von Familie und Scholle als Grundlage für Zusammengehörigkeit, im Gegensatz zur französischen und amerikanischen Vorstellung, dass alle – ungeachtet der Herkunft – durch die Verpflichtung auf einen Vertrag zur Mitbürgerschaft Mitglieder einer Nation werden können. Die Vorstellung, dass Verwandtschaft und Geburtsort die Zugehörigkeit bestimmen, ist typisch für Inseln, aber natürlich keineswegs exklusiv: In Gegenden wie Skåne, Älvdalen und Siljansbygden in Dalarna, dem inneren Teil von Norrland und in Tornedal in Norrbotten sieht Owe entsprechende Vorstellungsmuster.

«Der Grundgedanke ist, dass wir deshalb zusammensitzen, weil wir aus demselben Ort kommen und nicht, weil wir dieselben Interessen haben. So gerne wir es auch wollen, von der Verwandtschaft kommen wir nicht los.»

Er sagt, die Inselbewohner hätten das gemeinsam mit Schwarzen, Samen und Roma. Man sei stolz auf das Eigene, während man zugleich die herablassenden Blicke der anderen spüre. Die Marginalisierung werde zu einer durchaus physischen Erfahrung. Sie präge Dinge in den Körper ein. Zugleich bringe sie eine Ambivalenz hervor, die sich darin äußere, dass man sich sowohl verachte als auch liebe, sowohl fliehe als auch zurücksehne.

Die Grundzüge dieser Unsicherheit erkenne ich wieder. Denn es ist schließlich eine Erfahrung, die der ähnelt, von einem Land in ein anderes zu ziehen, sich von einer Gesellschaftsklasse in eine andere zu bewegen oder vom Land in die Stadt. Meine Eltern stammen aus Bergbaugemeinden in Bergslagen, wo beinahe alle sofort nach dem Hauptschulabschluss arbeiten gingen. Ich bin in einer Industriestadt im Mälartal aufgewachsen, aber wohne jetzt in einem Viertel in der Innenstadt von Stockholm, in dem beinahe alle einen akademischen Abschluss haben. Als ich Owe von dem Schwanken, der Unsicherheit und den Zweifeln reden höre, die ein Inselbewohner empfinden kann, wird mir klar, dass ich mich mein ganzes Leben lang gespalten gefühlt habe bei der Frage, zu welcher dieser verschiedenen Welten ich eigentlich gehöre.

In früheren Zeiten waren die Inseln das Zentrum der Welt. Die Seewege eröffnen die effektivsten Kommunikationsmöglichkeiten. Damals auf einer Insel mit Hafen zu wohnen war, wie heute an einer mehrspurigen Autobahn. Als die Seefahrt durch die Eisenbahnlinien und Autostraßen Konkurrenz bekam, wurden die Inseln zu Sackgassen. Dank des Tourismus sind Inseln wie

Gotland heute wieder ins Zentrum gerückt. Das Begrenzte und Langsame ist attraktiv geworden. Die Sackgasse hat sich zu einem erstrebenswerten und zentralen Ort gewandelt. Die Insel ist ein Modell dafür geworden, wie die Welt unserer Vorstellung nach einmal war, eine individuelle lokale Gemeinschaft, eine kleine Version der großen Welt. Der Insel ist die Rolle von einem Ort für Träume von der Vergangenheit, Tor zur Geschichte, Reservat für das Ursprüngliche und Natürliche zugeschrieben worden, für all das, was die heutigen urbanen Zentren nicht sind. Je abgelegener, desto ursprünglicher. Je weniger Modernität, desto mehr Authentizität.

«Auf den Inseln vergeht die Zeit langsamer. Die Bewohner auf dem eher schnelllebigen Festland sind abhängig von der Insel mit ihrem langsameren Tempo», sagt Owe und fügt hinzu, dass die Insel dazu beiträgt, die Moderne der Großstadt zu produzieren, indem sie ihr Gegenteil ist.

«Denn ohne Randbereich kann es schließlich kein Zentrum geben. Ich meine, wenn Sie die Peripherie wegnehmen, was ist denn dann das Zentrum?»

Jan-Erik und Monika Eriksson bin ich das erste Mal auf El Hierro begegnet. Dort haben sie einen ihrer zwei Wohnorte. Der andere ist also hier, auf Gotland. Sie sind mit anderen Worten doppelte Inselbewohner. Doch keine echten. Jedenfalls nicht entsprechend der Verwandtschafts- und Geburtsorts-Idee, da sie weder auf El Hierro noch auf Gotland geboren wurden, sondern vom Festland (Skåne und Småland) auf die beiden Inseln emigriert sind. Was sie nicht in Form von richtiger Herkunft, Stammtafel oder Dialekt haben, müssen sie mit den richtigen Fertigkeiten kompensieren. Glücklicherweise haben sie Talente, die sowohl auf El Hierro als auch auf Gotland geschätzt werden. Sie sind nämlich rührig und haben praktisches Geschick, was in kleinen Inselgemeinschaften erfolgreich ist. Sie sind gut im Hausbau und in der Gartenpflege und haben darüber hinaus eine unbekümmerte Haltung («alles lässt sich regeln!»), die man genuin eher bei jungen Erwachsenen vermuten würde als bei Leuten siebzig plus, wie es die beiden trotz allem sind. Als die Lokalzeitung zu Besuch war und gefragt hat, wie sie es wagen konnten, so unbekümmert zu investieren, antwortete Jan-Erik: «Wir haben nie irgendeine Risikoanalyse gemacht, deshalb gibt es das hier alles.» Furchtlosigkeit ist keine Eigenschaft, die konservative Inselbewohner von vorneherein begrüßen, doch sie schätzen es, wenn man gezeigt hat, dass Ideen sich verwirklichen ließen.

Mitte der sechziger Jahre, als Jan-Erik und Monika Gotland erstmals besuchten, hatten die neuen Zeiten bereits mehrere der kleineren landwirtschaftlichen Betriebe in die Knie gezwungen. Überall sahen sie verfallene, verlassene Höfe. Langsam aber sicher begannen Kulturschaffende aus Stockholm die Insel zu entdecken, Höfe für einen Spottpreis zu kaufen und zu renovieren. Zehn Jahre später schlugen Jan-Erik und Monika selbst bei einem stillgelegten landwirtschaftlichen Betrieb mitten auf der Insel zu. Er hatte Elektrizität, aber sowohl Wasser als auch Abwasser fehlten. Heute, bald fünfzig Jahre später, haben sie längst das Wohnhaus modernisiert und die Ställe zu Wohnungen ausgebaut, die sie dauerhaft vermieten, unter anderem an eine Flüchtlingsfamilie aus Syrien. Außerdem haben sie ein Spa gebaut, das man buchen kann, und ein paar Ferienhäuschen zur Vermietung an Sommergäste. In einem von ihnen übernachte ich.

«Ohne das Geld von uns und von den anderen Einwanderern würde die Insel nie so funktionieren, wie sie es heute tut», sagt Jan-Erik, der als Lehrer und Leiter einer Sonderschule gearbeitet und sich zusammen mit Monika in der Lokalpolitik engagiert hat.

Sie haben nie aufgegeben und sind nicht aufs Festland zurückgekehrt, wie in der Geschichte von den Leuten vom Festland, die sich nicht willkommen gefühlt haben. Teilweise vielleicht auch, weil ihr Engagement für die Sonderschulkinder und sozial benachteiligten Jugendlichen der Insel geschätzt wurde. Doch vor allen Dingen liegt es wohl daran, dass sie typische Mehrfachbegabungen sind und das System mit dem Tauschhandel schnell beherrscht haben.

«Das umgebende Meer bringt eine Gemeinschaft hervor, die ich in Småland vermisst habe. Es fühlt sich an, als würde das Meer mich umarmen», sagt Jan-Erik, der sich heute von den einheimischen Inselbewohnern akzeptiert fühlt

«Doch sonderlich schnell geht es nicht, bis man Teil der Inselgemeinschaft wird», fährt Monika fort, die auch als Lehrerin gearbeitet hat und noch immer politisch aktiv ist, unter anderem als Mitglied der Sozialbehörde.

«Alle wissen genau, wer A-Cousin und B-Cousin [Cousin ersten bzw. zweiten Grades würde man auf dem schwedischen Festland sagen] ist. Die Fixierung auf die Familienbande ist die Kehrseite. Die gute Seite ist, dass man fast immer ein Ja bekommt, wenn man um einen Gefallen bittet.»

Am nächsten Tag fahre ich in den Norden der Insel zum Dorf Hangvar, um Karl Melander zu treffen. Er findet nicht, dass alle Inselbewohner immer sofort Ja sagen.

«Wenn man um Hilfe bittet, bekommt man zuerst ein ‹Naj› [Gotländisch für ‹nein›]. Dann überlegen sie eine Weile, und dann kommt beinahe immer ein ‹… das ist schon okay›. Nein bedeutet ganz einfach ‹ich muss ein bisschen nachdenken›.»

Karl wurde auf der Insel geboren, hat aber dreißig Jahre lang auf dem Festland gelebt und als Pressefotograf gearbeitet. Auf diese Weise bekam er einen Blick von außen auf seine Heimat. Jetzt ist er zurück in dem Dorf, in dem er aufgewachsen ist und kann vielleicht Dinge wahrnehmen, die er nicht wahrgenommen hätte, wenn er die ganze Zeit auf der Insel geblieben wäre. Er sieht Gruppierungen, Clans, die zusammenhalten. Er sieht denjenigen, der eine Bauerlaubnis braucht und nicht einfach in der Kommunalverwaltung anruft, sondern mit dem spricht, mit dem er im selben Fußballverein ist. Er sieht denjenigen, der jemanden einstellen soll und Nilssons Tochter wählt, «denn sie ist ja tüchtig und braucht Arbeit, das hat man doch von Nilsson gehört». Er sieht die anfängliche Neugier auf die Zugezogenen, aber auch das Misstrauen.

«Sieben Jahre. So lange braucht es. Bleibt man länger hier, hat man gezeigt, dass man es ernst meint. Dann öffnen sich die Türen.»

Jede Schifffahrt zwischen dem Festland und der Insel betrachtet er als eine Initiationsreise. Die Zeit unterwegs ist wichtig, um sich zwischen den beiden Welten umstellen zu können. Ist er erst einmal auf der Insel, fährt er oft an die Küste, weil er «horizontsüchtig» ist. Wenn es ihm im Leben rundherum zu turbulent wird, schaut er auf den ununterbrochenen Horizont. Das hat er am meisten vermisst, als er in Stockholm und Malmö gewohnt hat. Der Horizont gibt einem Ruhe, sagt er, und er gibt ihm ein Gefühl von Freiheit.

«Ob ich ein eigenes Boot habe? Nein, was sollte ich damit? Fast niemand auf der Insel hat ein Boot. Es gibt schließlich beinahe keine anderen Inseln, zu denen man segeln könnte. Es ist ja wohl nichts Tolles daran, geradewegs ins Meer hinauszusegeln. Nein, ich mag es lieber, *am* Meer als *auf* dem Meer zu sein.»

Während der Jahre auf dem Festland fühlte er sich manchmal wie ein Landei, ein Underdog, ein Opfer. Doch wie viele andere ausgewanderte Gotländer auch merkte er, dass er durch seine Herkunft als genuin und echt angesehen wurde. Die Wortkargheit, die während seiner Kindheit herrschte, hatte ihm beigebracht, die Körpersprache zu lesen, was ihm in Arbeits- und Krisensituationen half.

«Während ich bei der Zeitung in Stockholm gearbeitet habe, haben sie, wenn jemand gestorben war, immer mich geschickt, um mit den Angehörigen zu sprechen. Es hat fast immer funktioniert. Mein gotländischer Dialekt in Verbindung mit der Wortkargheit hat die Angehörigen beruhigt. Wenn ich stattdessen losgeplappert hätte, wäre ich wahrscheinlich nicht hereingelassen worden», sagt Karl und fügt hinzu, dass die Langsamkeit und der Dialekt auch eine andere Wirkung haben und ein Bild vom in sich ruhenden Bauern hervorrufen können, der still auf seinem Feld steht und dabei nicht sonderlich intelligent ist.

«Die Sommergäste erklären uns manchmal Dinge, von denen sie meinen, wir wüssten sie nicht. Dann sage ich meist nichts. Und das bestärkt dann die Auffassung, die Inselbewohner seien träge im Kopf und hätten keinen Willen zur Veränderung.»

«Ich würde sagen, die Gotländer sind weniger scharf darauf, Geld zu verdienen als die Festlandbewohner. Das hängt wohl mit dem Tauschhandel zusammen. Und mit der Einstellung, die mit dem Satz zusammengefasst werden kann: ‹Ich bin zufrieden, wenn ich genug für mich und die Jungen habe.›»

Wenn man ein Hotel hat, das von Touristen vom Festland lebt, könnte man meinen, es sei das Ziel, mehr Gäste zu bekommen, auszubauen, dann noch mehr Gäste zu bekommen und damit den Gewinn zu steigern. Doch so denkt Calle Hansén nicht, der die Pension Holmhällar nahe der Südspitze der Insel betreibt. Hier ist es, wie es immer gewesen ist, seit sein Vater den Betrieb 1949 gegründet hat.

Über die grasbewachsenen, sandigen Wiesen rund um die Pension und zwischen Lupinen, Brennesseln und kniehohem trockenen Gras schießen «rabbisar» – die gotländischen Wildkaninchen – herum. Ein moderiger Geruch von Seegras, das gärend auf dem Strand liegt. Kleine piepende Vögel sausen pfeilschnell in niedriger Höhe. Weiter oben kreisen kreischende Seevögel. Krüppelkiefern gehen demütig vor dem Meereswind in die Knie, als hielten sie eine Yogaposition.

Die größte Attraktion der eigenwilligen Pension ist die Beständigkeit, dass sich so wenig verändert hat, seit Calles Vater die Pforten öffnete. Und die Gäste, die Jahr für Jahr wiederkehren, schätzen das Gefühl, in ein verschwundenes Schweden versetzt zu sein, als sei die Pension eine isolierte Insel. Neun von zehn sind Stammgäste, die meisten Stockholmer. Einige von ihnen kommen über mehrere Jahrzehnte hinweg jeden Sommer wieder, wie die Schriftsteller Lars Gyllensten und Eva Moberg. Die Tradition wird aufrechterhalten durch Calle, der, immer untadelig gekleidet in weißes Hemd mit Fliege, die Gäste persönlich willkommen heißt. Sein Motto lautet «Eile mit Weile», und er findet, man müsse nicht um der Modernisierung Willen modernisieren. Er und seine Frau Eva halten daher auch streng an Umgangsformen fest, die die meisten altmodisch nennen würden. Das bedeutet beispielsweise, man toleriert es nicht, dass Kinder während der Mahlzeiten im Saal herumlaufen und laut sind, und Gäste dürfen beim Abendbüffet nicht zu spät kommen. «Abendessen wird um (Punkt) 17.00 h serviert», wie auf einem Aushang steht. Ebenfalls nicht akzeptiert ist es, sich beim Büffet mehr auf den Teller zu laden, als man essen kann.

Calle betreibt die Pension mit seiner Frau Eva und inzwischen auch mit Tochter Olivia. Der Generationswechsel ist im Gange. Doch die Vorstellungen von Vater und Mutter, wie man eine traditionsreiche Pension am besten betreibt, möchte Olivia in Ehren halten.

«Eine Schweizerin hat einmal meine Kinder angeschnauzt», erzählt Olivia, während wir an einem der Tische im Sand bei der

Kioskbar sitzen. «Erst habe ich das übelgenommen, so wie man es als Schwedin tut, wenn jemand etwas zu den eigenen Kindern sagt. Aber dann habe ich gedacht: Wie gut! Wir müssen füreinander und für die Kinder der anderen Verantwortung übernehmen.»

«Ja, mein Gott, Kinder haben heute keine Erziehung. Ich glaube, allen würde ein bisschen mehr Ordnung sehr gut tun», stimmt Calle ein.

Doch expandieren, mehr Leute einstellen, mehr verdienen und reicher werden ist nichts für sie.

«Warum nach höheren Umsätzen streben? Das führt nur zu mehr Stress. Schließlich will man auch noch Zeit für seine Kinder haben», sagt Olivia, Mutter von kleinen Kindern, die aus dem Grund auch überlegt, kein Abendessen mehr für die Gäste der Pension zu servieren, da sie im Unterschied zu ihren hart arbeitenden Eltern freie Abende und Zeit mit Mann und Kindern wichtiger findet.

«Wir brauchen nicht mehr Touristen», fährt ihr Vater fort. «Es ist besser, sich um die zu kümmern, die wir haben. Wir wollen auch nicht, dass jeder Beliebige hierherkommt oder dass alle es hier mögen. Wenn man unseren Stil nicht schätzt, kann man woandershin fahren.»

Wenn man anders als die meisten Gotländer doch ein Boot hat, gibt es trotz allem einige wenige kleinere Nachbarinseln, zu denen man fahren kann. Wie die Leuchtturm- und Schafweide-Insel Östergarnsholm, die auch als Ausgangspunkt für die Fischerei diente, die vogel- und orchideenreichen Inseln Stora und Lilla Karlsö, wohin die Gotländer in früheren Zeiten zum Fischen segelten, und die sandige Gotska Sandön, die auch einen Leuchtturm hat und wohin man zur Robbenjagd fuhr. Diese Inseln sind nicht ganzjährig bewohnt.

Auf Fårö hingegen, der größten Nachbarinsel Gotlands und Schwedens achtgrößter Insel, wohnen ständig fünfhundert Menschen. Um dorthin zu gelangen, fährt kaum jemand mit dem eigenen Boot, sondern man nimmt die gelbe Fähre der staatlichen Fähren-Reederei. Was während der Touristensaison beinahe immer langes Warten bedeutet, bevor man den Sund überqueren kann. Als ich beim Fähranleger ankomme, gibt es eine Schlange von einer Stunde. Doch nicht für alle. Die auf Fårö ansässige Bevölkerung sowie die Warenlieferanten haben eine Schnellspur, während die anderen Besucher und ich in die Touristenreihe verwiesen werden. Ich schalte den Motor aus, öffne die Autotür und schaue zu, wie sowohl Privatautos mit Fåröbewohnern als auch Eisautos und DHL-Lastwagen an uns vorbeirollen. Eine vernüftige Priorisierung, sagt mein rationales Ich. Doch in meinem tiefsten Inneren fühle ich mich wie ein Kind, das frustiert wird, weil man es ungerecht behandelt. Warum werden nur Warentransporte als Nutzverkehr gerechnet? Als ob wir in der Touristenreihe nicht auch zum Nutzen der Insel beitragen würden! Schließlich ist der Tourismus sowohl für Gotland als auch für Fårö die wichtigste Einnahmequelle! Eigentlich sind doch wir in der stillstehenden Autoschlange der eigentliche Nutzverkehr, nicht die Paketzulieferer, die von den Fåröbewohnern im Internet bestellte Produkte dorthin fahren. Ein riesiges Schild an der Straße sendet mir und den anderen in der stillstehenden Touristenreihe die Botschaft, die Schultern sinken und unsere Frustration loszulassen. «Keine Eile», steht dort kurz und bündig. Ich verspreche mir selbst und dem Schild, es zu versuchen.

Die Erzählung, die Gotland seinen Besuchern übermitteln will, handelt vom Mittelalter, eine Ära voller Turnierspiele und Gauklern, ein goldenes Zeitalter für das Besuchergewerbe. Fårö hingegen hat neben seiner charakteristischen Landschaft ein moderneres Image, unter anderem mit einer Fahrzeugausstellung, die sich «Kutens Bensin» nennt und aus einer Sammlung von rostigen Autoreliquien, Ölfässern, Reklameschildern und anderem Gerümpel sowie einem Café in einer Art Trödelladen- und Hippie-Chic-Stil besteht. Es heißt «Crêperie Tati», ein Name, der schließlich deutlich macht, worüber wir hier nostalgisch sein sollen: über eine nahe Vergangenheit, in der die Autos rundliche Formen hatten, die Wirtschaft wuchs, der Zukunftsoptimismus groß und die Kinofilme noch schwarz-weiß waren.

Die Attraktion von Fårö besteht auch darin, dass Schwedens politische und kulturelle Elite sich die Insel zu eigen gemacht hat. Wie der Filmregisseur Ingmar Bergman, der sich hier niedergelassen hat, auch auf der Insel gestorben ist und hier begraben liegt. Sein Andenken wird vom Bergman-Museum «Bergman-Center» verwaltet, das in der stillgelegten Schule beheimatet ist. Außerdem war die Insel lange ein Tummelplatz für sozialdemokratische Minister wie Olof Palme, Krister Wickman und Lennart Bodström. Zusammen machten sie eine exquisite Sammlung hoher Tiere aus, was dazu führte, dass Harry Schein, als er Chef des Schwedischen Filminstituts war, einen Brief an Palmes Sommeradresse auf Fårö schicken konnte, datiert auf den 2. August 1967, mit folgendem Inhalt:

«Lieber Olof, Freitagabend komme ich nach Fårö und wohne bis Sonntag bei Ingmar. Dann wollte ich bei Krister vorbeischauen (…). Sollen wir uns Samstag oder Sonntag sehen? Falls ja, könntest Du mich entweder zu Hause (…) oder am Freitagabend bei Ingmar anrufen? Tschüss! Harry.»

Die kulturelle und politische Elite urlaubte also dicht beieinander und war miteinander per Du. Klar, dass diese Atmosphäre tausenderlei Kultureliten-Möchtegerns anlockte.

«Wenn man als Kind Olof Palme im Lebensmittelladen getroffen hatte, fand man das nichts Besonderes, obwohl er Ministerpräsident und weltberühmt war», sagt der Schriftsteller Ronnie

Lundin, der in Hammars, nicht sehr weit von dem Haus, das Ingmar Bergman bauen ließ, geboren und aufgewachsen ist und heute auch dort wohnt.

Ronnie hat neun historische Romane geschrieben mit Titeln wie *Gården vid Fårö strand* («Der Hof am Strand von Fårö»), *Hamarsmans skatt* («Hamarsmans Schatz») und *Och Fårös jord blev till sten* («Und Fårös Erde wurde zu Stein»). Sie spielen im späten Mittelalter, und auch wenn es Fiktion ist, betreibt er eine gründliche Recherche, damit die Milieus und die Figuren glaubwürdig erscheinen. Die zwischenmenschlichen Qualitäten, von denen die heutigen Inselbewohner berichten – die Bereitschaft, sich durch dick und dünn zu helfen –, scheint es in den Jahrhunderten, in die Ronnie sich vertieft hat, nicht gegeben zu haben. Damals kümmerten die Frauen sich um die Landwirtschaft und die Männer um den Fischfang, während der Kampf um die mageren Ressourcen zwischen den Nachbarhöfen beinhart war.

«Die Fåröbewohner haben sich bis zum Wahnsinn verklagt. Ständig gab es Streitereien um Grund und Boden. Es scheint ihre Spezialität gewesen zu sein, sich in den Haaren zu liegen. Der Streit konnte um einen kaputtgegangenen Zaun gehen oder um aufgegangene Gatter, wodurch das Vieh eines Bauern auf die Besitzungen des anderen gekommen war. Oder man zankte um Släke [Seegras, das zum Düngen verwendet wurde] und markierte mit Steinen, wo für jeden die Grenze verlief, bis zu der er sammeln durfte.»

Fårös Karriere als Ferieninsel nahm Anfang des zwanzigsten Jahrhunderts Fahrt auf, als Künstler wie Louis Sparre und später dann Gösta Gustavson und David Ahlqvist von dem ganz besonderen Fårö-Licht hergelockt wurden, das als genauso schön angesehen wurde wie das Skagen-Licht. Ihnen folgten die Reichen, der Ekeviksadel, wie sie nach dem Namen eines der beliebtesten Strände genannt wurden, und danach kamen Kulturpersönlichkeiten wie der Komponist Georg Riedel und die Schauspielerin Yvonne Lombard mit ihrem Mann, dem Kinderbuchautor Lennart Hellsing. Ergebnis davon ist, dass die Insel heute ein kultureller Hotspot mit galoppierenden Ferienhauspreisen ist.

«Als ich in den sechziger Jahren auf Gotland zur Schule ging, hat die gotländische Jugend uns herablassend als Fårö-Schafe bezeichnet», erzählt Ronnie. «Doch dann hat es sich umgekehrt. Dank Bergman, Palme und den anderen hat sich Fårös Status verändert. Plötzlich war es schick, von hier zu kommen. Und mein Vater konnte sich von der neuen Rolle der Insel als Filmdrehort ernähren. Er hat die Filmkulissen zu Bergmans Film *Schande* gebaut und die Villa Kunterbunt für die Filme von Pippi Langstrumpf.»

Auf Fårö ist das amtliche Schweden fern und die soziale Infrastruktur nur minimal vorhanden. Die Schule ist stillgelegt. Eine Arztpraxis oder Polizeistation gibt es nicht. Wenn jemand krank wird, muss er nach Slite auf Gotland fahren. Geschieht eine Straftat oder passiert ein Unfall, wird eine Streife oder ein Rettungswagen aus Visby geschickt. Als «Kutens Bensin» neu war, betrieb man an den Wochenenden eine Kneipe mit illegalem Alkoholausschank. Denn hier ist es so viel einfacher, gesetzlos zu sein als auf dem Festland, oder auch auf Gotland. Zur Sicherheit hatte die Kneipe einen Aufpasser bei der Fähre. Er rief an und warnte, wenn ein Polizeiauto unterwegs war.

«Schon seit dem neunzehnten Jahrhundert hat man darüber diskutiert, eine Brücke zwischen den Inseln zu bauen. Auch wenn heute die Mehrheit dafür ist, sind noch immer viele Bewohner von Fårö dagegen. Denn das würde schließlich mehr Touristen bedeuten, die die Insel nicht bewältigen kann, und außerdem eine erhöhte staatliche Kontrolle, und das möchte man nicht haben.»

«Wie kommt das? Die spärlich besiedelten Gegenden schreien doch nach immer größerer staatlicher Präsenz», wende ich ein.

«Wenn man gemein sein will», sagt Ronnie, «geht es letztlich darum, dass die Brücke bedeuten würde, man kann nicht länger risikofrei sturzbesoffen vom Nachbarhof nach Hause fahren.»

In der Autoschlange zur Fähre, die mich von der kleinen Insel zurück zur großen bringen soll, werde ich Zeuge der Inspektionsrunde eines selbsternannten Kontrolleurs. Er sieht es als seine Aufgabe an, die Berechtigung von denen zu verifizieren, die in der Schnellspur stehen, in der auf Fårö Ansässige, aber niemand sonst stehen darf. Es ist ein alter Mann mit weißem Weihnachtsmann-Bart und bloßem, braungebranntem Oberkörper, und er geht in der Reihe für Inselbewohner von Auto zu Auto und fragt sie aus:

«Mit welchem Recht haben Sie sich hierhin gestellt?»

«Wir sind tatsächlich auf Fårö gemeldet», antwortet ein Mann im neuesten Modell eines schwarzen Volvo.

Der Dialekt des Mannes klingt verdächtig nach Stockholm.

«Ja so, dann kennen Sie ...», beginnt der Inspektor und zählt Namen mehrerer auf Fårö ansässiger Leute auf, im Versuch, eine Falle zu stellen.

«Nee, die kenne ich nicht», entschuldigt der Mann sich, aber fügt hinzu, dass er noch nicht so lange auf der Insel wohnt.

Der Inspektor gibt auf und nimmt sich die Frau in dem roten Mazda dahinter vor.

«Mit welchem Recht? Ich wohne schließlich auf Gotland», antwortet sie.

«Nein, hören Sie, das reicht nicht», ermahnt der Inspektor. «Man soll *auf Fårö gemeldet* sein, damit man in dieser Spur hier stehen zu darf.»

«Aber ich arbeite schließlich auf Fårö. Genügt das nicht?»

«Ja doch, okay», gibt er nach.

Aber er ist eifrig und stellt daher eine Kontrollfrage:

«Jaha, aber wo arbeiten Sie denn dann?»

Als er ihre Antwort gehört hat, die offenbar zufriedenstellend ist, gibt er auf, geht weiter zum nächsten und dann zum übernächsten Auto, immer mit derselben Frage: «Mit welchem Recht stehen Sie hier auf dieser Spur?»

Ich öffne den Essay über soziale Kategorisierung aus einer Inselperspektive, den Owe Ronström mir nach unserem Gespräch neulich in seinem Garten geschickt hat. Ich lese:

«Aus Perspektive der Inselbewohner ist die Gesellschaft in eine kleine Anzahl von Kategorien geordnet, auf einer Skala von ‹wir› bis ‹sie›, ‹insider› bis ‹outsider› … Zumindest seit ein paar hundert Jahren wird [die Wir-Gruppe] als eine ursprüngliche, ethnische Kategorie von Inselbewohnern verstanden, verwurzelt in einer ländlichen Vergangenheit entsprechend der deutschen Form des Kulturnationalismus, basierend auf Vorstellungen von ‹Scholle und Familie› … um Zutritt zu bekommen, muss [man] Mitglied sein oder von einem Mitglied eingeladen werden, genau wie in einem VIP-Club. Die Mitgliedschaft ist genealogisch, Gotländer zu sein ist etwas, als das man geboren wird oder wo man einheiratet.»

Es fehlte nur noch, dass der Inspektor sich nach A- und B-Cousins erkundigt hätte, Eltern und Großeltern, um sicherzustellen, dass die Benutzer der Schnellspur tatsächlich das Recht hatten, dort zu stehen.

Auf Mahé, Silhuette, Praslin, La Digue, Denis und den anderen Inseln im Indischen Ozean nördlich von Madagaskar verkehren Besucher und Einheimische ohne erkennbare Hierarchien. Hier kümmert man sich weniger um Herkunft und Wohnsitz jedes einzelnen, da so schwer festzustellen ist, wer zuerst gekommen ist.

Denis Island

Auf Schatzsuche im Indischen Ozean

Fläche: 1,4 km²
Einwohnerzahl: 80
Koordinaten: 3°48'13"S 55°40'13"O
Zeitzone: GMT +4 h
Höchster Punkt: knapp 4 m ü. d. M.

Olivier Levasseur – La Buse, der Bussard, genannt – war nicht nur ein berüchtigter Pirat, er sah auch so aus und verhielt sich wie einer. Seit er auf einem Auge erblindet war, trug er immer eine schwarze Augenklappe. Für zwei Dinge war er bekannt: seine schonungslose Grausamkeit und seine Schnelligkeit mit dem Schoner Le Victorieux (französisch für «Sieger»). Lange war die Karibik sein Jagdgebiet, doch 1721 wechselte er das Meer, begab sich in die Gewässer vor Westafrika und trieb dort eine Weile sein Unwesen, ehe er um das Kap der Guten Hoffnung herum weiterfuhr zu den kleinen Inseln nicht weit von Madagaskar. Dort tat er sich mit den Piraten John Taylor, Jasper Seagar und Edward England zusammen.

Mit ihrer speziellen Variante des Jolly Roger – einer Piratenflagge mit einem schwarzen Ganzkörper-Skelett auf weißem Grund – plünderten sie alles: europäische Handelsschiffe, Moghulschiffe mit Pilgern unterwegs nach Mekka und die Behausungen auf der indischen Koralleninselgruppe Lakkadiven.

Edward England war zu empfindlich und memmenhaft, fand

Levasseur, und setzte ihn auf Mauritius aus – oder Île de France, wie die Insel damals hieß. Danach war alles bereit für den Jahrhundert-Coup: Die portugiesische Galeone *Nossa Senhora do Cabo* war unterwegs vom indischen Goa nach Lissabon. In der Kajüte befand sich der portugiesische Vize-König, und im Lagerraum glitzerte es vor Gold- und Silberbarren, englischen Goldmünzen, Diamanten, Perlen, Seidenstoffen, Kunst und wertvollen religiösen Reliquien aus der Sé-Kathedrale in Goa, einschließlich eines vergoldeten Kreuzes mit eingefassten Diamanten, Rubinen und Smaragden. Das königliche portugiesische Schiff hatte in einem Sturm den Mast verloren und die Kanonen über Bord werfen müssen, um nicht zu kentern. Mit anderen Worten: eine kinderleichte Beute für die Piraten. Und extrem wertvoll. Allein das protzige Kreuz war so schwer, dass es drei Mann brauchte, um es in das Schiff der Piraten hinüberzuheben. Tatsächlich war der Schatz so ungeheuer, dass die Piraten entgegen ihrer Gewohnheit den Passagieren an Bord ihr persönliches Eigentum ließen. Sie hatten auch so schon mehr als genug bekommen.

Jeder der beteiligten Piraten bekam 50 000 Goldmünzen und 42 Diamanten. Seagar starb plötzlich, man weiß nicht wie, während Levasseur und Taylor nach Madagaskar segelten, dem damals größten Piratennest im Indischen Ozean. Dort teilten sie den Rest der Beute untereinander auf. Levasseur begab sich auf die Seychellen, wo er seinen Teil des Schatzes, einschließlich des goldenen Kreuzes, vergrub. Mehrere Jahre konnte er sich dem langen Arm des Gesetzes entziehen, doch schließlich wurde er von den Franzosen gefasst, zum Tode verurteilt und zur Île Bourbon – oder La Réunion, wie die Insel heute heißt – gebracht, um gehängt zu werden. Als ihm die Schlinge um den Hals gelegt wurde, warf er der Legende zufolge einen Zettel ins Publikum und rief: «Wer das versteht, findet meinen Schatz!» Während die Luke sich öffnete, der Pirat fiel und die Schlinge sich zuzog, hob jemand den Zettel auf, der ein siebzehn Zeilen langes Krypto-gramm enthielt.

Dreihundert Jahre später ist es immer noch niemandem gelun-gen, die Zeichen zu deuten, die dann in einem französischen Archiv gelandet sind. Doch unzählige Schatzsucher haben es ver-sucht. Ein Rätsel, das Robert Louis Stevenson zu dem Roman *Die Schatzinsel* über Long John Silver inspirierte, ebenso wie Hergé zu den Tim-und-Struppi-Abenteuern *Das Geheimnis der «Einhorn»* und *Der Schatz Rackhams des Roten*.

Doch nicht nur Schriftsteller, Märchenerzähler und Comiczeich-ner verzauberte dieses Rätsel. Auch den Engländer Reginald Cruise-Wilkins. Er machte sich 1947 daran, das noch immer nicht entschlüsselte Kryptogramm zu deuten. Wilkins meinte, es ba-siere auf einer Art Freimaurer-Symbolik. Er suchte nach dem Zu-sammenhang zwischen der Konstellation der Sterne am Nacht-himmel, dem okkulten Renaissancebuch *Der Schlüssel Salomos* und der antiken Sage *Die zwölf Heldentaten des Herakles*. Der Schatz, schloss Wilkins, befindet sich irgendwo in der Nähe eines Strandes namens Beau Vallon an der Nordseite von Mahé, der Hauptinsel der Seychellen. Man muss sich von Norden nähern und sich vor den Gezeiten in Acht nehmen, las er aus dem Kryp-togramm. Dann nahm er ein Schiff dorthin und begann zu gra-ben.

Zehn Jahre später reiste der James-Bond-Autor Ian Fleming auf die Seychellen, um Wilkins zu treffen und zu hören, wie es mit der Schatzsuche lief.

Er fuhr nicht auf direktem Wege zu Wilkins, sondern als Schriftsteller mit Sinn für Dramatik nutzte er die Gelegenheit, auf dem Archipel ein bisschen Inselhopping zu betreiben und mit mehreren Seychellern über den versteckten Schatz zu reden. Ian Fleming mochte die Seychellen. Das wird deutlich, wenn

man das Ergebnis der Reise, die Artikelserie *Treasure Hunt in Eden*
liest, die in mehreren Teilen in der britischen *Sunday Times* erschien.

Als es sich den Inseln näherte, bemerkte Fleming fasziniert
und mit großen Augen, wie das Schiff nicht von den üblichen
Möwen, sondern von Scharen großer schwarzer Fledermäuse
empfangen wurde. Das verhieß ganz neuartige Erlebnisse. Außerdem sprachen die Menschen im Hafen eine Sprache, die er noch
nie gehört hatte. Eine Sprache, die er in leicht verächtlichem Ton
als «ein Bastard-Französisch voller Konsonanten, ergänzt durch
Grunzen und deutliche Gesichtsausdrücke» bezeichnete. Die
Inselbewohner selbst, eine Mischung aus Europäern, Indern und
Afrikanern, nannten ihre Sprache *Seychellois Creole* oder Creol. Es
ist im Grunde genommen ein vereinfachtes Französisch aus dem
achtzehnten Jahrhundert, in dessen Wortschatz Elemente aus
dem Dialekt der Bretagne (da mehrere der ersten Eroberer von
dort kamen) sowie aus dem Englischen und Madagassischen
(der Sprache Madagaskars) eingeflossen sind. Da die Franzosen
Anfang des neunzehnten Jahrhunderts die Insel den Briten
überlassen mussten, waren beinahe alle Einwohner zwei- oder sogar dreisprachig – Creol, Französisch und Englisch –, und der
Schriftsteller konnte sich in seiner Muttersprache verständlich
machen.

Ian Fleming genoss die rund um das Jahr gleichbleibende angenehme Temperatur, die schöne Natur sowie die Tatsache, dass es
keine giftigen Schlangen gab und dass das Meer voller Fische war.
Außerdem konnte man für zehn Shilling pro Woche eine Haus-
haltshilfe bekommen und für nur fünfhundert Pfund ein Grundstück von viertausend Quadratmetern in direkter Strandnähe
kaufen. «Wäre ich ein britischer Millionär, würde ich hier investieren, ehe die amerikanischen Millionäre es tun …», schrieb er und
begann, an der Kurzgeschichtensammlung *007 James Bond greift*

ein herumzuwerkeln, die teilweise auf den Seychellen spielt (für die Verfilmung viele Jahre später wurde die Handlung nach Griechenland verlegt). Mit der Zeit wurde er selbst zu einem der britischen Millionäre, denen er diesen Ratschlag gegeben hatte, doch ein Grundstück auf den Inseln kaufte er nie. Schließlich besaß er bereits ein großes Grundstück auf Jamaica mit Haus und Aussicht über den Privatstrand.

Auf den Seychellen segelte er zwischen den Inseln herum und bekam die allerunwahrscheinlichsten Geschichten über die Suche nach dem verschwundenen Schatz zu hören, dessen Wert damals auf hundertzwanzig Millionen Pfund geschätzt wurde, also gut hundert Millionen Euro, was einem heutigen Geldwert von zwei Milliarden Euro entspricht. Der Kapitän des Segelschiffes, Monsieur Houareau, behauptete, Teile des Schatzes befänden sich auf Praslin, der zweitgrößten Insel der Seychellen, wo der Finder die Goldbarren in Brotlaibe gebacken habe und in seiner Speisekammer verwahre. Auch bekam Fleming zu hören, dass der Kapitän selbst auf den Hinweis eines Fischers hin einmal eine Kiste ausgegraben habe. Nachdem er ein Loch hineingehackt hatte, verbreitete sich ein schrecklich fauliger Gestank. Da entdeckte er, dass es keine Schatzkiste, sondern ein Sarg war, mit einem toten chinesischen Seemann drin.

Die dritte Geschichte, die der Kapitän Fleming erzählte, war die beste. Sie handelte davon, wie er 1936 auf einem Schoner gearbeitet hatte, der auf der Seychellen-Insel Desroches einen Mann aufnahm, der sich Jules nannte und eilig seinen Dienst aufkündigte, um heim nach Frankreich zu fahren. Warum solche Eile? Es zeigte sich, dass er einen Piratenschatz voller Goldmünzen gefunden hatte. Er versteckte das Gold in Geheimfächern in ein paar Koffern, die er mit Hilfe des Kapitäns durch den Zoll und außer Landes schmuggelte. Jules meldete sich später noch einmal bei dem Kapitän und erzählte, dass er geheiratet, sich in den

Autokonzern Renault eingekauft habe und auf seine alten Tage reich und glücklich lebe. Ende gut, alles gut.

Wohin Fleming in der Inselwelt auch kam, hörte er Geschichten über Piratenschätze. «Später habe ich gelernt, dass vergrabene Schätze auf den Seychellen ein genauso natürlicher Teil der täglichen Plauderei sind wie in England Fußball ...»

Schließlich besuchte er Wilkins, der noch immer dabei war, auf einer felsigen Landzunge zwischen Beau Vallon und Belombre zu graben, an dem Ort, von dem er überzeugt war, dass er in dem Kryptogramm genannt wurde. Wilkins erzählte Fleming, dass er Ambra gefunden habe, eine wachsartige Substanz, bestehend aus Fetten, ätherischen Ölen und Benzoesäure, die aus dem Darm des Pottwals stammt. Ian Fleming wurde nostalgisch. Solch einen goldenen Klumpen hatte er selbst als Kind einmal auf einer Karibikinsel gefunden und ihn unter dem Eindruck von Stevensons Schatzsucherabenteuer für reines Gold gehalten. Anders als der junge Ian glaubt Wilkins nicht, er habe Gold gefunden, doch war er überzeugt davon, dem Schatz auf der Spur zu sein. Denn es ist doch wohl so, überlegte er, dass der Pirat das Ambra dorthin gelegt hat, um uns Schatzsucher zu vertreiben.

«Warum haben sie das Walfett zusammen mit dem Schatz vergraben?», fragte Fleming.

«Um giftige Gase entstehen zu lassen. Wir müssen sehr vorsichtig sein. Sie waren voller Tricks, diese Jungs da, und sie haben versucht, uns in verschiedene Fallen laufen zu lassen.»

Dann begann Wilkinson, über Sternbilder zu reden, kodierte Nachrichten und vieles mehr, was er in dem Kryptogramm entdeckt hatte. Fleming hielt das für eine Menge «mumbojumbo», reine Jungsphantasien. Und stellte fest, sicher sei zumindest, dass Levasseur, wenn er den Piratenschatz hier vergraben hatte, wahrlich einen der schönsten Orte der Welt dafür ausgesucht hatte.

Sechzig Jahre nach Ian Flemings Begegnung mit Wilkins in Beau Vallon komme ich zu derselben Stelle. Die regulären Schiffsverbindungen von Mombasa und Bombay sind eingestellt worden. Der Grund ist natürlich, dass der Mensch von heute keine Zeit mehr für langsame Schifffahrten hat, wenn es schnellere Transportmittel gibt. Bei der Wahl zwischen Nachdenken und der Möglichkeit, Zeit zu sparen, gewinnt immer letzteres. Theoretisch könnte auch die Gefahr von Piratenüberfällen ein Grund für die eingestellten Passagierfähren sein. Denn dreihundert Jahre nach Levasseurs und Taylors Raubzügen wird der Indische Ozean erneut von Piraten heimgesucht.

Für die modernen Piraten, die seit dem somalischen Bürgerkrieg Anfang der neunziger Jahre Handelsschiffe angriffen, die zwischen Asien und Europa durch den Suezkanal verkehrten, war Schnelligkeit genauso wichtig wie zu Levasseurs Zeit. Kleine, schnelle Motorboote holten die langsamen, gigantischen Frachtschiffe ein, mit einem Seil oder einer Leiter kletterte man an Bord. Da man heute keine Schatzkisten, goldenen Kreuze oder andere Wertgegenstände geladen hat, die man einfach mitnehmen kann, gibt es stattdessen Geiselnahmen und Lösegeldforderungen. Seit der UN-Sicherheitsrat 2008 begann, zum Schutz der Schiffe bewaffnete Verteidigungskräfte zu koordinieren, gingen die Angriffe dramatisch zurück. Und einige der gefassten und verurteilten Piraten mussten ihre Gefängnisstrafe auf den Seychellen absitzen.

Gefangene von anderen Teilen der Welt aufzunehmen, gehört historisch gesehen zu den Spezialitäten der Insel. Als die Briten regierten, schickten sie häufig politische Gefangene aus dem übrigen Empire hierher, so auch 1876 den Sultan von Perak in British Malaya (dem heutigen Malaysia) und 1956 den Erzbischof Makarios von Zypern. Doch die Gefangenen scheinen es nicht so schrecklich gefunden zu haben, auf dem Archipel hinter Schloss und Riegel zu sitzen. Ja, das Gegenteil ist der Fall. Makarios sagte, seine Zeit im seychellischen Gefängnis habe ihm viele gute und angenehme Erinnerungen beschert. Die somalischen Piraten waren nicht weniger zufrieden. Einer von ihnen, der in den 2010er-Jahren in dem UN-finanzierten Gefängnis in Montagne Posee auf Mahé (mit Aussicht über kreideweiße Strände) einsaß, bezeichnete seinen Gefängnisaufenthalt auf den Seychellen in den internationalen Medien als die beste Zeit seines Lebens. Ein anderer Pirat bat, nachdem er seine Strafe abgesessen hatte, sogar darum, im Gefängnis bleiben zu dürfen, um seine Englischstudien abzuschließen. Er fand, er habe während eines Jahres in dem seychellischen Gefängnis eine bessere Ausbildung bekommen als in zehnjährigem Schulbesuch in Somalia.

Noch immer kommt es in den Gewässern zwischen Somalia und den Seychellen zu Piratenüberfällen. Daher tut es mir nicht leid, dass ich von Addis Abeba mit dem Flugzeug zu den Inseln hinausfliegen muss. Ich lande auf dem Flughafen, den die Briten auf einer Landaufschüttung vor Mahé bauen ließen, kurz bevor sie 1976 ihre Kronkolonie aufgaben. Ziel war es, den Tourismus in Schwung zu bringen, um die Schwankungen auf dem Kopra-Weltmarkt zu kompensieren. Damals waren auf mehreren Inseln die Wälder zerstört und durch Monokulturen, Plantagen, ersetzt worden. Auf diesen wuchsen vor allen Dingen Kokospalmen, aber es gab auch Pflanzungen mit Patchouli, Muskat, Nelken, Vanille, Zimt, Kaffee, Kakao, Tabak, Bananen, Gummi – und mit Brotfrucht, dem energiereichen Grundnahrungsmittel, durch das die afrikanischen Sklaven in der Lage waren, so hart zu arbeiten.

Am Anfang segelten viele vorbei, aber niemand blieb. Die arabischen Seefahrer, die den Archipel im 9. Jahrhundert als «die hohen Inseln jenseits der Malediven» bezeichneten, gingen vielleicht einmal kurz an Land. Vasco da Gama kam 1503 auf dem Schiff *Rui*

Mendes de Brito an den Inseln vorbei, die heute Desroches und Silhoutte heißen, aber er hatte es so eilig, nach Indien zu kommen, dass er ohne an Land zu gehen den Anker lichtete und weiter ostwärts segelte. Auch die Briten hatten Eile, auch sie waren auf dem Weg nach Indien, als sie im Januar 1609 auf der Insel Sainte Anne immerhin an Land gingen, um sich umzusehen. John Jourdain, Agent der British East India Company, war begeistert und schrieb in sein Logbuch, er habe «ein irdisches Paradies» gefunden. Es ist die erste schriftliche Quelle überhaupt von jemandem, der bewiesenermaßen die Inseln besucht hat. Trotz der Paradies-Gefühle zogen die Briten nach zehn Tagen weiter nach Osten. Als ob ihnen etwas Angst eingejagt hätte.

Erst 1756 ankerte eine französische Armada vor Mahé, und die ersten Menschen überhaupt begannen sich in der jungfräulichen Inselwelt niederzulassen. Diese bekam nach Jean Moreau Séchelles, dem Finanzminister König Ludwigs XV., den Namen die Seychellen.

Kletterpflanzen umarmen die Baumkronen, schlingen sich um die Stämme und knoten sich um sich selbst. Eine unaufhaltbare Kraft, als wäre die Natur auf Steroiden. Auf den weißen Stränden liegen große, gefurchte Granitblöcke, irgendwie hingeworfen, als hätte ein Riese einen Tobsuchtsanfall gehabt. Draußen am Horizont über dem Indischen Ozean erheben sich die Nachbarinseln, auch sie bedeckt von einem Dschungel voller Pflanzen und Tiere, die es nirgendwo sonst auf der Erde gibt. Kohlschwarze Seevögel, clownfarbene Papageien, klitzekleine Fledermäuse und riesenhafte Seychellennüsse. Ein Festival der biologischen Artenvielfalt.

1958 beklagte Fleming in seinen Artikeln in der *Sunday Times*, dass nur ein paar Schiffe pro Monat von hier wegfuhren. Verdoppelt die Zahl der Schiffsverbindungen, schlug er vor, dann wird der Tourismus erst richtig in Schwung kommen. Hotels werden gebaut werden, Straßen ausgebessert, das Elektrizitätswerk wird rund um die Uhr und nicht nur zwölf Stunden lang Strom liefern.

Am Nachmittag desselben Tages, an dem ich aus Addis Abbeba losgeflogen bin, spaziere ich unterhalb des Mount Simpson am Beau-Vallon-Strand, wo Fleming und Wilkins sich getroffen haben. Die Sonne sinkt Richtung Horizont, die Schatten werden länger, und die Fruchtfledermäuse pfeifen, während sie in wilden Runden zwischen den Takamaka- und Mangobäumen herumfliegen. Das pfirsichfarbene Dämmerungslicht ist weich wie Samt. Es ist Samstag und bald Zeit für das Strandfest. Die afrikanische Tanzmusik wird auf höchste Lautstärke gedreht. Jugendliche aus der Gegend nippen an Pappbechern mit Whisky und wippen im weißen Sand im Takt. Die Strandbesucher sind eine heterogene Schar. Die Mehrzahl besteht aus Seychellern, die meisten mit afrikanischem Hintergrund, Nachfahren von Sklaven, die von den Franzosen hierher verschleppt wurden. Aber es gibt auch eingeborene indische Familien mit Sandburgen bauenden Kindern und europäische Touristen mit blauen Drinks.

Mit der Tanzmusik als Soundtrack lese ich im Smartphone, dass Wilkins nie aufgegeben hat. Bis zu seinem Tod 1977 grub er weiter nach dem Schatz. Sein Sohn, John Cruise-Wilkins, scheint immer noch zu suchen. Wenn ich einige Kilometer Richtung Westen, nach Belombre gehe, kann ich die Ausgrabungen sehen, informiert der Reiseführer. Die Schatzsuche ist etwas Dauerhaftes geworden, eine Touristenattraktion wie ein Museum oder Café. Doch niemand interessiert sich mehr dafür. Auf den Seychellen wird nicht mehr über Piratenschätze geredet. Die Armut ist zurückgegangen, der Wohlstand gestiegen und die Träume von plötzlichem Reichtum sind verblichen. Jetzt redet man auf den Inseln über Fußball, genau wie bei der früheren Kolonialmacht. Das Land hat eine Nationalmannschaft, die in Spielen gegen die anderen Inselnationen im Indischen Ozean ziemlich erfolgreich war.

Ich schaue auf die Landzunge, an der Wilkins gegraben hat. Ein Kanu zerschneidet das spiegelblanke Meer. Darin sitzen der Meeresbiologe des Hotels und ein Reporter des britischen *Telegraph*, die hinabtauchen und die Unterwasser-Baumschulen ansehen wollen. Dort baut man, genau wie auf den Malediven, Korallen an, um nach dem Korallensterben durch die warmen Meeresströme ein erneutes Wachstum in Gang zu setzen.

Heutzutage redet man auch darüber, wie man die Natur wiederherstellen kann, die es hier gab, als vor vierhundert Jahren die ersten Menschen aus Europa an Land kamen.

Mit den Einkünften aus dem Tourismus war es auf den Seychellen – dem afrikanischen Land mit der geringsten Bevölkerung – möglich, sowohl die Natur zu schützen als auch den Lebensstandard zu heben. Heute hat die Inselnation das höchste Pro-Kopf-Einkommen des Erdteils. Der Tourismus macht beinahe die Hälfte des Bruttoinlandprodukts des Landes aus und sorgt für mehr als die Hälfte aller Arbeitsplätze. Als Ian Fleming hier war, klagte er darüber, dass maximal hundertfünfzig Hotelzimmer zu finden seien. Heute gibt es mehr als sechstausend. Noch immer ein Bruchteil, verglichen mit Touristeninseln wie Bali oder Mallorca, die beide beinahe zwanzigmal so viele haben. Hier hat man sich gegen den Massentourismus gewehrt, die Preise oben gehalten und das Geld einkassiert. Das relativ hohe Preisniveau der Insel hat dazu geführt, dass sowohl Rucksackreisende als auch Chartertouristen größtenteils ausgeblieben sind.

Anfang der achtziger Jahre, auf einer Backpacker-Reise in Südasien, hatte ich das erste Mal von den Seychellen gehört. Auf Sri Lanka bin ich dem Briten John begegnet, der lange und aufgebracht darüber sprach, wie er 1981 vor Ort Zeuge wurde, dass eine Bande südafrikanischer Söldner, verkleidet als Hilfsarbeiter, versucht hatte, ins Land zu kommen, um den sozialistischen Präsidenten der Seychellen zu stürzen. Die Bande bestand aus insgesamt vierundfünfzig Männern, darunter Briten, Rhodesier, Kongolesen und Südafrikaner. Angeführt wurden sie von dem in Indien geborenen Iren Michael «Mad Mike» Hoare, der in seinem Lebenslauf aufführen konnte, dass er Rebellengruppen in der Kongokrise befehligt und dafür gesorgt hatte, Diktator Mobutu einzusetzen. Am Zoll gab die Gruppe an, gekommen zu sein, um Kindern in Kinderheimen Spielzeug zu schenken. Doch entdeckte ein Zollbeamter die unter Puppen und Legosteinen versteckten automatischen Waffen und Munition. Ein Schusswechsel entbrannte. Schließlich gingen die Söldner lieber auf Nummer sicher, kaperten ein Flugzeug und flogen heim nach Durban.

Der sozialistische Diktator France-Albert René regierte noch bis 2004. Durch Druck von außen und von unten verwandelte er das Land in den letzten elf Jahren seiner Regierungszeit in eine Demokratie mit Mehrparteiensystem und freien Wahlen, die er gleich mit großer Mehrheit gewann.

Wo ich nun endlich hier bin, entdecke ich eine Inselwelt, in der es gelungen ist, nach dem Raubbau des Kolonialismus und der Unfreiheit der Diktatur vieles wieder zurechtzurücken. Ein großer Teil der Einnahmen durch Tourismus ist in den Sozialstaat geflossen, in Form von freier Gesundheitsversorgung und großzügiger staatlicher Unterstützung für Seycheller, die aufwendigere medizinische Versorgung brauchen oder im Ausland studieren müssen.

Beinahe die Hälfte der Inselfläche ist Naturreservat, was bedeutet, dass das Land zu einer der weltweiten Erfolgsgeschichten im Bereich Naturschutz gezählt werden kann. Die Schildkröten sind zahlreicher vertreten als irgendwo sonst, sowohl die auf dem Land lebenden Riesenschildkröten als auch die Meeresschildkröten. Dasselbe gilt für die Rußseeschwalbe, einen Vogel, den es hier in größerer Population gibt als anderswo auf der Welt. Überhaupt ist an endemischen Arten kein Mangel. Beispielsweise die Süßwasserkrabbe *Seychellum alluaudi*, die in den Bächen auf den hohen Granitinseln lebt, sowie fünfundsiebzig verschiedene Arten von Blumen, Büschen und Bäumen. Begibt man sich mit einer Tauchermaske versehen unter die Meeresoberfläche und übt sich in Geduld, kann man bis zu tausend Fisch- und Schalentierarten sehen. Erst 2018 sind zwei neue Meeres-Nationalparks eingerichtet worden, deren Fläche zusammengenommen ungefähr so groß wie die von Deutschland ist.

Man weiß nicht so genau, wo in der Welt man gelandet ist, wenn man auf eine Bevölkerung trifft, die hauptsächlich aus Nachfahren von Sklaven besteht, eine Esskultur mit stark indischem, aber auch französischem Einschlag hat und deren Musik klingt, als sei sie aus Westafrika, Brasilien oder der Karibik importiert. Randalf, mein Taxifahrer auf Mahé, verwirrt mich noch ein bisschen mehr, als er aus den Autoboxen seychellische Musik dröhnen lässt, in der Steelpan und Macaras gegen Geige und Akkordeon ausgetauscht sind und die klingt wie irische Volksmusik mit kreolischem Gesang.

«Aber ja», sagt Randalf, während er das Taxi über die kurvigen Bergstraßen steuert, wo die Vegetation sich über die Straße wölbt. «Dieser europäische Einfluss ist auch ein typischer Teil der seychellischen Musik.»

Stattliche Takamaka-Bäume und sich windende Kokospalmen tauchen die Straße, die von der Hauptstadt Victoria auf den 905 Meter hohen Berg Morne Seychellois führt, in Schatten. Die Straße verläuft in Serpentinen und wird auf beiden Seiten von Gewürzsträuchern, Orchideen und Begonien eingefasst. Auf den Straßen hellblaue indische Tata-Busse, beklebt mit Plakaten, die verkünden: *India-Seychelles friendship strengthens business and sight-*

seeing. Am Straßenrand Holztische mit großen, glänzenden Fischen und frisch geerntetem Obst und Gemüse. Red Snapper, Thunfisch, Schwertfisch, Bonito, Bananenstauden, stachelige Bittermelonen und große Brotfrüchte. Und im Autoradio Paradise FM mit *Seychelles Best Mix of Music*, Musik, die so swingt, dass es schwerfällt, stillzusitzen.

Als ich an einem Vormittag in Victoria herumwandere, sehe ich deutlich den europäischen Einfluss. An einer Kreuzung steht eine silbrige Miniversion von Londons Big Ben und auf dem Hügel hinter der Marktstraße eine katholische Kirche. Auch die asiatischen Einflüsse zeigen sich in Form eines hinduistischen Tempelturms in südindischem Stil, geschmückt mit hunderten von pastellfarbigen Göttern, sowie Läden mit indischen Namen wie Kumar & Kumar Supermarket, Sri Maha Vishnu Shop und Krishna Narayan Trading. Der afrikanische Einfluss schließlich ist gar nicht zu übersehen. Er zeigt sich überall in der Mehrheit der Bevölkerung.

Randalf, der mit mir auf den Markt geht, hat seine Wurzeln in Afrika. Ich frage ihn, wo er sich selbst zu Hause sieht: auf dem asiatischen oder dem afrikanischen Kontinent oder vielleicht in Indisch-Ozeanien?

«Eindeutig Afrika», antwortet Randalf und macht mich enthusiastisch mit lokalen Musikern wie Jean-Marc Volcy und Elijah und Tänzen wie *Sega*, *Tinge* und *Kamtole* bekannt, die einem so vorkommen, als wären sie eher auf dem afrikanischen Festland als irgendwo anders beheimatet.

Außerdem, erzählt er, tanzt man manchmal den sinnlichen Tanz *Moutya*, der auf Sklaven im achtzehnten Jahrhundert zurückgeht. Und glaubt an *Gris-Gris*, magische Formeln, Zaubertränke und Talismane, die gegen das Böse schützen sollen, sowie an die Kraft von Heilpflanzen, etwa Zitronengrastee als Mittel gegen Magenverstimmung, Basilikumsamen gegen rauen Hals und die Blume Madagaskar-Immergrün gegen alles Mögliche, unter anderem Blutkrebs bei Kindern.

Randalf, der Katholik ist (wie die meisten), Vater einer Tochter im Grundschulalter und geschieden (wie viele), sagt, er mag Feste, Musik und am Strand abhängen und sei «nicht so gut bei Finanzen». Deshalb ist er, wie er sagt, froh, dass die Inder diesen Teil übernommen haben und die Läden betreiben. Für mich klingt es anstößig, so kategorisch über Ethnien zu sprechen. Als ob Afrikaner, allgemein betrachtet, sorglos feiern, während Inder danach streben, Geld zu verdienen.

Doch Randalf ist nicht der Einzige, der über typische Verhaltensweisen der ethnischen Gruppen redet. Mehrere, denen ich auf meiner Rundreise durch die Inselwelt begegne, sagen dasselbe, betonen aber, es gäbe keine Konflikte. Lange schon haben die Seycheller über die Grenzen hinweg geheiratet und einen Kreol-Mix geschaffen, der sich in Sprache wie Kultur zeigt. Ich frage Randalf, der wie fast alle Inselbewohner perfekt Englisch spricht (von der Grundschulzeit an obligatorisch), was sein einheimisches Lieblingsgericht ist. Er antwortet: Tintenfisch- oder Fledermaus-Curry mit Kürbischutney. Asiatischer Geschmack mit afrikanischem Touch, vermittelt in einer europäischen Sprache.

Dass niemand bislang den vor vierhundert Jahren vergrabenen Schatz gefunden hat, kann schließlich auch an einer Fehldeutung des Kryptogramms liegen. Vielleicht hat der Pirat ihn auf der Nachbarinseln Praslin vergraben? Der Mann, von dem Ian Fleming reden hörte, der Goldbarren in Brot eingebacken hat, wohnte immerhin dort. Vielleicht sind Teile des Schatzes also schon gefunden worden. Doch die meisten, die auf Praslin gesucht haben, haben nichts goldglitzerndes gefunden. Jedoch etwas anderes, einzigartiges und phantastisches.

Ich nehme das Schiff nach Praslin und wandere durch das

Vallée de Mai, den als Weltnaturerbe klassifizierten Nationalpark, das Zuhause des endemischen schwarzen Seychellen-Vasapapageis. Die Vegetation ist kräftiger, eigenartiger, dichter und wilder, die Stämme höher und die Blätter größer. Hier fand man den schwersten und größten Samen der Welt: Die Seychellennuss, groß wie ein Medizinball und bis zu 40 Kilo schwer. Als ich die Nüsse sehe, deren Existenz mir vor Kurzem noch nicht einmal bekannt war, muss ich unweigerlich an die Melonen in dem Science-Fiction-Klassiker *Die Körperfresser kommen* denken. Doch diese Samen hier sind nicht aus dem Weltraum herabgefallen. Allerdings dachte man lange, sie wüchsen in der Tiefe des Meeres. Wenn sie in arabischen Ländern und auf den Malediven an Land getrieben wurden, sprossen die Mythen. Malayische Seefahrer glaubten, sie kämen von Palmen, die am Meeresboden wüchsen, daher die Bezeichnung *coco de mer* (Meernuss). Es hieß, wenn die Palmen so hoch gewachsen seien, dass die Blätter aus der Meeresoberfläche herausragten, blieben Schiffe in ihnen hängen, die dann von dem Adler-ähnlichen Phantasievogel *Garuda* angegriffen wurden.

Die besonders ikonische weibliche Frucht ist geformt wie ein Hintern mit molligen Pobacken und einer Spalte in der Mitte. Die männliche Frucht hingegen erinnert an eine gut gewachsene Zucchini und kann bis zu einem halben Meter lang werden. Nicht so verwunderlich, dass diese endemischen Nüsse, die ausschließlich hier auf Praslin und der Nachbarinsel Curieuse wachsen, zu Fruchtbarkeitssymbolen geworden sind. Arabische Prinzen und europäische Könige bezahlten ein Vermögen für sie. Und die Mythen sprossen weiter. Lange glaubte man, die Bäume mit den männlichen Früchten könnten ihre Wurzeln nach oben ziehen, loshüpfen und die Bäume mit den weiblichen Früchten befruchten. Andere sagten, die Bäume marschierten in stürmischen Nächten zum Baden ins Meer hinab und danach wieder in den

Wald hinauf, um im Mondenschein lautstarken und leidenschaftlich Sex miteinander zu haben.

Noch immer heißt es auf der Insel, Frauen, die schwanger werden wollen, bringe es Glück, einen Coco-de-Mer-Baum mit männlichen Früchten zu umarmen. Heute ist «Coco de Mer» auch eine luxuriöse britische Marke mit eigenen Boutiquen, die mit dem Slogan *Made for pleasure* im Sinne der alten seychellischen Mythen Erotikartikel und Dessous verkauft.

Ich verstehe die ersten Kolonisatoren, die glaubten, den Urzustand des menschlichen Paradieses gefunden zu haben. Vielleicht wohnten Adam und Eva auf diesen Inseln hier, bevor sie in die wirkliche und etwas problematischere Welt hinausgeworfen wurden. Der britische Offizier Charles George Gordon war überzeugt, dass die Seychellen der Garten Eden waren, von dem er in der Offenbarung des Johannes gelesen hatte, und die Seychellennuss die verbotene Frucht, von der Adam und Eva gegessen hatten.

Wenn nicht in Vallée de Mai auf Praslin, dann vergrub Levasseur seinen Schatz vielleicht auf der Nachbarinsel La Digue? Ich nehme die Morgenfähre dorthin und miete ein Fahrrad, um mich fortzubewegen. Damit bin ich nicht allein. Ein großer Teil der Besucher der Insel besteht aus radfahrenden Tagestouristen, die auf der autofreien Insel die Strände abklappern wollen: Grand Anse, Anse Coco und, nicht zuletzt, den König der postkartenschönen Paradiesstrände, Anse Source d'Argent. Alle mit weißem Sand, weich wie Weizenmehl, und eingerahmt von großen, grauschwarzen Granitblöcken. Der Strand, wie er da versteckt im Naturreservat Veuve liegt, gehört zu den Top Ten der meistfotografierten Strände der Welt. An der weltberühmten Bucht, die aus mehreren Stränden besteht, gibt es beinahe keinen Kommerz. Nur einen Kiosk bei den Fahrradständern, bei dem man ein

Kreol-Curry und ein Seybrew-Bier bekommen kann, und einen mobilen Wagen unter den Palmen, an dem ein Junge mit Rasta-zöpfen Fruchtsäfte aus Mango, Papaya und Guave mischt. Das ist alles, und es fühlt sich befreiend an. Vom Strand aus laufe ich durch Vanilleplantagen, vorbei an einem riesenhaften Granit-monolith, und denke, dass es für den Tourismus noch Hoffnung gibt, wenn man wie hier einen der berühmtesten Strände der Welt nicht ausbeutet. Berühmt sind die Strände, da sie die einzi-gen auf tropischen Inseln weit draußen im Meer sind, die von grauschwarzen Granitfelsen umgeben werden.

Mahé, Praslin, La Digue und die anderen neununddreißig Granitinseln im Zentrum der Inselnation sind die ältesten Inseln der Welt. Zugleich sind sie die einzigen Ozeaninseln der Welt, die nicht vulkanisch sind oder aus ehemaligen Korallenriffen be-stehen. Früher einmal waren sie Teil des Riesenkontinents Pan-gaea, der Urinsel der Erde, der einzigen, gigantischen zusammen-hängenden Landmasse des Planeten. Vor zweihundert Millionen Jahren begann sie, auseinanderzubrechen und zu zwei Inseln zu werden, Laurasien auf der nördlichen Halbkugel und Gondwana auf der südlichen. Vor hundertfünfundzwanzig Millionen Jahren brachen sich Indien, Madagaskar und die Seychellen von Gond-wana ab. Und vor fünfundsechzig Millionen Jahren rissen die Sey-chellen sich von den anderen beiden los.

Langsam bewegte sich die Landmasse, die zu den Seychellen werden sollte, Richtung Westen. Zu dieser Zeit war das, was heute ein Archipel ist, ein zusammenhängender Mikrokontinent, unge-fähr so groß wie Großbritannien samt Irland. Tatsächlich existiert der Kontinent noch immer. Nur dass das meiste von ihm direkt unter der Meeresoberfläche liegt. Die Inseln, die aus dem Meer he-rausragen, sind die Berggipfel des versunkenen Mikrokontinents.

Vor 3000–4000 Jahren haben die Menschen begonnen, sich in Kanus von den Kontinenten aus aufzumachen, um die kleinen

Inseln im Indischen und Pazifischen Ozean zu bevölkern. Warum sich niemand auf den Seychellen niedergelassen hat, ist mir ein Rätsel. Schließlich gibt es hier alles, was ein Mensch sich wünschen kann. Okay, außer dem Indischen Riesenflughund und Fledermäusen keine Säugetiere zum Jagen und Essen, aber umso mehr Früchte, Nüsse, Fische und Schalentiere.

Ja, warum sind sie nicht geblieben?

Am nördlichen Rand des ursprünglichen Kontinents stürzt der Meeresboden mehrere tausend Meter hinab in dunkle, unbekannte Tiefen. An der Unterwasserklippe liegt eine der dreiundsiebzig Sand- und Koralleninseln der Seychellen, Denis. Von Mahé aus dauert die Seereise mit dem Motorboot hierher vierundzwanzig Stunden.

Denis gleicht also nicht den anderen sogenannten inneren Inseln. Die charakteristischen Granitfelsen der anderen Inseln fehlen, sie ist flach und besteht aus Sandbänken und Korallen. Benannt ist sie nach dem französischen Marineoffizier Denis de Trobriand (1765–1799). Die Franzosen und später die Briten ließen den Wald abholzen, um Baumwollbüsche und Bananenbäume, vor allen Dingen aber Kokospalmen anzupflanzen und dann Sklaven zur Ernte der Früchte herüberzuschiffen.

Da die Insel wandernden Seevögeln als Nistplatz diente, war der Boden voll von phosphatreichem Guano, also Vogelkot, der ausgegraben und als Dünger exportiert wurde. Damit hätte Denis demselben Schicksal entgegengehen können wie die kleine Inselnation Nauru im Pazifik, die aufgrund ihres Guano-Exports zu einem der reichsten Länder der Welt wurde. Nur dass die Inselbewohner durch den plötzlichen Reichtum den Weltrekord an Fettleibigkeit, Diabetes und Verschwendung aufstellten. Als der Guano aufgebraucht war, war die Insel zerstört, das Geld weg und der Gesundheitszustand der Bewohner am Boden. Eine traurige Geschichte, die zugleich zur Metapher dafür wurde, was die Menschheit gerade mit dem ganzen Planeten tut. Beschrieben wurde sie von Anders Källgård in dem Reportagebuch *Nära Nauru – varför vi behöver öar* («Nahe bei Nauru – warum wir Inseln brauchen») und von Naomi Klein in *Die Entscheidung: Kapitalismus vs. Klima.*

Heute gehört Denis einer einzigen Familie. Doch sie hat sie nicht gekauft, um Plantagen zu betreiben oder sie für sich allein zu haben und ein Leben im Ultra-Luxus zu leben. Nicht, um es wie Johnny Depp zu machen. Er erwarb 2004 eine der Karibikinseln, in die er sich verliebt hatte, als er den dritten Teil von *Fluch der Karibik* drehte. Depps explizite Absicht war es, aufdringlichen Fans zu entkommen und in *splendid isolation* zu leben. Daher taufte er die Insel «Fuck off Island». Scherzhaft oder nicht – deutlicher kann man den Grund des Kaufes nicht ausdrücken. Und die Familie wollte es aber auch nicht wie die L'Oréal-Teilhaberin Liliane Bettencourt machen, die in den siebziger Jahren von einem persischen Prinzen die Seychellen-Insel D'Arros kaufte und sich ein eigenes kleines Steuerparadies schuf. Mit ihrem Vermögen von über vierzig Milliarden Euro galt sie als die reichste Frau der Welt. Trotzdem, oder vielleicht gerade deswegen, weigerte sie sich, Steuern zu zahlen, sei es an den seychellischen oder den französischen Staat. Schließlich erwischten die Steuereintreiber sie und zwangen sie zu zahlen. Da verkaufte sie die Insel für 60 Millionen US-Dollar an die Schweizer Umweltorganisation Save Our Sea Foundation. Diese Organisation erforscht, wie Korallenriffe vor warmen Meeresströmungen gerettet werden können und beobachtet Meeresschildkröten, die zur Eiablage auf die Strände der Insel hinaufkommen. Vielleicht gab das Bettencourt inneren Frieden, bevor sie 2017 vierundneunzigjährig starb.

Auf dem Flughafen von Mahé, auf der anderen Seite der Hangars am hinteren Teil der Startbahn, wartet Robyn Shield, um mich nach Denis zu bringen. Hier hat Zil Air (Kreol für *Kleine Fluggesellschaft*) mit einer Handvoll Hubschraubern und Propellermaschinen, in der jeweils maximal vier Personen Platz haben, ihre Basis. Täglich fliegen sie Besucher zu den kleinen, exklusiven Resorts auf den abgelegenen Koralleninseln des Landes. Robyn arbeitet für Familie Mason, oder besser gesagt für das Reisebüro der Familie, das erste des Landes, gegründet 1972, nachdem die britische Kolonialmacht beschlossen hatte, die Plantagenwirtschaft aufzugeben und auf den Tourismus zu setzen.

Die Familie hat Denis gekauft, um sich selbst dort niederzulassen, aber auch, um ein Projekt zu initiieren, das darauf abzielt, den Urwald wiederzuerschaffen, den die Kolonisatoren in eine Monokultur mit Anpflanzungen in geraden Reihen verwandelt haben. Vielleicht mit Nauru als warnendem Beispiel will man hier der Natur eine Chance zur Regeneration geben. Weit verstreut in den Wäldern der Insel gibt es auch zweiundzwanzig Bungalows für naturinteressierte Besucher. Die wenigen Touristen, die hierher finden – und die Mittel dafür haben, denn die Abgeschiedenheit hat ihren Preis –, finden keinen klassischen Luxus vor. Auf der ganzen Insel gibt es kein Mobilfunknetz, die Gästezimmer lassen sich nicht abschließen und haben weder Fernseher noch WLAN. Eine bewusste Entscheidung. Weg mit den Zerstreuungen, her mit dem Vertrauen zueinander und der Gegenwart der Natur. Der Luxus, der hier stattdessen geboten wird, ist regional produziertes Essen, Solarstrom, Wiederaufbereitung von Dusch-, Spül- und Waschwasser und die Nähe zu einem Pflanzen- und Tierleben, das daran erinnert, wie es auf der Erde aussah, ehe der Mensch begann, Raubbau zu betreiben.

Der Pilot fliegt eine Extrarunde über die Insel, damit ich sie von allen Seiten sehen kann, bevor er die Räder in einer Lichtung im Dschungel auf einer holprigen Wiese voller Grasbüschel und Erdklumpen aufsetzt. In der Dämmerung am selben Abend nehmen Robyn und ich die Leihräder und strampeln Richtung Norden über sandige Wege, quer über den Rasen, auf dem wir gerade gelandet sind, zu dem kleinen Haus von Familie Mason. Als wir die Fahrräder abstellen, sehe ich Kathleen und Mickey Mason und ihre erwachsenen Kinder auf Gartenmöbeln am Strand sitzen und an einem Glas Wein nippen. Die Enkelkinder spielen um sie herum im Sand. Eben ist die Sonne untergegangen, der Himmel brennt in verschiedenen Rot- und Lila-Tönen, mit jeder Minute, die vergeht, nimmt das Licht ab. Kathleen kommt uns entgegen und bedeutet uns, leise zu sein.

«Kommt mit hierher!», flüstert sie in der angenehm kühlen Abendluft und geht zu einem Gebüsch, wo eine riesenhafte Meeresschildkröte im Sand scharrt, um Eier zu legen.

«In sechzig Tagen kannst du wiederkommen. Dann schlüpfen sie und rennen zum Meer hinunter. Aber die Armen ...»

Noch ein bisschen senkt sie die Stimme.

«... höchstens eine von zehn schafft es länger als ein paar Minuten, bevor sie von Seevögeln oder Haien gefressen werden.»

«Da bin ich dann wieder hier», flüstert Robyn, die auf Mahé, nur dreißig Minuten Flugzeit entfernt, wohnt.

Früh am nächsten Morgen fahren sie und ich mit dem Fahrrad zurück in den nördlichen Teil der Insel, wo die Familie Mason auch eine kleine Schreinerei und eine ökologische Landwirtschaft betreibt. Die warme Morgensonne bringt das glänzende Fell der in dem roten Lehm herumscharrenden Kühe, Schweine und Ziegen zum Leuchten. Durch den Bauernhof, auf dem es auch Enten und Hühner gibt, lässt sich der CO_2-Fußabdruck verkleinern, der durch Gefrierkost, eingeflogen aus fernen Ländern, entstehen würde. Jetzt baut man die benötigten Möbel aus Holz von inseleigenen indischen Mandel- und Takamaka-Bäumen, und beinahe alle Zutaten des servierten Essens werden lokal angebaut.

Im Wald zeigt Robyn eifrig nach rechts und links, oben und

unten, und erzählt, was wir sehen. Ich, Anfänger auf dem Gebiet der Ornithologie, bleibe fortwährend stehen, um die Namen der zahlreichen Arten, die Robyn nennt, aufzuschreiben: Australseeschwalbe, Rotschwanz-Tropikvogel, Weißkappennoddi, Madagaskarweber und, man lasse sich den Namen auf der Zunge zergehen, Seychellen-Paradiesschnäpper. Robyn erzählt auch, wie mit den Sklavenschiffen im achtzehnten Jahrhundert Katzen und Ratten gekommen sind, zwei invasive Arten, die bald die Vogeleier der Insel aufgegessen und das Vogelgezwitscher des Waldes zum Schweigen gebracht hatten. Einige Arten wie die heiser krächzende Dajaldrossel, waren kurz davor, ausgerottet zu werden. Dajaldrossel! Ich spreche den Namen laut vor mich hin, während wir weiterradeln. Es klingt so exzentrisch, exotisch und elegant zugleich.

Zentrale Punkte in der Wiederherstellung des natürlichen Zustandes der Insel waren, die Vögel wieder anzusiedeln und ursprünglichen Baumarten anzupflanzen. Daher begann die Familie mit Unterstützung der neuseeländischen und seychellischen Regierungen ein Katzen-, Maus- und Ratteneliminierungsprojekt. Es glückte. Doch ein Vogel, die breitflügelige Rußseeschwalbe, weigert sich noch immer zurückzukehren, als habe sie ein kollektives Gedächtnis für das Unrecht, das die Menschen früher begangen haben. Die Lautsprecher, die die charakteristischen Paarungslaute der Art erklingen lassen, haben einige neugierige Exemplare hierher gelockt, doch sie sind schnell auf die Nachbarinsel zurückgekehrt, die lustigerweise Bird Island heißt (vielleicht zieht die Rußseeschwalbe sie deshalb vor …).

In der Morgendämmerung schnorcheln Robyn und ich zwischen Karettschildkröten und grünen Meeresschildkröten in einem kräftigen Meerwasserstrom voller zauberhaft tanzendem Seegras. Dann ziehen wir uns erschöpft in das einzige Restaurant der Insel zum Frühstück zurück. Mickey Mason kommt vorbei und ist gesprächig. Enthusiastisch erzählt er von der schrecklichen Monokultur der Kopraplantagen und wie stolz er war, als es gelang, den natürlichen Zustand der Insel wiederherzustellen.

«Seit ich als Elfjähriger mit dem Pfadfinderlager hierher kam, war ich in Denis verliebt. Die Insel machte wirklich großen Eindruck auf mich. Doch natürlich konnte ich mir damals nicht vorstellen, dass ich eines Tages die ganze Insel kaufen würde», sagt er und lacht. «1976 versuchten wir es zum ersten Mal. Doch sie wurde direkt vor unserer Nase an eine italienisch-französische Familie verkauft. Wir waren enttäuscht, doch hielten die ganze Zeit über Kontakt mit dem Eigentümer. Ihnen waren unsere Pläne und Träume durchaus bewusst. Ich glaube, es war unser Engagement für den Naturschutz, weshalb er sich zwanzig Jahre später bei uns meldete und fragte, ob wir noch immer interessiert seien. Und das waren wir!»

«Aber was für eine Verantwortung, eine ganze Insel zu kaufen und etwas wieder zu erschaffen, das verloren gegangen ist!», sage ich.

«Ja, es war spannend und beängstigend zugleich. Wir waren so glücklich, dass es endlich unsere Insel wurde. Wir hatten so große Visionen von dem, was wir machen wollten. Aber Träume zu verwirklichen ist harte Arbeit. Seitdem verspüren wir eine riesige Verantwortung für die Insel und allen Menschen gegenüber, die an uns geglaubt haben. Wir wollten zeigen, dass wir die Idee, den paradiesischen Urzustand wiederherzustellen, verwirklichen können. Daher haben wir die Green Islands Foundation gegründet, deren erste Priorität es war, die invasiven Arten loszuwerden und die ursprünglichen Pflanzen und Tiere wiederanzusiedeln.»

Mickey ist auf Mahé aufgewachsen, wohnt aber mit Kathleen auf Denis. Ich will wissen, was das Leben auf einer kleinen, isolierten Insel mit ihnen gemacht hat.

«Ich habe den größten Teil meines Lebens auf verschiedenen

Inseln verbracht, es ist also normal für mich. Auf Inseln fühle ich mich zu Hause. Der Unterschied zum Wohnen auf dem Festland ist, glaube ich, dass man ein tieferes Gefühl bekommt für die Verbundenheit mit der Natur, insbesondere dem Meer, und eine größere Nähe zu den Grundvoraussetzungen des Lebens überhaupt. Auch scheint die Zeit auf Inseln etwas langsamer zu vergehen. Vielleicht, weil man hier frei von so vielen Ablenkungen des modernen Lebens ist.»

Die Stille und Ruhe, die entsteht, wenn das ständige Rauschen der übrigen Menschheit fehlt, ist ihnen zu einem Bedürfnis geworden. Jetzt sind sie ständig in der Stille und Ruhe. Sie können sich nicht vorstellen, anderswo zu wohnen. Und der Fokus auf die Einfachheit hat dazu geführt, dass sie «wieder authentischer mit der Natur in Verbindung sind, ein tieferes Bewusstsein vom Hier und Jetzt haben und merken, wie die Natur fortwährend zu einem spricht». Das heißt, fügt er hinzu, «wenn man sich Zeit nimmt, zuzuhören».

«Die Antwort auf die Frage, wie wir alle leben sollen, finden wir also auf den Inseln?»

«Ich glaube, überall, wo es kleine, zusammengewachsene Gemeinschaften gibt, sind die Menschen sich ihrer gegenseitigen Verantwortung und ihres Vertrauens zueinander stärker bewusst», sagt Mickey. «Auf Mahé, wo ich aufgewachsen bin, gibt es mehr Zivilisation. Straßen, Häuser und sogar eine kleine Stadt. Aber dennoch, auch auf dieser Insel kannten sich alle. Es gab ein sehr großes Vertrauen in die Gesellschaft. Ich denke, so ist es noch immer überall auf den Seychellen. Das Gefühl lebt weiter. Auch wenn es Angriffen der modernen Ablenkungen ausgesetzt ist, die drohen, unsere Verbindung zu den lokalen Gesellschaften aufzulösen.»

«Wird man ein besserer Mensch, wenn man auf einer Insel lebt?»

«Man lernt auf jeden Fall, die Natur zu respektieren. Wenn man sieht, wie komplex die Verbindung aller Elemente der Natur ist, versteht man, dass wir Menschen uns eigentlich sehr ähnlich sind. Und dass wir dem Planeten und uns gegenüber eine Verpflichtung haben, uns nicht von Hybris verleiten zu lassen, sondern eine Nebenrolle in dem großen, ausbalancierten Ökosystem zu spielen. Vielleicht werden diese ganz selbstverständlichen Erkenntnisse offensichtlicher, wenn man auf einer Insel weit draußen im Meer wohnt.»

Kathleen und Mickey haben vier Kinder, die im Reisebüro der Familie auf Mahé arbeiten. Zwei von ihnen waren gestern Abend dabei, als ich sie beim Sundowner besucht habe. Ich frage Mickey, ob er glaubt, dass ihre Kinder die Insel übernehmen werden, wenn sie selbst einmal nicht mehr sind.

«Wer weiß? Sie alle lieben die Insel und teilen unser Engagement, die Natur der Seychellen zu bewahren. Ja, wer weiß ... vielleicht haben sie sogar noch bessere Ideen, wie man diese Natur schützen kann!»

Als ich am nächsten Abend nach einem späten Abendessen zu meinem Bungalow nach Hause wandern will, verirre ich mich. Statt des linken nehme ich den rechten Weg. Er führt geradewegs in den Wald hinein. Nachdem ich an den schlafenden Riesenschildkröten vorbei bin – «Kümmert euch nicht um mich, schlaft weiter!», denke ich –, schalte ich die Taschenlampe an, um zu sehen, wohin ich meine Füße setze. Unsichtbare Gestalten im Dunkeln singen, pfeifen, rufen, klickern, krächzen, hacken, zwitschern und schwirren. Ich weiß nicht, ob ich jemals einen so lauten Wald gehört habe. Als ob alle Vögel und Insekten der Nacht auf dem lustigsten Fest des Indischen Ozeans gelandet wären, in lauter und unbekümmerter Geselligkeit, ungeachtet der Gegenwart eines verirrten und invasiven Säugetiers wie mir. Meine Desorientierung dauert eine halbe Stunde. Dann sehe ich ein, dass ich zurückgehen und von vorne beginnen muss. Doch die halbe Stunde in der Dunkelheit allein mit den Vögeln und Insekten hat das Gefühl unterstrichen, von dem Mickey gesprochen hat, dass wir Menschen nur ein kleiner Teil eines großen, komplexen Zusammenspiels sind.

Doch was ist mit dem Piratenschatz? Nein, ich glaube nicht, dass er auf Denis vergraben liegt. Eine flache Korallen- und Sandinsel ist letztlich keine gute Wahl für ein Versteck. Da bestünde doch die Gefahr, dass Wind und Wasser mit der Zeit die Kostbarkeiten freilegen würden. Wilkins hatte wohl trotz allem recht, als er feststellte, dass das Kryptogramm auf eine massive Granitinsel wie Mahé verwies.

Aber vielleicht habe ich den Schatz vor lauter Bäumen nicht gesehen? Vielleicht war ich von ihm umgeben, als ich mich, im Klang der vielen fliegenden Tiere, in der Dunkelheit dort verirrt habe? Vielleicht ist der Schatz ja wirklich eine intakte Natur, die vielen Arten Lebensraum bietet?

Im *Global Risk Report 2022* des World Economic Forums lese ich, dass man den Verlust der Biodiversität auf der Erde als die drittgrößte globale Gefahr in den kommenden zehn Jahren ansieht. Nur das Unvermögen, mit der Klimaveränderung umzugehen, und die extremen Wetterereignisse werden als noch größere Risiken angesehen. Der Verlust der biologischen Artenvielfalt kann irreversible Effekte für die Ökosysteme haben, steht in dem Bericht. Ein Beispiel, welches die Menschen unmittelbar betrifft, ist der Verlust von Bienen und anderen Bestäubern, was zu schlechteren oder ausbleibenden Ernten und damit zu Lebensmittelmangel und letztlich Hunger führen kann.

Ich lese auch von dem indisch-britischen Wirtschaftswissenschaftler Partha Sarathi Dasgupta, der vom britischen Finanzminister den Auftrag erhielt, die Ökonomie der Biodiversität zu erforschen. In seinem Bericht *The Economics of Biodiversity – The Dasgupta Review* kritisiert er die aktuellen ökonomischen Theorien dafür, die Natur nicht zu berücksichtigen. Ökonomische Berechnungen, die politischen Beschlüssen zugrunde liegen, ignorieren alle die Abhängigkeit des Menschen von einer intakten Natur. Die Ökonomie von der Natur zu entkoppeln, schadet uns, schreibt Dasgupta und fügt hinzu: die Fixierung auf das BIP muss aufhören und dadurch ergänzt werden, das Wohlbefinden *(inclusive wealth)* zu messen.

Als ich weiter in den dunklen Urwald hineinspaziere, höre ich eine krächzende Dajaldrossel. Ich leuchte auf den Ast, auf dem sie sitzt. Erstaunt schaut sie zu mir herab und fliegt dann davon.

Wahrscheinlich gibt es den Schatz, nach dem alle suchen, irgendwo. Eines Tages finden ihn Wilkins' Kinder oder Enkelkinder vielleicht. Doch jetzt gerade kommt es mir vor, als sei alles Goldglänzende weniger wert als der lebendige, vielfältige Wald, der mich umgibt.

Was wäre, wenn die verschiedenen ethnischen Gruppen auf der genauso schönen Insel Sri Lanka dreitausend Kilometer weiter östlich im selben Meer zum gleichen Schluss gekommen wären, statt gegeneinander zu kämpfen?

Sri Lanka

Keine ruhige Minute

Fläche: 65 610 km²
Einwohnerzahl: 22 Millionen
Koordinaten: 7°0'0"N 81°0'0"O
Zeitzone: GMT +5 h 30 min
Höchster Punkt: 2524 m ü. d. M.

Um drei Uhr morgens stehe ich auf der schlammigen Hauptstraße im Dorf Dalhousie und reibe mir die müden Augen. Aus
verbeulten Megaphonen, in Bündeln um Laternenpfähle gebunden, scheppern atonal klingende Kinderchöre, ähnlich wie in
einer Szene in einem Science-Fiction-Film, in der Menschen erstmals mit Außerirdischen in Kontakt kommen. Mit anderen Worten: Die Stimmung ist unwirklich, mystisch, magisch, beinahe
außerirdisch. Doch der Geruch von nassem Lehm, feuchter Wolle
und gebratenen Eiern erscheint zugleich sehr wirklich und ir-
disch. Denn letztlich ist dies doch kein Exoplanet, der um den
Stern HD 40307 kreist, sondern Sri Lanka, die tropfenförmige
Insel, die sicher im Meer südöstlich der Südspitze Indiens ruht.

Heute ist alles anders. Um zwölf Uhr bin ich zu Bett gegangen
und um ein Uhr aufgestanden. Dann bin ich zwei Stunden in
einem Mini-Bus auf kurvenreichen Bergstraßen gefahren. Jetzt,
mitten in der kühlen, pechschwarzen Nacht, stehe ich an der
Startlinie, bereit, eine sechs Stunden lange Kombination aus
sportlicher Leistung und geistiger Symbolhandlung zu vollbrin-

gen und dabei gemeinsame Sache zu machen mit Vertretern sämtlicher Weltreligionen (samt einigen Atheisten). Also los. Ich hole tief Luft und setzte den Fuß auf die erste der fünftausendvierhundert Treppenstufen, die mich zu meinem Pilgerziel bringen sollen: dem geheimnisvollen Fußabdruck auf dem Gipfel von Adam's Peak.

Doch bald wird die schicksalsschwangere Stimmung durch flotten singhalesischen Pop ersetzt, der aus den Lautsprechern in den Holzbuden kreischt, welche die Treppe säumen. Ich gehe an einem spirituellen Jahrmarkt aus Souvenirs und Fastfood vorbei: in Plastik verpackte lachende Buddhas und riesige Teddybären, Stapel von frischgebackenen *Roti*, gelbe Plastikwannen voller dampfender Kichererbsen und selbstgemischte Limonaden in allen Regenbogenfarben. Ich schaue zum Berg hinauf. In seiner spitzen Dreieckigkeit erinnert er an das Matterhorn, doch er erscheint nicht schneebedeckt, sondern in mystischem Dunkel. Ich sehe den Weg mit den Tausenden von Stufen. Er ist von weißen und gelben Lampen gesäumt. Eine Lichterkette, die sich den ganzen Weg vom Fuß des Berges bis zum spitzen Gipfel hinauf schlängelt.

Die meisten Pilger um mich herum sind Buddhisten, aber auch Bekennende anderer Glaubensrichtungen kämpfen sich diese Treppen hinauf: Hindus, Muslime und Christen. In sympathischer Weise sind sie alle einig darin, dass die Bezwingung des Berges geistige Kraft gibt, auch wenn die Mythologien sich unterscheiden: Für die Buddhisten ist der Fußabdruck auf dem Gipfel von Buddha, für die Hindus von Shiva, und den Christen und Muslimen zufolge ist er von 'Adam, also dem ersten Menschen auf Erden.

Der rote Farbpunkt, den mir ein buddhistischer Mönch auf die Stirn gemalt hat, beginnt sich durch den Schweiß aufzulösen und in die Augenbrauen hineinzurinnen. Der Duft von Kardamom und wildem Ingwer, die neben der Treppe wachsen, werden mit zunehmendem Steigungsgrad immer intensiver. Die Treppen fliegen geradewegs in den Himmel hinauf, so kommt es einem vor.

In viel zu dünner Kleidung stehe ich kurz vor der Dämmerung endlich auf dem Gipfel, durchgefroren wie ein Nackthund am Nordpol, und betrachte den heiligen Fußabdruck, Sri Pada. Der Fußabdruck wird von Tempeldienern bewacht, gekleidet in bodenlange dunkelblaue Wollmäntel im Armeestil, die auch in einem schwedischen Kälteeinbruch Bestand hätten. Wenn Buddha den Schritt vom Erdenleben in die Ewigkeit auf diesem Berggipfel gemacht hat, war er ein Riese. Denn der Fußabdruck, geschmückt mit rosa Lotosblumen, ist einen Meter achtzig lang.

Auf dem Rückweg die Treppen hinunter herrscht Hochstimmung bei den Pilgern. Vor allen Dingen die sri-lankischen Buddhisten müssen drei Adam's-Peak-Besteigungen im Leben machen. Jetzt ist eine weitere erledigt. Es kommt mir vor, als sei ich in Gesellschaft einer Gruppe Fußballfans auf dem Rückweg vom Stadion, in dem ihre Mannschaft gerade ein Spiel gewonnen hat. Ein Mönch ruft einen Vers, vier andere antworten mit demselben Vers. Der Sprechchor setzt sich fort – und so geht es den ganzen Weg nach unten weiter.

Mit gerade einundzwanzig war ich das erste Mal auf Sri Lanka. Obwohl ich deutlich mehr an gesellschaftlichen Fragen als an Spirituellem interessiert war, verlockte es mich doch, die buddhistische Meditationsform *Vipassana* auszuprobieren, was *Einsicht* bedeutet. Es soll die Methode sein, die Siddharta Gautama, der indische Prinz, der zu Buddha wurde, in seiner Suche praktiziert hat. Sein Ziel war es, das Leiden, zu dem der Mensch durch sein Begehren auf ewig verurteilt ist, abzuschütteln. Indem er still saß, sich auf seinen Atem konzentrierte und keine weiteren Gedanken dachte, wurde ihm schließlich die wahre Natur der Wirklichkeit bewusst. Auf diese Weise durchbrach er *Samsara*, den Kreislauf der Wiedergeburt, und wurde ein Buddha. So weit zu kommen hatte ich nicht vor. Schließlich glaubte ich noch nicht einmal an die Grundprämisse, also an die Wiedergeburt. Aber das Versprechen der inneren Ruhe mochte ich. Ich fühlte mich rastlos, ungeduldig, ich-schwach, manchmal unkonzentriert und ganz und gar nicht entspannt. Ich brauchte Veränderung.

Im Schlafsaal des Seemannshotels «Ex-Servicemen's Institute» in Colombo lag ich und las in einem Prospekt des Nilambe Buddhist Meditation Centre. «Das Ziel von Vipassana ist, ein unmittelbares Erlebnis der Leere zu erreichen», las ich, und weiter: «Die Vipassana-Übungen sind darauf ausgerichtet, uns in den Stand zu versetzen, den Mythos von der Substanz der Dinge zu durchschauen und selbst, durch unmittelbare Einsicht, den leidhaften und ungenügenden, vergänglichen und täuschenden Charakter aller Phänomene zu erleben. Auf diese Weise können wir uns ein für alle Mal aus dem Gefängnis von Samsara befreien.»

Das Meditationszentrum lag auf einem Hügel in einer Teeplantage mitten auf der Insel. In dieser erhöhten Position mit großartiger Aussicht saß ich fünf Tage lang mit halbgeschlossenen Augen und versuchte, mich auf meine Atmung und nichts anderes zu konzentrieren. Dann nahm ich den klappernden, verbeulten, roten örtlichen Bus zurück in die ungeordnete, unübersichtliche und ungereimte Wirklichkeit mit Stress, blinkenden Lampen, Abgasen, grellen Verkaufsangeboten für Essen, Alkohol, Parfüms und anderen Offerten weltlicher Genüsse. Zum Nirvana war ich nicht gelangt, aber obwohl die Plastiksitze des Busses hart und klebrig waren, das Gerüttel anstrengend und die Wärme drückend, fühlte ich mich zufriedener, weniger gestört durch die Geräusche und stärker fokussiert auf den Gedanken, den ich zufällig gerade dachte. Diese Meditation schien funktioniert zu haben. Tatsächlich verspürte ich eine größere Ruhe als ich sie jemals zuvor erlebt hatte. Als ich das Meditationszentrum verließ, kam es mir vor, als sei ich der Seele der Insel ein Stück näher gekommen. Dass bei den Inselbewohnern das Misstrauen wuchs und die Wut begann, die Geduld zu übertrumpfen, daran dachte ich damals gerade nicht.

Der Traum aller Rucksackreisender ist es, den vollkommenen Strand zu entdecken, zu dem die Touristenhorden noch nicht gefunden haben. Er soll am liebsten abgeschieden und auf einer Insel liegen. Zum Genre gehört auch, dass die Reiseführer oft über Orte nörgeln, die sie als «zerstört» von Besuchern und Neubauten betrachten. Alle Versuche der Nutzbarmachung werden verworfen. Als ich Anfang der achtziger Jahre auf Sri Lanka war, pflegten Alt-Hippies in den Klagegesang einzustimmen, mit Feststellungen wie «Vor zehn Jahren war hier noch alles anders, damals ...»

Als ich viele Jahre später wieder in Unawatuna bin, dem Küstendorf, das mein Jugendparadies war, kenne ich mich nicht mehr aus. Der Strand ist schmaler und das Gedränge größer. Wo damals Dschungel und Grasflächen waren sowie das eine oder andere Guesthouse mit Wänden aus Palmblättern, steht heute ein engbebautes Touristendorf mit Internetplätzen, Cafés und richtigen Hotels mit Betonwänden. Doch die Gerüche sind so, wie ich sie in Erinnerung habe. Und tatsächlich kann man auch noch Zimmer bei Familien mieten und in sri-lankische Häuser hineinkommen, in denen es nach ranzigem Kokosfett, feuchten, leicht schimmeligen Textilien, Formalinkugeln und Insektenspray mit Rosenduft riecht. Das klingt vielleicht nicht so anheimelnd, doch mich lässt diese Duftkombination vor Wollust erschauern, ist sie doch verbunden mit meiner romantischen Erinnerung an Sri Lanka als einer Insel, auf der ich mich verändert und entwickelt habe, gewachsen bin und wenigstens für eine Weile zu innerer Ruhe gefunden habe. Sri Lanka ist einer der Orte, der ein, wenn auch ziemlich kleiner, Teil von dem wurde, was ich heute bin.

«Enttäuscht von Unawatuna? Dann fahr weiter Richtung Süden», sagen andere Reisende, die sich schon etwas mehr umgesehen haben.

Einige Kilometer weiter südlich, erklären sie, gibt es einen Strand, der noch jungfräulich ist. Es klingt wie eine Story aus Alex Garlands Bestseller *The Beach*, in dem desillusionierte Backpacker in Bangkok mit dem Versprechen eines Neustarts im Leben auf eine unkorrumpierte und unbefleckte paradiesische Insel gelockt werden. Der Strand, den die Reisenden in Unawatuna meinen, ist Mirissa, an dem man dem *Lonely-Planet-Guide* für Sri Lanka zufolge «eine Kokosnuss knackt, sich in die Hängematte legt und von der Meeresbrise schaukeln lässt …».

Selbstverständlich fahre ich dorthin und komme, kurz bevor die Sonne im Westen im Meer untergeht, dort an. Nach der Morgendämmerung ist die Abenddämmerung die beste Zeit des tropischen Tages. Das Farbspiel am Himmel, glattes Meer, Neubeginn, Erwartung. Der Strand ist schön, aber ist er wirklich so unentdeckt? Vielleicht war er es, als der Verfasser von *Lonely Planet* vor einigen Jahren hier war. Jetzt flammen die Grills am Wasserrand auf und verbreiten den Geruch von brennender Holzkohle und rußigem Fisch. Den Strand entlang schlendern schicke Inder Anfang zwanzig mit Gant-Hemden, iPhones und Ray-Ban-Sonnenbrillen und nicht ganz so schicke Europäer mit zotteligen Frisuren, um die Taille gebundenen Sarongs und Hemden in traditionell indischen Mustern. Als ob sie beschlossen hätten, den Stil zu tauschen. Nehmt unsere Kleider, wir haben sie über, sagen die Europäer. Danke, antworten die Inder, tauscht sie gegen unsere, wir haben sie sowas von über!

Seit ich das letzte Mal hier war, ist eine neue asiatische Mittelschicht entstanden und hat begonnen, auf der Insel Urlaub zu machen. Die westlichen Charter- und Rucksackreisenden, die früher dominierten, sind heute eine Minderheit im Schatten der indischen und chinesischen Touristen. Sie haben den westlichen Traum von der Paradiesinsel übernommen.

Doch in Mirissa scheinen der Strand, das Rauschen des Windes in den Kokospalmen, die frischen Kokosnüsse, aus denen mit Strohhalmen getrunken wird, und das tägliche, schöne Sonnenuntergangsschauspiel nicht auszureichen, um die Besucher zufriedenzustellen. Die heutigen Reisenden wollen aktiviert werden, aber nicht mit Meditation aus uralten Hippiezeiten oder anderen östlichen Lehren. Nein, sie wollen Ausflüge unternehmen und etwas Außergewöhnliches und Spektakuläres erleben. Welch ein Glück, dass es Inselbewohner gibt, die diesen Bedarf gesehen haben. Schilder an den Wegen und Straßen zwischen Strand und Hafen locken nämlich mit Slogans wie *Whale Watching – book your tickets here! Ethical Whale Watching Tours! Whale & Dolphin Safari!* Denn Mirissa ist einer der *Top Hot Spots* der Welt, um die größten Tiere der Erde zu sehen: den Wal, mit einer Zunge vom Gewicht eines Elefanten, einem Herz so groß wie ein Auto, Blutgefäßen, in denen man eine Schwimmtour unternehmen kann, und einer Schwanzflosse mit derselben Spannweite wie ein Düsenjet. Trotzdem lehne ich ab. Mich interessiert mehr, was auf der Insel passiert, als im Meer drumherum.

Galle ist eine ganz andere Welt als Mirissa. Eine heruntergekommene historische Stadt, im siebzehnten Jahrhundert von niederländischen Kolonisatoren gebaut. Auf einer Landzunge im Meer, umgeben von einer Mauer. Ein sri-lankisches Visby. Früher einmal mit Kanonen, gerichtet auf den Indischen Ozean, gegen feindliche europäische Flotten, die den Zimt- und Pfefferhandel gefährden konnten. Galles Altstadt existiert noch heute, aber in einem fortgeschrittenen Verfallsstadium. Schwarzschimmelgefleckt, abgeblättert, voller grauer Feuchtigkeitsringe. Mit finsteren Löchern in den Wänden, in denen sich dunkle Läden, rußige Kioske, schmutzige Esslokale befinden, sowie riesenhaften Banyanbäumen, die mit ihren vitalen Ästen und Lianen drohen, die Hauswände zu sprengen und Ziegeldächer zu zerbrechen.

Während meines zweiten Besuchs auf der Insel Mitte der achtziger Jahre habe ich ein paar Wochen lang in diesen Mauern gewohnt. Mrs. Wijenayake betrieb ein Homestay in der Lighthouse Street, wo ich jeden Abend mit ihr, dem Mann und den Kindern in der Küche gegessen habe. Nach dem Essen gab es lebhafte Diskussionen über den Konflikt zwischen den Singhalesen, der Majoritätsgruppe, und den Tamilen, der größten Minoritätsgruppe der Insel. Einige Jahre zuvor hatte sich ein Bürgerkrieg entwickelt. Es begann damit, dass eine Guerilla, die für die Unabhängigkeit der Tamilen kämpfte und sich Liberation Tigers of Tamil Eelam (LTTE) – oder die Tamilischen Tiger – nannte, einen Militärjeep angriff und dreizehn singhalesische Soldaten tötete. Nach dem Anschlag gingen in der Hauptstadt Colombo einige Mitglieder der singhalesischen Regierungspartei United National Party (UNP) auf die Straße, um Rache zu üben. Die Racheaktion wuchs sich zu einem Mob aus, dann zu mehreren Mobs, und das in mehreren Städten. Bald brannte und rauchte es mehr oder weniger auf der ganzen Insel.

Der Juli 1983, in dem der Funke gezündet wurde, wird seitdem als *Black July* bezeichnet. Am Ende des Monats waren achttausend tamilische Häuser in Trümmer gelegt, fünftausend tamilische Geschäfte zerstört, um die tausend Tamilen ermordet und hundertfünfzigtausend heimatlos geworden. Als Mrs. Wijenayake, Singhalesin und damals für die UNP in Galles Gemeinderat, und ich über den Konflikt diskutierten, konnten wir nicht ahnen, dass er so lange dauern würde, wie er es dann tat.

In ihrem Haus, in dem ich jemanden hatte, um über die Gewalttätigkeiten zu reden, fühlte ich mich willkommen. Zu dieser Zeit studierte ich Politikwissenschaft und las alles, was ich in die Hände bekam, über den ethnischen Konflikt auf der Insel, auf der ich ja zwei Jahre zuvor, nur einige Monate nach dem Black July, schon gewesen war. Doch in der Backpacker-Kolonie am Unawatuna Beach war es schwierig, über den Krieg zu reden. Der durchschnittliche Rucksacktourist war an politischen Fragen nicht interessiert. Die meisten wussten noch nicht einmal, dass auf der kleinen Insel, auf der sie sich befanden, ein Bürgerkrieg im Gange war. Sie glaubten, sie seien ins Paradies gekommen. Und meinten, so schöne Orte wie dieser hier seien gegen das Böse immun. Ich hielt ihr Desinteresse und ihre naiven Annahmen für den Gipfel der Ignoranz.

Mrs. Wijenayakes Zuhause war mein Luftloch. Debattieren war ihre Lebensaufgabe. Sie hatte kein Problem damit, den Abend in Meinungsverschiedenheiten zu beschließen. Ich fand ihre Partei, die vor allen Dingen singhalesische Wähler anzog, reaktionär und verteidigte das Recht der Tamilen auf einen eigenen Staat. Sie verteidigte die Linie der Regierung. Daher gab es stimulierende Diskussionen. Doch nie haben wir uns so ereifert, dass wir einander nicht mehr zugehört haben. Es war wohl ganz und gar ihr Verdienst, dass es vernünftig blieb. Und jeden Abend schlief ich ein wenig klüger ein.

Zwanzig Jahre später kam ich wieder in ihr Haus. Der Krieg war noch immer im Gange. Sofort begannen wir wieder zu diskutieren, als ob wir uns am Tag zuvor zuletzt gesehen hätten. Sie war jetzt beinahe siebzig Jahre alt. War seit langem verwitwet und hatte ihre Tätigkeit beim Galle Municipal Council beendet, aber noch immer hatte sie ihr mädchenhaftes Lachen und ihr Lächeln, das ihr ganzes Gesicht, ihre ganze Erscheinung erstrahlen ließ. Ich sah mich im Wohnzimmer um. Es war wie damals: Eine kitschige Stilmischung aus Rokoko und sri-lankisch-portugiesischem Kolonialstil. Wieder einmal atmete ich den gesättigten Geruch aus feuchtem Stoff, Kokos und Putzmittel ein ... ja, genau so war es. Die Erinnerungen überfielen mich.

In allem, in dem wir damals uneinig waren, waren wir nun einig. Jetzt stimmte ich ihr zu, dass die Tamilischen Tiger sich mit der Zeit dem Terror zugewandt hatten. Die Guerilla hätte sich mit einer Föderation begnügen sollen, statt weiterhin einen unabhängigen Staat zu fordern und bis zum bitteren Ende zu kämpfen.

«Sich darauf zu versteifen, entweder zu siegen oder zu sterben, ist nie eine gute Haltung, ungeachtet wie sehr man moralisch im Recht ist», sagte ich.

Sie nickte.

«Hätte der Herr etwas einzuwenden gegen eine Partie Billard mit mir?», fragt der weißgekleidete Kellner im The Grand in Nuwara Eliya.

Es ist, als habe er nur darauf gewartet, dass ein Europäer auftaucht, um den schlafenden, sepiabraunen Kolonialstil wieder zum Leben zu erwecken.

«Ganz und gar nicht, im Gegenteil», antworte ich so höflich ich kann und versuche, seinen übertriebenen britisch-englischen Akzent zu imitieren, um dann weltgewandt einen Schluck meines rabenschwarzen, sri-lankischen Lion Stout mit sahnigem, hellbeigem Schaum zu nehmen.

Der Ferienort Nuwara Eliya war für die britischen Plantagenbesitzer der Traum von Heimkehr. Da sie die Wochenenden nicht im englischen Lake District oder in den schottischen Highlands verbringen konnten, schufen sie in den Bergen, mitten im Gebiet der Teeplantagen, etwas, das sie daran erinnerte. Es heißt, der Engländer John Davy entdeckte den Ort am Fuß des Pidurutalagala, dem höchsten Berg der Insel. Hier, beinahe zweitausend Meter über dem Indischen Ozean, ähnelte das Klima dem schottischen so sehr, dass er vor Heimweh weinen musste. Es entstand eine britische Kopie mit Tudorhäusern, Rosenrabatten, sauber geschnittenen Hecken, bis zur Wurzel gemähten Rasenflächen, Pferderenn- und Golfbahn und so nach und nach natürlich einem Grand Hotel und einem Hill Club, in dem die Plantagenbesitzer sich in ihrer freien Zeit vergnügen und entspannen konnten. Anfang des zwanzigsten Jahrhunderts war Nuwara Eliya, was «Stadt des Lichts» bedeutet, eine vollständige Hill Station, wie der Engländer sagt.

In den Jahrzehnten, bevor die Insel ihre Unabhängigkeit von den Briten bekam, zogen während der heißen Frühlingsmonate viele Mittelklassefamilien aus Colombo hier nach oben. In den Bergen mussten sie nicht schwitzen. Eine der Familien, die diesen jährlichen Exodus aus dem Flachland unternahmen, waren die Großeltern des Schriftstellers Michael Ondaatje. «Bei einer Höhe von zweitausend Metern konnten die Familien sich auf ständige Partys, Pferderennen, das Ceylonesische Tennisturnier und richtiges Golfspiel freuen», schreibt er in *Es liegt in der Familie*, einer Liebeserklärung an die wilden, verrückten und originellen Mitglieder seiner sri-lankischen Familie und an die Insel, von der er stammt. «Sie tanzten in großen Wohnzimmern zur Musik eines Bijou-Moutrie-Pianos, während die Kaminfeuer in allen Zimmern knisterten, oder lasen an ruhigen Abenden auf der mondbeschienenen Veranda und schnitten die Seiten auf, während sie sich in einem Roman voranarbeiteten.» Es war eine romantische bürgerliche Welt, voller verrückter Streiche, Pferdewetten und wilder Feste mit Gin Tonic, noch unbekümmert über die ethnischen und religiösen Verschiedenheiten auf der Insel. «So war Nuwara Eliya in den zwanziger und dreißiger Jahren. Alle waren weitläufig miteinander verwandt und hatten singhalesisches, tamilisches, holländisches, britisches und Mischlingsblut in ihren Adern, das viele Generationen zurückreichte. Es gab eine große soziale Kluft zwischen diesem Kreis und den Europäern und Engländern, die niemals Bestandteil der ceylonesischen Gemeinschaft waren. Die Engländer wurden als Durchreisende betrachtet, als Snobs und Rassisten und hatten nichts mit denen gemein, die hier eingeheiratet hatten und ansässig wurden.»

Noch bis in die sechziger Jahre waren in der Bar des Hill Club mit ihren geblümten Sesseln, dicken, hölzernen Deckenbalken und Schwarz-Weiß-Fotografien von Queen Elizabeth ausschließlich Briten männlichen Geschlechts willkommen. 1973 wurden die Plantagen verstaatlicht und die britischen Plantagenbesitzer rausgeworfen. Heutzutage werden alle Nationalitäten und auch Frauen in diesen Herrenclub eingelassen. Doch hinter dem Billardzimmer in The Grand, wo ich gerade mein Stout trinke und Billard spiele, gibt es nach wie vor nur eine Herrentoilette.

«Sie sind an der Reihe», sagt der Kellner.

Er stellt sich als Bala vor, ein indischer Tamile, der in weiße Kelleruniform mit Sarong gekleidet ist. Als das letzte Jahrhundert noch jung war, wurden seine Großeltern väter- und mütterlicherseits von Südindien nach Sri Lanka gebracht, um auf den Plantagen zu arbeiten.

«*Nice try*», sagt er, als ich grob verfehle.

«*Beauuuutiful try*», sagt er, als ich etwas weniger grob verfehle.

Natürlich gewinnt er. Es ist lange her, seit ein Europäer ein Billardspiel gegen Bala gewonnen hat. Es ist auch lange her, seit die Europäer auf dieser Insel das Sagen hatten.

Die Perser nannten die Insel «Serendip», nach der persischen Sage von drei Prinzen aus Serendip, die merkten, was passiert war, als mehrere augenscheinlich unabhängige Dinge zusammenkamen. Im achtzehnten Jahrhundert entstand aus dem Namen der englische Ausdruck *serendipity* – zu Deutsch Serendipität –, der genau das bedeutet: das Gefühl freudiger Überraschung, das einen erfüllt, wenn man etwas Wertvolles gefunden hat, nach dem man gar nicht gesucht hat (weil man nicht wusste, dass es existiert). Wie als Alexander Fleming nach dem Urlaub eine ungespülte Petrischale mit Bakterien fand, in der Schimmel wuchs (das Penicillin). Wie als Ulrika Eleonora Lindström allein in der Meierei in Burträsk arbeitete und wegen der Avancen eines Milchknechts die Arbeit am Västgöta-Käse unterbrechen musste, wodurch sie den Käsebottich nicht bewachte und die Käsemasse mehrmals abkühlte und wieder erhitzt wurde (Västerbotten-Käse). Wie als die Whiskydestillerie Ardbeg aus Versehen in ihre Eichenfässer mit Single Malt Whisky den Whisky einer anderen Destillerie goss. Die Mischung war so geglückt, dass man sie in Flaschen füllte und verkaufte unter dem Namen ... *Serendipity*. Und wie für den sri-lankischen Mann, der, als er auf seinem Grundstück vor der Stadt Ratnapura einen Brunnen graben wollte, einen fünfhundertzehn Kilo schweren Stein fand, der sich als ein Saphir von zweieinhalb Millionen Karat erwies, der auf hundert Millionen Euro geschätzt und *The Serendipity Sapphire* getauft wurde. Und natürlich auch wie die Seefahrer früherer Zeiten, die unterwegs waren nach Indien – aber Sri Lanka fanden.

Die alten Griechen nannten die Insel Sielen Diva und Sieldiba. Das verdrehten die portugiesischen Seefahrer zu Ceilão, während die Holländer Zeilan und die Briten Ceylon sagten. Auf der Weltkarte des griechischen Geographen Ptolemaios hieß die Insel hingegen Taprobana, ein Name, den der englische Dichter John Milton im siebzehnten Jahrhundert verwendete, als er das Epos *Das verlorene Paradies* schrieb. Im hinduistischen Epos *Ramayana*, das einige Jahrhunderte vor Christi verfasst wurde, trägt die Insel noch einen weiteren Namen: Lanka. Dort wohnt der schreckliche Dämonenkönig Ravana, der Sita, die Geliebte von König Rama, raubt. Doch mit Hilfe des Affenkönigs Sugriva, seinem General Hanuman und der Affenarmee geht Rama zum Gegenangriff über. Sie zünden die Insel an, töten den Dämon mit einem vergoldeten Pfeil und bringen Sita zur Stadt Ayodhya in Nordindien zurück.

Als die Regierung der Insel 1972 beschloss, Ceylon, den britischen kolonialen Namen, loszuwerden, entschied man sich für Lanka, was auch das Wort der indigenen Bevölkerung (der Veddas) für «Insel» ist. Mit dem Präfix «Sri» kann der Name der Inselnation als *Die ehrwürdige Insel*, aber auch als *Die schöne Insel* und *Die strahlende Insel* übersetzt werden.

Ebenso wie im Nachbarland Indien wurde auf Sri Lanka Ende des neunzehnten Jahrhunderts der Gedanke an die Unabhängigkeit vom britischen Empire geweckt. Hier ging die singhalesische Elite voran – Mönche, Lehrer, Journalisten und Staatsbedienstete – mit der Forderung nach einem Ausbildungssystem, das auf dem Buddhismus statt dem Christentum basiert. Die Tamilen, überwiegend Hinduisten, fühlten sich an den Rand gedrängt. Nach der Unabhängigkeit wollte man, um dem abzuhelfen, sowohl Singhalesisch als auch Tamil als offizielle Sprache anerkennen. Doch die *Singala Only*-Bewegung erstarkte, und 1956 beschloss die Regierung, allein Singhalesisch zur offiziellen Sprache zu erklären.

Als Premierminister Solomon Bandaranaike zwei Jahre später versuchte, das Parlament dazu zu bewegen, Tamil zumindest als nationale Minderheitensprache anzuerkennen, kam es zu gewaltsamen Unruhen. Im folgenden Jahr wurde Bandaranaike von einem buddhistischen Mönch erschossen. Mehrere sri-lankische Städte wurden in Brand gesteckt, der Ausnahmezustand ausgerufen, und zehntausende Tamilen mussten von der West- und Südküste zur Jaffna-Halbinsel im Norden fliehen, die zum neuen

Kernland der Tamilen wurde. Die Flüchtlingsströme bedeuteten den Startschuss für den ethnischen Konflikt zwischen Singhalesen und Tamilen, der 1983 in einem umfassenden Bürgerkrieg explodierte und die Insel teilte. Als hätte John Milton hellseherische Fähigkeiten besessen: Jetzt konnte man Sri Lanka mit Fug und Recht das verlorene Paradies nennen.

1988 bekam Tamil zwar den Status einer nationalen Sprache neben dem Singhalesischen, doch die Kämpfe gingen weiter, da es in dem Konflikt auch um einen unabhängigen Staat ging – ein tamilisches Heimatland, ein Tamil Eelam in den nördlichen und östlichen Teilen der Insel.

Erst im Januar 2009 gelang es Regierungskräften, Kontrolle über Kilinochchi, die administrative Hauptstadt der Tamilischen Tiger, zu bekommen sowie über den Elefantenpass, der die Jaffna-Halbinsel mit dem übrigen Sri Lanka verbindet. Mitte Mai desselben Jahres teilte Sri Lankas Armee mit, dass Velupillai Prabhakaran, Anführer der LTTE, tot aufgefunden worden war, und der Bürgerkrieg war vorbei.

Während des ganzen Krieges versiegte der Strom der auf die Insel reisenden Touristen nie. Im Norden schossen die kämpfenden Parteien aufeinander. Im Süden lagen Touristen und sonnten sich an palmengesäumten Ständen. Als hätte die Insel eine multiple Persönlichkeit. Doch auf irgendeine wundersame Weise gelang es den Inselbewohnern, beide Welten so voneinander getrennt zu halten, dass sie sich nicht in nennenswerter Weise störten. Jedenfalls merkten die Touristen nicht sehr viel vom schizophrenen Charakter der Insel.

Genau wie Bali, Tahiti und tausenderlei andere beliebte Touristeninseln rund um die Welt, ist Sri Lanka in der Reisewerbung als Paradiesinsel bezeichnet worden. Dem zum Trotz scheint die Wirklichkeit in den letzten vierzig Jahren besonders grausam gewesen zu sein. Denn der langwierige Bürgerkrieg war nicht die einzige Katastrophe, von der die Insel betroffen wurde.

Noch mehr Zerstörung sollte kommen. Der Zweite Weihnachtstag 2004, ein Sonntag mitten in der Touristenhochsaison, war ein Tag mit schönem Touristenwetter, verschwenderischer Sonne und einer schwachen Brise vom Indischen Ozean. Als ob die Natur selbst, heiter und unbekümmert, nicht verstand, was passieren würde. Um halb neun Uhr morgens kam die erste Riesenwelle, und eine halbe Stunde später die zweite. Als der Tag vorbei war, hatte der Tsunami im Indischen Ozean allein auf Sri Lanka fünfunddreißigtausend Menschenleben gekostet.

Unglaublich genug, kamen die meisten Einwohner der Stadt Galle, in der Mrs. Wijenayake wohnt, davon. Und das lag nicht an einem Wunder.

«Wir haben ein Licht für die Holländer angezündet, die vor vierhundert Jahren die Mauern um Galle herum gebaut haben», sagte sie, als ich einige Monate nach den Riesenwellen einmal wieder bei ihr zu Besuch war.

Von ihrem Wohnzimmer im Haus in der Lighthouse Street hörten wir die Meereswellen gegen die Stadtmauer donnern. Eben diese Mauer, welche die Einwohner vor dem Tod und der Zerstörung rettete, von denen alle, die sich davor befanden, getroffen wurden.

«Ein Teil der Einwohner von Galle, die das Meer nach der ersten Welle verschwinden sahen, spazierten aus reiner Neugier auf den trockengelegten Meeresboden hinaus. So etwas, auf dem Meeresboden gehen zu können! Doch nach einer halben Stunde kam die zweite Welle.»

Das Wasser lief in die Straßen innerhalb der Stadtmauer hinein, aber nur als kleine Rinnsale. Doch an der vor der Mauer gelegenen Busstation der Stadt wurden viele Menschen getötet. Schlimm traf es die Küstenstrecke zwischen Hikkaduwa und

Ambalangoda nördlich von Galle. Dort schlug die Welle mit voller Kraft gegen die ungeschützten Häuser.

Am nächsten Tag nahm ich den Zug nach Norden Richtung Colombo. Die Eisenbahnlinie verläuft dicht an der Küste entlang. Wir fuhren geradewegs durch die Verwüstung hindurch. Auf einer Strecke von zehn Kilometern sah es jetzt, Monate nach dem Tsunami, aus wie in Deutschland kurz nach Ende des Zweiten Weltkriegs. Nicht ein einziges intaktes Haus. Beinahe nur Ruinen und Gerümpel. Und mitten in der Zerstörung rosa Fertighäuser, schnell gebaut vom UNHCR.

An dem furchtbaren Morgen 2004 hatte der vollbesetzte Morgenzug zwischen Matara und Colombo hier gerade gehalten, um *curd* (Yoghurt) einzuladen, eine Lieferung für die Hauptstadt. Als die erste Welle hereinbrach, wurde der stillstehende Zug massakriert, und fünfzehnhundert Menschen um den Zug herum und in ihren Abteilen ertranken, wurden zertrümmert, zu Tode gequetscht.

Als ich einige Jahre später, ein Jahr nachdem der Bürgerkrieg zu guter Letzt beendet war, im Bahnhof von Colombo aus dem Zug steige, sehe ich die Reste des Krieges, die andere große Gegenwarts-Katastrophe der Insel. Militärposten und Straßensperren, die letzten Zeichen des bitteren und blutigen Konfliktes, sind noch übrig. Ich spaziere durch verfallenen kolonialen Charme in dem einstmals so stattlichen steinernen Kolonialviertel, das Fort genannt wird, und durch die belebten Basarstraßen in Pettah. Sandsäcke, Schützengräben, Maschinengewehre, Camouflagenetze. Ich werde von Soldaten mit schweren Waffen, doch mit locker entspannter Haltung und breitem Lächeln beobachtet.

Dann springe ich in ein Tuk Tuk und fahre zu einem hochmodernen neugebauten Haus aus Glas und Stahl.

«Bitte, Sri Lankas Fremdenverkehrsamt», sagt der Fahrer und

unternimmt ausnahmsweise keinen Versuch, mich übers Ohr zu hauen.

In einem der dunkelbraunen, Klimaanlagen-gekühlten Räume treffe ich auf den Leiter der Tourismuszentrale des Landes, Dileep Mudadeniya, der in der neuesten Touristenstatistik blättert. Lächelnd liest er mir die Zusammenfassung vor. Die Zahlen zeigen, dass nach jahrelangem Krebsgang die Touristen zurückgekommen sind. In den nächsten fünf Jahren werde sich der Tourismus verfünffachen, sagt er voraus. Höchste Priorität hat nun der Ausbau der Gegenden im Osten, die jahrzehntelang von Stacheldraht umgeben und außerdem am heftigsten vom Tsunami betroffen waren. Dort gibt es Strände mit dem allerweißesten Sand und dem klarsten Wasser: Kochuveli, Pasikudah und Kalkudah.

«Der Ausbau des Tourismus im Norden und Osten ist die beste Art und Weise, die Gegend wieder auf die Beine zu bringen und die Tamilen in die Gesellschaft zu integrieren», sagt er überzeugt, als wir uns auf dem Ledersofa im Besucherzimmer niedergelassen haben und an unserer Limettenlimonade nippen, die einer seiner Kollegen auf einem metallenen Tablett gebracht hat.

Dann gehen wir in das Großraumbüro, in dem ein Poster mit buddhistischem Tempel und Sandstränden die Botschaft *Sri Lanka – Small Miracles* herausposaunt. Dileep schaut auf das Poster und sagt:

«Durch den Tourismus wird sich Sri Lanka nach dem Krieg wieder erholen. Es braucht keine Wunder. Nur eine Investition in den Tourismus ... und Straßen ... und IT.»

Am nächsten Tag treffe ich den Tourismuschef des Landes draußen, auf dem Bandaranaike-Flughafen. Ich möchte nach Schweden und trage schmutzige Hosen unbekannter Marke, die ich für drei Euro auf einem Billig-Basar in Indien gekauft habe. Er will zur Tourismus-Konferenz nach Italien und ist in eine hellblaue Tommy-Hilfinger-Jeans und ein sauber gebügeltes kariertes Kurzarm-Hemd gekleidet. Ich fühle mich als der Backpacker-Schluffi, der ich bin. Er scheint von meiner Kleidung keine Notiz zu nehmen, sondern sagt freundlich, ich solle bald nach Sri Lanka zurückkommen.

«Dann müssen Sie an die Ostküste fahren und das Wunder sehen. Bald sind die Ruinen durch neue Häuser ersetzt, und die Tamilen ... ja, sie haben Arbeit bekommen und vergessen, dass sie sich so diskriminiert gefühlt haben», sagt er, bevor wir uns bei der Sicherheitskontrolle trennen.

Im Jahr 2017 bin ich zurück. Ich nehme gleich den Zug von Colombo quer über die Insel zur Stadt Batticaloa an der Ostküste. Acht Jahre sind seit Ende des Krieges vergangen.

«Sind jetzt alle Wunden verheilt?», fragte ich eine Frau, die nicht will, dass ich ihren Namen schreibe, damit sie nicht ausfindig gemacht werden kann.

Während des Krieges wohnte sie an der Nordspitze der Insel in Jaffna, dem größten Bollwerk der Tamilenguerilla. Als der Frieden kam, zog sie an die Ostküste, wo lange Zeit die Hölle auf Erden herrschte, mit Kämpfen zwischen verschiedenen tamilischen Guerilla-Gruppen, der Regierungsarmee, *Special Task Force* und der muslimischen Bürgerwehr. Dort war der Krieg besonders schmutzig geworden, mit unklaren Frontlinien, plötzlichem Verschwinden, heimtückischen Landminen, Zwangsrekrutierungen von Kindersoldaten und Toten, die in der Morgendämmerung in den Lagunen trieben.

Wir sitzen auf der Terrasse des East Lagoon Hotel in Batticaloa, nippen an unseren Gläsern mit eiskaltem *Fresh Lime Soda*, so gut, wie man das Nationalgetränk der Insel nur machen kann, und hören die Außenbordmotore der Fischer draußen in der Bucht knattern. Die Frau, die nicht sagen will, wie sie heißt, hat seit Ende der achtziger Jahre für verschiedene Non-Profit-Organi-

sationen mit kriegstraumatisierten sri-lankischen Kindern gearbeitet und erzählt von der Verwandlung der Ostküste vom
Kriegsschauplatz zum Touristengebiet. Heute ist keine einzige
sichtbare Spur der Kämpfe mehr zu finden. Stacheldraht, Minen
und alles, was kaputtgeschossen wurde, ist weggeschafft und
repariert worden, und die Straßen sind dank ausländischer Hil-
fen und staatlicher Investitionen in bestem Zustand. Südasiens
schmale, zerlöcherte Landstraßen sind nur noch eine Erinnerung, jetzt gibt es breite, kerzengerade und frisch asphaltierte
Fahrbahnen mit frisch gemalten Straßenmarkierungen.

«Es ist so schön hier», sagte sie, während der Fischer in der
Bucht hinter uns sein Netz auswirft, das mit einem Rauschen auf
der Wasseroberfläche landet. «Wir sind so froh über den Frieden
und den Wohlstand.»

Während des Krieges hatte man nicht allein Angst vor Landminen und Beschuss, sondern auch davor, zu zeigen, dass man Geld
hatte, da die Guerilla dann kommen und einen zwangsbesteuern
konnte. Doch nun fühlen die Einwohner von Batticaloa sich sicherer, und die Geschäfte der Ladenbesitzer blühen.

«Dennoch darf man nicht vergessen, dass Opfer und Täter
Seite an Seite leben», sagt sie. «Die Leute bemühen sich wirklich,
zu vergeben, doch hinter dem Lächeln ist viel Schmerz. Viele
Familienmitglieder sind während des Krieges verschwunden,
ohne dass ihre Leichen je gefunden wurden. Nein, die Wunden
sind noch nicht verheilt.»

Ich erinnere mich, wie ich während meines ersten Besuches auf
Sri Lanka im *Lonely-Planet-Guide* über die Strände an der Ostküste
gelesen habe. Kalkudah Beach wurde als der schönste in Südasien
beschreiben. Ich sehnte mich dorthin, obwohl die Strände an der
Westküste auch nicht zu verachten waren. Doch auf der anderen
Seite ist das Gras immer grüner. Da ich Angst vor dem Krieg

hatte, bin ich nie nach Osten gereist. Bald wurden die Kämpfe schlimmer, die Pensionen mussten schließen, und dann kam der Tsunami und machte alles dem Erdboden gleich.

Doch jetzt stehe ich endlich am Strand meiner Träume. Er ist genauso bezaubernd, wie ich erwartet hatte. Schön wie in einem Traum von einer Touristenversion des Paradieses, aber leer, als herrsche Ausgangsverbot. Alles ist hier so anämisch und frei von Kultur, Farbe und Geschmack. Ein einsamer Mann in Hüfttuch und bloßem Oberkörper läuft mit einem langen Stock mit Haken herum und zieht Kokosnüsse aus den Palmen herab, die nicht so hoch sind wie an der Westküste, da sie nach der Zerstörung des Waldes durch die Flutwelle gepflanzt wurden. Mit dumpfen Plumpsern landen die Kokosnüsse im Sand. Tjoff-tjoff-tjoff. Die Krähen krächzen. Und der Indische Ozean liegt spiegelblank, still und ruhig.

In der Morgendämmerung ziehen die Fischer ihre Kanus auf den Strand, um ihren Fang auf dem angrenzenden Markt zu verkaufen. Sie mussten ein wenig zusammenrücken, seit die Behörden einen Teil des Marktes an Unternehmen aus der Tourismus-Branche verschenkt haben. Jetzt liegen zwölf bezaubernde Hotels wie eine Perlenkette zwischen Reisfeldern, Dschungel und Meer. Eines davon heißt «Sunrise», wird von der einheimischen Hotelkette Jetwing betrieben und hat einen schwedischen Chef, mit dem ich an einem Nachmittag, als die Brise vom Meer angenehm kühlt, eine Tasse Tee trinke.

«Nach dem Tsunami hat die Ostküste einige Unterstützung bekommen, aber erst nach Ende des Krieges sind die Ressourcen hereingeströmt. Alle haben gehofft, dass der Tourismus Arbeitsplätze schaffen würde», sagte Robert Claesson, der seine Karriere im Stadshotellet in Borås begonnen hat, aber in den letzten vierzig Jahren in Chefpositionen in verschiedenen Hotels außerhalb von Schwedens Grenzen gearbeitet hat.

Das Hotel betreibt auch ein Ausbildungszentrum, in dem alle Bevölkerungsgruppen der Insel – Tamilen, Singhalesen, muslimische Mauren – willkommen sind, um mehr über Tourismus sowie Hotel- und Restaurantservice zu lernen. Denjenigen, die aufgenommen werden, wird nach Ende der Ausbildung eine Stelle garantiert. Doch größere Touristenscharen sind noch nicht gekommen. Weiterhin reisen die meisten Besucher an die deutlich stärker erschlossene Westküste, wo es mehr Hotels, Restaurants und Bars gibt.

Eines der benachbarten Hotels in Pasikudah heißt Laya Waves und gehört dem Militär, das sich, vor allem im östlichen und nördlichen Teil der Insel, in der Tourismusbranche engagiert.

«Eine Armee, die sich um den Tourismus kümmert! Ist das so eine vernünftige Lösung?», frage ich und nippe an dem feinen, großblättrigen *Orange Pekoe*-Tee.

«Ich gehöre nicht zu denen, die den Einsatz des Militärs im Tourismus kritisieren. Sie haben keinen Krieg mehr zu führen, und sie besitzen eine Menge Land. Da ist es wohl nur gut, wenn sie sich in etwas Friedlichem wie dem Tourismus engagieren», antwortet Robert.

Dann reise ich an der Ostküste weiter Richtung Süden zur deutlich lebendigeren Arugam Bay, wo westliche Reisende auf den Wellen surfen, während in den Strandimbissen cooler Ethio-Jazz läuft. Weiter innen in der Bucht baden sri-lankische Touristen mit Kleidern. Auch sie vergnügen sich mit den Bewegungen des Meeres, werfen sich lachend und lärmend gegen die Wellen und rollen als lebende Baumstämme wieder auf den Strand. Rettungsschwimmer mit der Aufschrift *Special Task Force* auf dem Rücken schauen lächelnd zu, bereit, ins Wasser zu springen, um Angeheiterte und Nichtschwimmer herauszuziehen. Die Strandwachen sind Symbole dafür, dass Sri Lanka nach sechsundzwanzig Jahren blutigen Bürgerkriegs Frieden gefunden hat. Schließlich war die Special Task Force die inselweit bekannte Anti-Terror-Einheit der Polizei, die in den neunziger Jahren beschuldigt wurde, Tausende von Zivilisten entführt und getötet zu haben. Damals nahmen sie Leben, jetzt retten sie Leben. Vergeblich suche ich in den Blicken der einheimischen Touristen nach Spuren von Angst und Furcht. Stattdessen stehen sie Schlange für Selfies mit den orangegekleideten Rettungsschwimmern.

Westliche Surfer, badende sri-lankische Familien, örtliche Fischer, feiernde Club-Kids aus Colombo, die Rum aus der Flasche trinken und Spaßkämpfe im Sand machen. Arugam Bay an der früher so von Krieg heimgesuchten und touristenfreien Ostküste Sri Lankas hat heute diese zusammengewürfelte, verspielte, lebendige und dynamische Mischung, die dafür sorgt, dass es nie wirklich langweilig wird. So viel lebendiger als die öden, luxuriösen Paradiese in Pasikudah und Kalkudah.

Ich gehe zu Mr. Fisherman, einem der einfachen Imbisse in der Panama Road. In dem Schuppen zischt es in der Küche aus den Wokpfannen, und der Fischer selbst, gekleidet in ein schmutziges weißes Hemd, Hüftschurz und abgetragene Flipflops, läuft zwischen den kippeligen Campingtischen im Sand herum und redet mit den Gästen. Ich steche die Gabel in den gebratenen Thunfisch und die frittierten Garnelen, die an diesem Morgen vor Sonnenaufgang noch im Meer geschwommen sind.

Der Geruch von gebratenem Fisch und feuchtwarmem Monsun liegt schwer in der Luft. Aus den Gassen bellen die Hunde. Gerade noch hat die Gewitterwolke bedrohlich gedonnert, nun schaut der Abendstern hervor. Es ist stockfinster, und ich halte ein Tuk Tuk an, um zu fragen, ob er mich zu der Pension, in der ich wohne, in dem Dorf Kottukal einige Kilometer nördlich, fahren kann.

«Nein, leider nicht», sagt der Fahrer.

«Warum nicht?», frage ich verwundert.

«Die Elefanten!», antwortet er dramatisch.

«Die Elefanten?»

In der kurzen Stille, die folgt, fällt mir der Artikel ein, den ich am selben Morgen in der *Daily News* gelesen hatte. Da ging es um wilde Elefanten, die in fünf Dörfer in der Nähe von Arugam Bay hineingetrampelt waren, von dem Vorrat an frischgeerntetem Reis schnabuliert, die Pflanzen in den Gemüsegärten zertrampelt haben und dermaßen gegen Zäune und Häuser gestoßen waren, dass Pfosten geknickt wurden und Wände barsten. Die Dorfbewohner hatten fliehen und die Nacht im Dschungel verbringen müssen. Am Ende des Artikels erklärten die Dorfbewohner, die Kinder hätten Angst und könnten sich nicht auf die Schule konzentrieren. Daher, so sagen sie, «verlangen wir, dass von staatlicher Seite Maßnahmen ergriffen werden.»

Ich hatte in den von Monsunfeuchtigkeit weichen und schlappen Zeitungsseiten weitergeblättert und dort, oben auf Seite sieben, einen Artikel aus Anuradhapuro weiter im Norden gefunden, wo staatliche Stellen die Forderungen der Dorfbewohner erhört und einen Elektrozaun zum Schutz gegen die Elefantenplage errichtet hatten. Nach intensiver Jagd in der Kolonialzeit standen die Elefanten kurz vor der Ausrottung, doch im letzten Vierteljahrhundert hat sich ihre Zahl verdreifacht. Genauso wie die der Menschen. Die Städte sind gewachsen, die Wälder geschrumpft, und nun konkurrieren Menschen und Tiere um Nahrung und Platz.

«Aber Kottukal Beach House liegt nicht im Dschungel, sondern am Meer, das sagt ja schon der Name», versuche ich es und denke, die Elefanten werden doch wohl schon im Wald bleiben.

«Aha», sagt der Tuk-Tuk-Fahrer. «Kottukal, ich habe es falsch verstanden. Ich dachte, Sie wollten in die andere Richtung. Steigen Sie ein! Dann fahren wir!»

Als ich zu meiner Pension komme, frage ich den Geschäftsführer, ob er schon einmal aufdringliche Elefanten erlebt hat.

«Ja, schon», sagt er, während die Wellen im Hintergrund rauschen. «Manchmal trampeln sie auch in unseren Garten und fressen Früchte von den Palmen. Aber sie sind harmlos. Wenn man ihnen nur nicht im Weg ist.»

Nein, ich habe keine Angst vor Elefanten, rede ich mir ein. Doch dann muss ich an Håkan Elofsson denken, den Fotografen, mit dem zusammen ich häufig Reisereportagen mache. Auf einer Reportagereise ins östliche Sri Lanka Mitte der achtziger Jahre wurde sein Jeep von wilden Elefanten gejagt. Eine panische Flucht, die glücklicherweise gut endete. Ich versuche, die Angst in der Magengrube zu ignorieren.

In derselben Disziplin übe ich mich, als ich am nächsten Tag die Warnschilder vor Krokodilen sehe. Zwei Tage später lese ich in der Lokalzeitung über den vierundzwanzigjährigen britischen Reisenden Paul McClean, der nach einer Surfstunde zum Händewaschen an den Fluss hinuntergegangen ist, der am Elephant Rock einige Kilometer südlich von Arugam Bay ins Meer mündet. Ein Salzwasserkrokodil griff ihn an und zog ihn unter Wasser – dort, wo ich früher unbekümmert spaziert bin und den schönen Blick über das Meer bewundert hatte. Die Teile seiner Leiche, die das Krokodil nicht gefressen hatte, wurden am darauffolgenden Tag auf den Schlammbänken gefunden. Zwei Fischer, die zu Augenzeugen des Geschehens wurden, sagten, sie hätten etwas Derartiges noch nie erlebt.

Ich beschließe, diese Warnschilder nie wieder zu belächeln.

Wird Sri Lanka nie zur Ruhe kommen?

Am Osterwochenende 2019, als der Tourismus wieder dabei war, in Schwung zu kommen, wird die hart geprüfte Insel erneut von Tod und Qual überzogen. Dieses Mal hat der Anschlag keinerlei Verbindung zu dem seit langem beendeten Bürgerkrieg. Bomben explodieren in Kirchen, Wohnhäusern und Hotels und töten 253 Menschen. Die Terrorgruppe IS erklärt sich verantwortlich. Sri Lankas Regierung hält es für eine Racheaktion wegen des tödlichen Moschee-Anschlags in Christchurch auf Neuseeland einige Wochen zuvor. Oder es war eine Rache für die Zerschlagung des Kalifats im Mittleren Osten? Vielleicht wurde die Insel für den Anschlag ausgesucht, da sie ein vergleichsweise ungeschütztes, leicht anzugreifendes Ziel war?

Und beinahe auf den Tag ein Jahr nach den IS-Bomben schlägt die Pandemie auf der Insel zu. Sie sucht natürlich nicht nur Sri Lanka heim, doch eine Insel, die in ihrem Wohlstand so abhängig ist von einreisenden Touristen, treffen die Reiserestriktionen besonders hart.

Ich denke an den buddhistischen Begriff für Wiedergeburt, Samsara, der bedeutet, dass wir eine unermessliche Zahl früherer Leben hatten. Der Mensch wird geboren, stirbt und wird wieder geboren, immer unter großem Leiden. Es ist doch auch eine treffende Beschreibung für die Insel mit den vielen Namen, Sielen Diva, Sieldiba, Serendip, Taprobana, Ceilão, Zeilan, Ceylon, Sri Lanka. Eine paradiesische Insel, die doch einer vom indischen Subkontinent fallenden Träne gleicht.

Usedom

Geteilte Insel wurde wieder ganz

Fläche: 445 km²
Einwohnerzahl: 76 500
Koordinaten: 53°56'0"N 14°5'0"O
Zeitzone: GMT +1 h
Höchster Punkt: 69 m ü. d. M.

Auf einer geteilten Insel gehe ich an Land. Nur ihr Name war mir bekannt, sonst nichts, seit ich mit sieben Jahren auf dem Teppich vor dem Fernseher lag und über eine schwedische Comedy-Serie lachte, in der zwei zu Ausbrüchen neigende Gefängniskunden vorkamen, die Usedom und Wolin hießen. Erst vor gar nicht so langer Zeit entdeckte ich, dass die Namen der Gefangenen von zwei Inseln desselben Namens geborgt wurden.

Man braucht eine Weile, den Hintergrund der beiden Inseln zu beschreiben. Nationale Zugehörigkeit, Loyalität, Sprache und Charakter haben sich verändert. Erst wurde sie von einem pommerschen Herzogtum regiert, dann durch das Heilige Römische Reich deutscher Nation, danach von Schweden, Preußen, dem Deutschen Kaiserreich, der Weimarer Republik und dem nationalsozialistischen Deutschland. Doch damit hört es nicht auf. Im Gegenteil. Jetzt wird es erst richtig kompliziert. Denn als der Zweite Weltkrieg zu Ende war, landete Wolin in Polen, während Usedom zweigeteilt wurde. Polen bekam einen kleineren Teil der Insel und die neugebildete DDR einen größeren.

In den ersten Jahrzehnten nach der Teilung war die Grenzlinie unumstößlich und unmöglich zu überschreiten, wie es in den frostigsten Zeiten des Kalten Krieges häufig war. Doch seit 2008 ist die nationale Grenzlinie nur noch auf Karten zu sehen, da die Zäune und Kontrollen seit der Unterzeichnung des Schengenabkommens niedergerissen und weggeschafft sind. Als ich eines Abends zwischen der polnischen und deutschen Seite der Insel am Strand spazieren gehe, erwarte ich irgendein kleines Schild, das anzeigt, dass hier einmal der Stacheldraht verlief – hier waren die geschlossenen Schranken und hier standen die Wachtürme. Aber nein! Ohne GPS-Position im Smartphone ist es unmöglich zu wissen, wann man Deutschland verlässt und nach Polen kommt und umgekehrt. Zwar ist die Grenze im Bewusstsein der Leute noch vorhanden, aber mit bloßem Auge ist sie nicht zu entdecken. So kann man einfach hin und her über die Staatsgrenze spazieren, schwimmen, Fahrrad, Auto oder Zug fahren wie man will.

Eine Insel ist doch häufig eine unteilbare Einheit mit einer Kultur, einer Sprache und einer gemeinsamen Perspektive von außen auf die Welt. Indem das umschließende Wasser die Insel absonderte, war man, um zurechtzukommen, ganz einfach gezwungen, zusammenzuarbeiten und zusammenzuhalten. Doch Inseln können auch Quellen von Konflikten sein, etwa wenn sich verschiedene Minoritäten dort ungerecht behandelt fühlen und Forderungen nach mehr Einfluss stellen, was zu Streit führt und die Entstehung von Gemeinschaftsgefühl verhindert. So auf Zypern, das in einen griechischen und einen zyperntürkischen Teil geteilt wurde, in Irland, wo Großbritannien einen Teil der Insel behielt, als man den Rest selbstständig werden ließ, und auf Sri Lanka mit dem langanhaltenden Konflikt zwischen Singhalesen, Mauren und Tamilen.

Außerdem gibt es, man glaube es oder nicht, Inseln, die sich selbst aufgelöst haben, nachdem man begonnen hatte, um sie zu streiten – als hätten sie das Gezanke der Eltern nicht ausgehalten und daher beschlossen, zu verschwinden. Tatsächlich ist das mit einer Insel im Sundarbans-Delta zwischen Indien und Bangladesch geschehen. Die Insel entstand nach dem großen Zyklon im Jahr 1970, und bald begannen die beiden Länder herumzustreiten, wem sie eigentlich gehörte, obwohl sie unbewohnt blieb und auch keinerlei lohnende natürliche Ressourcen bot. Nicht einmal über den Namen konnten die Länder sich einigen: Die Inder nannten sie New Moore und die Bangladescher South Talpatti. Dennoch war Indien dort, stellte eine Nationalflagge auf und richtete eine einstweilige Grenzkontrolle ein. In Bangladesch war man zu Recht sauer, und ein Schiedsgerichtshof in Den Haag bekam die Aufgabe, den Konflikt zu lösen. Das Urteil fiel 2014 und lautete: Ein kleiner Teil gehört Indien, und ein etwas größerer Teil gehört Bangladesch. Geteiltes Sorgerecht sozusagen.

Doch da zeigte sich, dass es nichts mehr zu teilen gab. Alle, die in der Nähe wohnten, wussten es, nicht jedoch der Gerichtshof in Den Haag. Vier Jahre zuvor hatte ein Professor für Ozeanografie aus Kalkutta sogar mitgeteilt, dass die ständig steigenden Meeresspiegel zur Überschwemmung der Insel führten.

«Von der Insel gibt es keine Spur mehr. Wir haben Satellitenbilder angesehen und die Angaben von Fischern bestätigen lassen», sagte Sugata Hazra der *Hindustan Times*. Der Klimawandel hat die Quelle des Konflikts beseitigt.

Es gibt noch weitere Inseln, auf die mehr als nur eine Nation Anspruch erhebt und die man untereinander oder mit Hilfe von Schiedsgerichten aufgeteilt hat. Wie die Große Feuerland-Insel (Chile und Argentinien), Saint Martin (Frankreich und die Niederlande), Timor (Indonesien und Osttimor), Passport Island (Bahrein und Saudiarabien), Schlangeninsel / Ostrow Smeiny /Insula

Şerpilor sowie die Insula K (Ukraine und Rumänien), Koiluoto (Finnland und Russland) und dann die allerkleinste Meeresinsel der Welt mit geteiltem Territorium, die unbewohnte Insel Märket (Schweden und Finnland). In meinen Träumen bin ich zu einigen von ihnen unterwegs gewesen. Am häufigsten zur Insula K, auch sie unbewohnt. Sie lockt mich vor allen Dingen deshalb, weil sie eine der jüngsten Inseln der Erde ist. Es gibt sie nicht viel länger als zwanzig Jahre, nur im Vergleich zu beispielsweise Gotland, das mindestens seit vierhundertzwanzig Millionen Jahren existiert.

Meine Faszination für aus dem Meer hervorsteigende Inseln nahm ihren Anfang mit einem Film über einen Vulkan, der auf dem Meeresboden eine neue Insel erschuf, und der gezeigt wurde, als ich in der siebten Klasse war. Die Insel bekam den Namen Surtsey nach dem Feuerriesen Surtr in der nordischen Mythologie. Die Geburt einer Insel zu sehen war bewusstseinserweiternd. Ein bisschen, als hätte man die biblische Schöpfungsgeschichte verfilmt. In den nächsten Jahren dachte ich oft an diese Filmbilder. Die Geburt der Insula K war nicht genauso dramatisch. Während Surtsey in einem brennenden Inferno schnell zur Welt kam, bildete sich Insula K langsam und methodisch aus Sand und Sedimenten, die mit den Strömungen der Donau ins Schwarze Meer hinaus befördert wurden. Erst war nichts zu merken, kurz nach der Jahrtausendwende ahnte man, dass etwas anfing, aus der Wasseroberfläche herauszuschauen, und eines Tages ein Dezennium später wurde es dann zur Tatsache: Die Welt war um eine sieben Kilometer lange und zweihundert Meter breite Insel bereichert worden.

Zu dieser jungen Schwarzmeer-Insel, die von Rumänien und der Ukraine geteilt wird, bin ich noch nicht gereist. Und das wird wohl auch nie passieren, da sie mit Besuchsverbot belegt ist. Doch die Vögel kann niemand abhalten. Große Kolonien von Pelikanen und Reihern haben sie sich zu eigen gemacht, ohne sich darüber bewusst zu sein, dass sie sich auf einer der jüngsten Inseln der Welt befinden, und ohne sich darum zu bekümmern, dass sie die ganze Zeit über eine Staatsgrenze hin und her trippeln.

Die andere Schwarzmeer-Insel, die von der Ukraine und Rumänien geteilt wird, die baumlose und felsige Schlangeninsel, könnte eines friedlichen Zukunftstages einer von vielen Anlaufstellen für Touristenkreuzfahrten in dem großen Binnenmeer werden. Ende Februar 2022 befanden sich auf dieser Insel dreizehn ukrainische Grenzsoldaten, die dann von dem russischen Flaggschiff *Moskva* aufgefordert wurden, aufzugeben oder zu sterben. Die Antwort, die auf Youtube weite Verbreitung fand, lautete: «Fahr zur Hölle, russisches Kriegsschiff.» Die Grenzsoldaten wurden von den Russen gefangen genommen, aber später bei einem Gefangenenaustausch zwischen den Ländern befreit und von Präsident Selensky mit der höchsten Auszeichnung des Landes, «Helden der Ukraine», bedacht.

Nun habe ich geschrieben, ich würde auf Usedom *an Land gehen*. Das ist mir einfach so herausgerutscht, denn schließlich tut man das meistens. Doch die Wahrheit ist: Ich kam mit einem Zug an, der über eine der beiden Brücken über den Peenestrom und das Stettiner Haff fuhr, den Sund, der die Insel vom deutschen Festland trennt. Zusammen mit Hunderten anderer Urlauber mit Rucksäcken, Rollkoffern, Sonnenhüten und Fahrrädern stieg ich in Berlin ein, um der stillstehenden Inlandatmosphäre zu entkommen. Ich reiste, um das Meer zu sehen, frische Luft zu atmen und durch die strandnahen Kiefern- und Buchenwälder zwischen Ahlbeck, Heringsdorf und Bansin – drei Dörfern auf deutscher Seite der Insel – zu radeln.

Als erstes stelle ich mir Frage, warum die Insel heißt, wie sie heißt. Die Antwort lautet, dass der Name sich vermutlich von dem slawischen Wort *znoj* herleitet, was Flussmündung bedeutet, da auf der einen Seite der Insel der Fluss Peene, und auf der anderen Seite der Fluss Świna ins Meer mündet. Lustiger ist, dass die Insel in der lokalen Volksetymologie *Oh so dumm* genannt wird. Die zweite Frage ist, ob ich wirklich auf eine Insel gekommen bin. Denn danach fühlt es sich zunächst gar nicht an, vor allen Dingen, da der Zug- und Autoverkehr über die Brücken hereinfließt, was das Inselgefühl undeutlich werden lässt. Auch die Nähe des Meeres ist nicht überall so deutlich. Der südliche Teil der Insel zeigt in Richtung einer Meeresbucht, die auch ein abgestandener Binnensee mit Schilfdickicht und stehendem Brackwasser sein könnte. Die Nordküste der Insel hingegen säumt ein langer Sandstrand mit grasbewachsenen Dünen und Aussicht über einen ungebrochenen Horizont in der Pommerschen Bucht. In Heringsdorf kaufe ich *den Snack-Klassiker an der Ostsee*, also ein *Fischbrötchen*, ein Brötchen mit frittiertem Dorsch, gebratenem oder eingelegtem Hering, und mache dann zum Klang der schreienden Möwen einen Spaziergang zwischen den pietätvoll renovierten Strandvillen. Hering hat eine zentrale Bedeutung, was nicht nur die in jeder zweiten Strandbude verkauften Heringsbrötchen deutlich machen, sondern auch der Ortsname Heringsdorf. Außerdem besteht das Stadtwappen aus drei weißen Heringen auf blauem Grund. Keine Frage, was früher einmal Grundnahrungsmittel und Broterwerb der Inselbewohner war.

Doch beim Image der Insel als Touristenziel geht es weniger um Fisch als um die Tatsache, dass sie früher einmal liebstes Urlaubsziel für Künstler und Schriftsteller sowie für die gute Gesellschaft und königliche Hoheiten war, weshalb die Orte Ahlbeck, Heringsdorf und Bansin an der Nordküste der Insel Kaiserbäder genannt wurden.

Ende des neunzehnten Jahrhunderts kam Lyonel Feiniger auf

die Insel, um expressionistische und kubistische Bilder zu malen, die von den Nationalsozialisten später als *Entartete Kunst* gebrandmarkt wurden. Während der Weimarer Zeit saß der gesellschaftskritische Schriftsteller Kurt Tucholsky auf einer Veranda in Ahlbeck und verfasste Artikel, ehe er nach Schweden fliehen musste. Ungefähr zur selben Zeit wurde Thomas Mann in einer Pension in Heringsdorf mit dem Roman-Ziegelstein *Der Zauberberg* fertig. Und einige Jahre später erschienen die Landschaftsmaler Otto Manigk, Karen Schacht, Otto Niemeyer-Holstein und Herbert Wegehaupt, um eine Künstlerkolonie zu bilden, es nett zu haben, zu feiern und zu malen, beseelt von der Idee, die elementaren und wesentlichen Eigenschaften des mit dem Auge Erfassten zu visualisieren. Während der deutsche Kaiser noch regierte, in der Epoche, die bei den Franzosen *la belle époque* und bei den Deutschen *Gründerzeit* oder *Jahrhundertwende* heißt, ließen reiche Bankiers aus Berlin Ferienhäuser und Pensionen auf der Insel bauen.

Ich miete ein Fahrrad, strample den Ostseestrand der Insel entlang, betrachte die Architektur und stelle mir vor, wie es sich anfühlte, vor hundertzwanzig Jahren hier anzukommen. Bald wird mir klar, dass die Insel den Ehrgeiz hatte, als etwas anderes zu erscheinen, als sie war. Eine Fahrradtour zwischen den Badeorten der Insel ist wie eine Rundreise durch das alte Europa. Schau dort, oben auf dem Hügel neben der Kirche, Hotels mit Zügen der französischen Renaissance und der Art Nouveau, und kleine Schlösser mit griechisch-römischen Säulen! Sieh dort, deutsche Fachwerkhäuser mit Reetdächern! Und dort hinten, Schweizer Alpenhäuser! Schau mal rein in die Villen in italienischem Neoklassizismus! Und dort, ein Park mit südlichen Baumarten, der den Eindruck vermittelt, man sei am Mittelmeer gelandet!

Die Ferienhäuser auf der Insel wurden in einer kunterbunten Stilmischung gebaut, nur, um die Oberschicht in Berlin zu verlocken, den Zug nach Norden statt in den Süden zu nehmen. Hier sollte man erleben können, was man sonst an der französischen, italienischen und kroatischen Riviera fand, doch ohne so lange unterwegs zu sein und Gefahr zu laufen, eine andere Sprache als Deutsch sprechen zu müssen. Hier konnte man sich auf der Strandpromenade in Krinoline und Krawatte, mit spitzenverzierten Sonnenschirmen gesellig begegnen, einen Strandkorb mit gestreiftem Sonnendeck mieten und ein Buch lesen, vielleicht sogar Thomas Manns *Die Buddenbrooks*, ein Buch aus dieser Epoche, das teils an Stränden wie denen auf Usedom spielt. Hier konnte man auch ins Kasino gehen, im Ballsaal eines Hotels tanzen und sich von all der Pracht blenden lassen, die mit dem Adjektiv *kaiserlich* vermarktet wurde. Man fuhr nicht nur hierher, um zu baden, sondern auch, um sich zu zeigen. Denn genauso wichtig wie Trinkkur und gesundes Essen war das Outfit, das man trug, während man zwischen dem Pier, dem Kasino und dem Kurhotel spazierte. Man scherzte darüber und sagte, dass die Badeorte der Insel eher *Sehbad* statt *Seebad* waren. Hatte man Glück, konnte man einen Blick auf königliche Hoheiten erhaschen. Sehr häufig waren sie nicht hier, die deutschen Kaiser Wilhelm I. und Wilhelm II., der österreichische Franz Josef I. und der russische Zar Nikolaj II. Aber einige Male doch. Die wenigen Besuche, die sie machten, genügten, um dem Badeort einen Goldrand zu verleihen, den man sich in der Vermarktung maximal zu Nutze machte.

Früher, um 1900, wurde die Insel als *Badewanne Berlins* bezeichnet. Und in den Sommern waren ebenso viele urlaubende Berliner auf Usedom, wie Stockholmer auf Gotland, Londoner in Brighton und New Yorker auf Martha's Vineyard.

Eine der vielen Nationen, von denen die Insel regiert wurde, war Schweden. Es begann damit, dass die damalige Großmacht mit dem Ende des Dreißigjährigen Krieges 1648 Pommern eroberte. Schon 1720 verlor Schweden Usedom und Wolin, während man den Rest von Pommern bis 1815 behielt. Trotzdem stellt Sven sich vor, er sei noch immer im Dienst des Füsilierregiments Nr. 34, das mit Schweden verbunden blieb. Daher kämpften schwedische Soldaten im Ersten Weltkrieg für Deutschland, und die schwedische Königin Viktoria war Regimentschefin bis zu dessen Auflösung 1919, als Otto von Bismarcks Kaierreich unterging und die Weimarer Republik gegründet wurde.

Sven Brümmel sehnt sich nach der schwedischen Zeit zurück. Bevor wir uns an der Kirche in Heringsdorf treffen, hat er mir Mails geschickt, in denen er mir das alles erzählt. Er hat auch eine handkolorierte Fotografie von Viktoria mit Ordensband, sternförmigen Orden und Epauletten beigefügt sowie ein Bild von sich selbst, gekleidet in die Uniform des Regiments, als sei er ihr Adjutant. Als er mir an der Kirche entgegenkommt, trägt er dieselbe historische Uniform wie auf dem Bild. Einen blauen Waffenrock mit rotem Kragen, weiße Uniformhosen, einen glänzenden Degen, Lederstiefel mit klirrenden Sporen und eine schwarze Pickelhaube mit goldener Spitze, Verzierungen und verschnörkeltem Text, der besagt, dass er der schwedischen Königin untersteht.

«Das Regiment, zu dem ich gehöre, wurde 1720 von Königin Ulrika Eleonora gegründet und war zuerst in Stralsund auf dem Festland zu Hause, doch in den letzten Jahren wurde es hier nach Usedom heraus verlegt», erzählt er so enthusiastisch, das man merkt, wie sehr es ihm am Herzen liegt.

Sowohl er als auch ich wissen, an seiner Erzählung ist alles richtig, außer dass er selbst dem Füsilierregiment angehört, da es nicht mehr existiert. Aber Sven fehlt es, so sehr wie einem etwas fehlen kann, das es seit über hundert Jahren nicht mehr gibt.

«Es war eine phantastische Zeit. *Unter den drei Kronen* (des schwedischen Wappens)*, lässt es sich gut wohnen»*, sagt er ernst und streckt den Rücken, als ob er das Kommando bekommen hätte, in Habachtstellung zu stehen.

Während unseres Spaziergangs zwischen den zuckerbäckerartigen Palästen des kaiserlichen Badeorts werden wir ständig von deutschen Touristen angehalten, die Fotos machen wollen.

«Hallo Sven, ich habe dich im Fernsehen gesehen. Stell dich hier neben mich, dann macht mein Mann ein Foto!»

«Du warst gut in dieser Sendung über die Geschichte Pommerns. Komm, wir machen ein Selfie!»

Sven, Grundschullehrer in Heringsdorf mit dem Fach Plattdeutsch, ist nicht nur eine Lokalberühmtheit, auch von weiter her angereiste Deutsche mit Interesse für Geschichte erkennen ihn, wie wir da gegangen kommen. Schließlich haben sie ihn in vielen historischen Sendungen im Fernsehen den schwedischen Soldaten spielen sehen. Daher grüßen sie fröhlich. Sven hat eine Leidenschaft für das Schwedische, aber spricht kein Schwedisch. Das haben die Einwohner während der Jahre, in denen Schweden regierte, auch nicht getan.

«Nein, wir haben weiter in unseren Sprachen, Deutsch und Platt gesprochen, auch wenn die Regierenden Schwedisch gesprochen haben», sagt er, während wir zusammen den Hügel zum Kurhotel am Strand hinuntergehen.

An anderen Tagen, wenn er mit seiner Familie an den Strand will, ziehen er und seine Frau beinahe den ganzen Körper bedeckende Badekleidung mit marineblauen Streifen an, während die Kinder wie Matrosen gekleidet werden, was in der Zeit, als Wilhelm II. noch Kaiser war, modisch der letzte Schrei war. Am Strand können sie, wenn sie möchten, ein Bad im Meer nehmen, was früher nicht möglich gewesen wäre. In der Kaiserzeit mussten Männer und Frauen getrennt baden und durften nur von der Damen- bzw. Herrenabteilung des Piers aus ins Wasser. Wäre es das Jahr 1900 und Sven und seine Frau wären vom Strand aus ins Wasser gegangen, hätten sie zehn Reichsmark Strafe riskiert.

Doch die Jahrhundertwende-Romantik hat Risse bekommen.

In den fünfziger Jahren ist der Pier verfallen und durch einen neuen, moderneren ersetzt worden. Das Gebäude mit dem Turm und den Panoramafenstern, das Strandkasino und Kino beherbergte, brannte 1946 ab («... weil sowjetische Soldaten im Kino geraucht und die glühenden Kippen auf den Boden geworfen haben», so Sven). Doch die Umwälzungen waren noch einschneidender als das. Genau wie der Rest des Landes hat die Insel dramatische Wendepunkte erlebt, wie den Zusammenbruch des Kaiserreiches nach dem Ersten Weltkrieg, den Börsencrash 1929 und die Machtübernahme der Nationalsozialisten 1933.

«Als die Nationalsozialisten an der Macht waren, verbot man Juden, Heringsdorf zu besuchen. Zugleich boykottierte man Hotels und Restaurants, die Juden gehörten, so dass sie schließen mussten», erzählt Sven, während wir das Esplanade Hotel von 1896 mit seiner Jugendstilfassade, dem holzverkleideten Foyer, vergoldeten Kronleuchtern an der Decke und seinem Ballsaal mit griechisch-römischen Säulen betreten.

In dem antik gestalteten Saal wurden bis Anfang der Dreißigerjahre jüdische Hochzeiten und Gottesdienste gehalten. Doch eines Tages fand das ein jähes Ende. Als der Albtraum vorbei war und die Sowjetarmee einzog, wurde das schlossartige Hotel beschlagnahmt und zu einem Krankenhaus und einer Unterkunft für russische Soldaten umfunktioniert. Und Anfang der Fünfzigerjahre, als die DDR entstanden war, wurden die Hotels und Ferienhäuser enteignet und zu Ferienheimen für fleißige Arbeiter umfunktioniert, die vom staatlich kontrollierten Gewerkschaftsverband FDGB auswählt wurden. Die ursprünglichen Besitzer flohen oder landeten wegen angeblicher «kapitalistischer wirtschaftlicher Vergehen» im Gefängnis.

Als Deutschland wiedervereinigt wurde, war es an der Zeit, die alte Ordnung wiederherzustellen. Jetzt warf man die Ostdeutschen raus, die sämtliche im staatlichen Besitz befindlichen Hotels verwaltet hatten. So bekamen die Kinder, Enkel und Urenkel derjenigen, denen die Herrlichkeit einst gehört hatte, ihr konfisziertes Eigentum zurück.

Sven Brümmel, der mit seiner Pickelhaube und dem blitzenden Säbel neben mir hergeht, taucht lieber weiter in die Vergangenheit hinab. In die Zeit, in der weder Hitler noch Stalin die Tagesordnung bestimmten, sondern deutsche Kaiser und schwedische Könige. Sven erzählt, dass er zu Hause im Wohnzimmer ein gerahmtes Portrait von König Carl Gustav und Königin Silvia hängen hat und davon träumt, eines Tages die Ystadfähre von Świnoujście, oder Swinemünde, wie die deutschsprachige Bevölkerung sagt, zu nehmen.

«Eines Tages werde ich die Sommerresidenz der schwedischen Königsfamilie, Schloss Solliden auf Öland, besuchen und die Wachparade beim Stockholmer Schloss sehen. Das wäre so herrlich», sagt er und erklärt, dass er dann seine schwedische Uniform anziehen und mit geradem Rücken den Slottsbacken in Stockholm hinaufgehen würde.

Die Begegnung mit Sven Brümmel in schwedischer Uniform lässt mich darüber nachdenken, ob Inseln eine magische Kraft besitzen, die Bewohner und Besucher zeitlich rückwärts zieht. Als ob diese Orte eine Sehnsucht nach der Vergangenheit hervorrufen. Ich denke an das Touristen-Image von Gotland und Venedig, das mit dem Mittelalter verbunden ist, die Andamanen mit Überbleibseln des britischen Empires und Rhodos, Kreta und Santorini, deren wichtigste Sehenswürdigkeiten neben den Stränden die antiken Ausgrabungen sind. Wobei Usedoms Faible für die Kaiserzeit auch daher rührt, dass die darauffolgenden Perioden so schmerzhaft und traumatisch waren, dass man ihnen unmöglich etwas Schönes abgewinnen kann. Da wird gerne das, was davor kam, noch zusätzlich verklärt. Außerdem ist es schließlich ein

Klassiker in den Tourismusverbänden rund um die Welt, lieber über Konflikte älterer Zeiten als über die zeitlich näherliegenden zu sprechen.

Doch auf Usedom trifft das nicht ganz zu. Die Romantik der Kaiserzeit in allen Ehren, doch das meistbesuchte Museum widmet sich der problematischsten zeitgenössischen Periode, die man sich vorstellen kann, nämlich den Jahren kurz vor und während des Zweiten Weltkriegs, als das Nazi-Regime Usedom als den idealen Ort zur Herstellung einer neuen tödlichen Waffe auserkoren hat.

Nach mehreren Tagen Fahrradfahrens zwischen den kaiserlichen Badeorten und Kurhotels nehme ich nun die Usedomer Bäderbahn zur Waffenfabrik in der Kleinstadt Peenemünde, gelegen an der Westspitze der Insel. Im Übrigen genau dieselbe Stelle, betonte Sven, als wir uns an der Kirche in Heringsdorf verabschiedeten, wo Gustav II. Adolf 1630 an Land ging, um im Dreißigjährigen Krieg zu kämpfen. Mit dem Ergebnis, dass die Insel schwedisch wurde.

Lange Zeit später, 1935, wählte Ingenieur Wernher von Braun diesen Platz, um eine Rakete zu entwickeln, deren Reichweite wesentlich größer als eine Kanone sein würde. Hier konnte man die Flugkörper testweise über die Ostsee fliegen lassen, ohne dass die Gefahr bestand, dass sie versehentlich in bewohnte Gebiete einschlugen. Zwölftausend Arbeiter setzte man ein, um eine Fabrik und ein Kohlekraftwerk zu bauen. Mit der Zeit wurden auch Konzentrationslagergefangene gezwungen, bei dem Bau mitzuarbeiten, meist Franzosen, Niederländer und Belgier. Unter unmenschlichen Bedingungen schufteten sie Tag und Nacht, um die Waffe herzustellen, die dann gegen ihre eigenen Heimatländer und die Alliierten eingesetzt werden sollte. Es hat etwas besonders Bösartiges an sich, Gefangenen zu befehlen, etwas herzustellen, das ihre eigenen Familien, Verwandten und Freunde töten soll.

Sieben Jahre später, mitten im Krieg, war man soweit: Die Deutschen wurden die ersten auf der Welt, die eine Rakete in den Weltraum schossen. Der Name der Rakete, V2, verrät, was man erwartete. Das V stand für *Vergeltungswaffe*. Diese Bezeichnung hatte Goebbels erfunden, auch wenn man innerhalb der Nazi-Partei scherzhaft von der *Wunderwaffe* sprach. Jedenfalls herrschte kein Zweifel, dass die Sache im Dienst des Krieges stand. Der Projektleiter Walter Dornberger verkündete, die Waffe würde Deutschland zur Vorherrschaft verhelfen. Jetzt habe man den Traum aller Ingenieure verwirklicht, sagte er in einer Festrede, denn «es ist klar, dass eine derartige Entwicklung dem Staate, der zuerst damit fertig wird, eine solche Überlegenheit militärischer, wirtschaftlicher und damit auch politischer Macht geben wird, die man einfach als umwälzend bezeichnen muss. Klar ist aber auch, dass in einem Kriege wie heute die Entwicklung hundertprozentig auf die militärische Einsatzmöglichkeit abgestellt werden muss.» Zum Glück für das restliche Europa war Hitler anfangs skeptisch. Erst als man dem Führer einen Film über das Projekt gezeigt hatte, gab er ihm seine volle Unterstützung. Er bat die Ingenieure um Entschuldigung, dass er nicht früher begriffen habe, was für eine überlegene Waffe man oben an der Ostsee gebaut hatte. Die Briten verstanden früher, was im Gange war und bombardierten die Fabrik im angeblich größten gezielten Luftangriff von britischer Seite während des ganzen Krieges. Womit sie nur erreichten, dass die Deutschen die Produktion in eine unterirdische Fabrik in Mittelwerk mitten in Deutschland verlegten.

Ich laufe auf dem riesigen Gelände um das Kraftwerk herum, in dem das Historisch-Technische Museum sich befindet, und bleibe vor einer der erhaltenen V2-Raketen stehen. Wie ein Spielzeug sieht sie aus, als sei alles nur ein böses Märchen gewesen. Sie ist schachbrettartig gemustert wie Tim und Struppis Mondrakete und mit einem Bomben-Pin-up im Comicstil verziert, was damals auf Bomben und Kampfflugzeugen normal war, nicht nur bei den Deutschen, sondern auch bei den Alliierten. Da Deutschland Weltmeister darin ist, seine eigene Schuld zu bearbeiten und sie auch öffentlich zu machen, befürchte ich keinesfalls, dass es nur um die Technik der neuen Waffe gehen wird. Und tatsächlich. Ein Museumsbereich schildert den Tod und die Zerstörung an den Orten, wo die Raketen einschlugen, besonders London. Und in einer der großen Maschinenhallen des Kraftwerkes bedeckt ein Kunstwerk des mexikanisch-amerikanischen Künstlers Miguel A. Aragón und des Katalanen Gregorio Iglesias Mayo die Backsteinwände. Eine grauschwarze Graphik auf Leinwand schildert das durch die Bomben verursachte Leiden. Heute finden in der Turbinenhalle Konzerte unter Leitung des Baltic Sea Philharmonic mit Musikern aus zehn Ländern statt. Die Anlage, deren ursprüngliches Ziel es war, Tod und Leiden zu verbreiten, wird jetzt also als interkultureller Begegnungsort genutzt.

Während des Rundgangs erfahre ich auch die Geschichte, wie die Alliierten nach dem Krieg Gnade vor Recht ergehen ließen, wie man den Ingenieursgehirnen hinter der Vergeltungswaffe verzieh und sie für seine eigenen Missile-Projekte anstellte. Sowjetunion, Frankreich, Großbritannien und die USA, alle waren gleichermaßen scharf auf diese Spitzenkompetenz. Daraus folgten im Weiteren teils zivile Raumfahrtabenteuer mit Sputnik- und Apollo-Raketen – dabei als Juwel in der Krone die Mondlandung –, teils die Entwicklung von mit Kernwaffen bestückten Missiles und ein langer kalter Krieg, der noch nicht richtig hinter uns liegt. Den bekanntesten der Raketeningenieure auf Usedom, Wernher von Braun, belegten die Amerikaner mit Beschlag. Nachdem er Hitler gehorsam gedient hatte, ordnete er sich ohne Murren Harry Truman und Dwight Eisenhower unter. Was den jüdisch-amerikanischen Singer-Songwriter Tom Lehrer ein Lied schreiben ließ, in dem er singt:

Don't say that he's hypocritical,
Say rather that he's apolitical.
«Once the rockets are up, who cares where they come down?
That's not my department», says Wernher von Braun.

Als der Zug zurück nach Berlin das Ostseebad Heringsdorf verlassen hat und an den Badeorten Ückeritz, Koserow, Zinnowitz und den Buchenwäldern dazwischen vorbeigleitet, fällt mir auf, wie viele der Cafés, Restaurants, Spa-Anlagen und Hotels der Insel nach Vineta benannt sind. Das ist doch ein mehr als tausend Jahre alter Mythos von einer Insel, die wegen des lasterhaften Lebens der Bewohner auf den Meeresgrund sank, ein bisschen wie eine nordische Version von Platons Atlantis? Warum hat man es gerade hier so mit Vineta? Ich google und erfahre, dass die versunkene Insel an viele Orte in und um die Ostsee platziert wurde, und einer dieser Orte soll direkt vor Usedom liegen. Diese Theorie wurde von dem deutschen Historiker Wilhelm Ferdinand Gadebusch in der *Chronik der Insel Usedom* von 1863 lanciert. Er meinte, Vineta habe direkt vor Koserow gelegen.

Selma Lagerlöf hingegen glaubte, Vineta sei bei der Insel Stora Karlsö vor Gotland beheimatet, und sie ließ Nils Holgersson auf seiner langen Schwedenreise die Insel besuchen. Dort erzählt der Storch Ermenrich Nils von einer Stadt, die ins Meer versunken ist:

«Sie war so reich und glücklich, dass keine Stadt jemals herrlicher gewesen war. Aber ihre Bewohner gaben sich unglücklicherweise dem Übermut und der Prunksucht hin. Zur Strafe ... wurde die Stadt Vineta von einer Sturmflut überschwemmt und im Meer versenkt. Doch ihre Bewohner können nicht sterben, und ihre Stadt wird auch nicht zerstört. Und alle hundert Jahre steigt sie für eine Nacht in ihrer ganzen Pracht aus dem Meer und liegt dann genau eine Stunde lang auf der Erdoberfläche. ... Doch wenn die Stunde vorüber ist, sinkt sie ins Meer zurück, wenn es in dieser Zeit nicht einem Kaufmann von Vineta gelungen ist, einem lebendem Wesen etwas zu verkaufen. Wenn du, Däumling, nur die geringste aller Münzen gehabt hättest, um die Kaufleute zu bezahlen, hätte Vineta wieder am Strand liegen dürfen, und ihre Bewohner hätten leben und sterben dürfen wie andere Menschen.

‹Herr Ermenrich›, sagte der Junge, ‹nun verstehe ich, warum Ihr mitten in der Nacht gekommen seid, um mich abzuholen. Das geschah, weil Ihr glaubtet, ich könnte die alte Stadt erlösen. Es tut mir so leid, dass es nicht so gegangen ist, wie Ihr wolltet, Herr Ermenrich.›»

Nils schlug die Hände vor das Gesicht und weinte.

Während die hellen Strände der Ostsee flüchtig zwischen den vorbeigleitenden Bäumen hindurchscheinen, google ich weiter und finde einige Artikel, die weder mein nostalgisches Belle-Epoque-Gefühl verstärken, noch sagenhafte Mythen weiterspinnen, sondern vielmehr Risse in der heutigen Fassade der Insel entstehen lassen. Auf der Seite der Tageszeitung *taz* lese ich den Gastbeitrag eines anonymen Verfassers. Darin berichtet er, wie er und seine Freundin, die dunklerer Hautfarbe ist, am Pier von Heringsdorf von Neonazis umringt, angespuckt und bedroht wurden. Und wie sie kürzlich Neonazis auf der Strandpromenade hatten laufen und «Deutschland den Deutschen, Ausländer raus» rufen hören. Er hat gelesen, dass die rechtsextreme und fremdenfeindliche Alternative für Deutschland (AfD) bei der letzten Wahl in Mecklenburg-Vorpommern, dem Bundesland, zu dem die Insel gehört, dreiunddreißig Prozent bekommen hat, und hat daher entschieden, hier nie mehr Urlaub zu machen. Er selbst ist hellhäutig und könnte wiederkommen, ohne dass er beschimpft würde, aber aus Achtung vor seiner Freundin, die einen anderen ethnischen Hintergrund hat, ist er entschieden, fortan die Insel zu boykottieren.

Damit nicht genug. In dem Online-Magazin *Migazin* steht ein Artikel mit der Überschrift «Mit brauner Haut ins Nazinest?» von Josephine Macfoy, die Wurzeln in Afrika hat. Sie schreibt, die Rechtsextremisten der Insel hätten ihr solche Angst eingejagt, dass sie die Insel nie wieder besuchen würde.

Der Eindruck von einem Ort, in diesem Fall einer Insel, hat also nicht nur damit zu tun, welche Vorkenntnisse und welche Perspektive man hat, sondern auch, wer den Ort betrachtet. Eine andere Hautfarbe bei einem Besuchenden, und schon wird das Erlebnis ein anderes. Der extrem traumatische Teil von Europas Geschichte, der einem kürzlich erst als ein abgeschlossenes Kapitel mit ausradierten Grenzen vorkam, scheint wieder ein aufgeschlagenes Buch mit einer unabgeschlossenen, tragischen Geschichte zu sein.

Während mein Zug ratternd über die Peenebrücke rollt, denke ich, dass die geteilte Insel, die ich gerade besucht habe, gleichwohl nicht geteilt ist. Schließlich können sich die Inselbewohner frei zwischen beiden Teilen der Insel bewegen. Wenn es etwas gibt, wofür man der EU danken kann, denke ich, als der Zug in Wolgast auf dem deutschen Festland hält, dann ist es die Beseitigung einiger Staatsgrenzen in diesem Teil der Erde, so auch der Grenze, die quer über die Insel Usedom verlief. Dank der politischen Zusammenarbeit ist eine geteilte Insel wieder ganz geworden.

Während der Zug Fahrt Richtung Berlin aufnimmt, denke ich an den weichen Sandstrand, der unter meinen bloßen Füßen rieselte, und die kaiserliche Pracht der bunten Hausfassaden. Wenigstens für einen Moment brachte es mich dazu, mich in eine goldene Epoche zurückzuträumen, die für kurze Zeit so harmonisch und frei von Problemen erschien.

Norrbyskär

Utopie im Bottnischen Meerbusen

Fläche: ca. 1,5 km²
Einwohnerzahl: Keine ständigen Bewohner
Koordinaten: 63°33'0"N 19°52'35"O
Zeitzone: GMT +1 h
Höchster Punkt: ca. 10 m ü. d. M.

Welcher Ort ist am geeignetsten, um eine utopische Idealgesellschaft zu erschaffen? Rhetorische Frage. Natürlich eine Insel.
Dank der Abgegrenztheit durch das umgebende Meer wird es
leichter, etwas Eigenes, Anderes und Einzigartiges entstehen zu
lassen, was sich nicht gleich der sonst herrschenden Ordnung an-
passt.

So kam es, dass sich der Fabrikant Frans Kempe Ende des
neunzehnten Jahrhunderts für eine Insel im Bottnischen Meerbusen als den ultimativen Ort für eine kleine mustergültige und
effektive Industriegesellschaft entschied. Es war Zeit zu expandieren. Inzwischen ersetzte das Holz allmählich das Eisen als
Schwedens wichtigste Exportware. Das Wachstum in Europa,
insbesondere in England, war riesig, und die Nachfrage nach
schwedischem Holz stieg. Hier ließ sich Geld verdienen, viel
Geld. Wirtschaftshistoriker haben das damalige Schweden mit
einer Person verglichen, die plötzlich und unerwartet ein großes
Kapital geschenkt bekommen hat. Die Wälder waren ein solches
Geschenk.

Frans Kempe leitete allein die Sägewerksgesellschaft «Mo och Domsjö» und wollte die Welt, oder zumindest den Rest des Landes, in Erstaunen versetzen. Für beste Ergebnisse und maximalen Ertrag genügten die richtigen Maschinen und die beste Logistik nicht. Man brauchte auch bessere Arbeiter, und für diese waren bessere Arbeitsbedingungen nötig als die, die man sich dort bislang vorstellen konnte.

Die isolierte Lage war ideal, um etwas Außergewöhnliches hervorzubringen. Ausgerechnet eine Insel auszusuchen, um Europas modernstes Sägewerk und die modernsten Arbeiterwohnungen zu bauen, hatte auch mit den guten Kommunikationswegen zu tun. In einer Welt, in der das Meer noch immer der Haupttransportweg war, war eine Insel, logistisch betrachtet, ein perfekter Ort, um eine Export-Industrie zu gründen. Die Meereswinde trugen zur schnellen Trocknung des Holzes bei, und die geschützten Buchten waren ideale Ankerplätze bei stürmischer See. Dank des Meeres war es leicht, dort hin und von dort weg zu kommen, auch wenn es ein nördliches Meer nahe des Polarkreises, weit entfernt vom Weltmarkt war. Solange das Wasser eisfrei war, konnten Holzwaren an Bord geladen und ohne Umstiege mit Umladungen direkt zu den Kunden in Deutschland, den Niederlanden, England und sogar Australien gefahren werden.

Norrbyskär liegt in einem «südliches Kvarken» genannten Teil des Bottnischen Meerbusens, direkt vor Norrbyn, einer kleinen Küstengemeinde im Grenzgebiet zwischen Ångermanland und Västerbotten, umgeben von tiefen Wäldern, viele Kilometer von der nächsten Stadt entfernt. Ein entlegenes Nest am Rand Europas, denken wir heute, doch im Herbst 1894, als die ersten Arbeiter einzogen, die Sägen zu sägen und die ausländischen Schiffe zu landen begannen, fanden sowohl Frans Kempe als auch seine Sägewerksarbeiter, dass die Insel in der Mitte der Welt lag.

Alles begann damit, dass einer von Frans' Mitarbeitern 1891 vor dem Bau der Säge die Insel inspizierte und feststellte, dass sie zwar schön anzusehen war, aber so karg, überwiegend mit Steinen und Fichten versehen, dass es unmöglich war, Landwirtschaft zu betreiben. Bald wurden die Bäume gefällt und die Steine weggeschafft. Dann füllte man mit Erde auf, die vom Festland, aber auch aus exotischen Gegenden der Welt stammte. Pär Lindgren, einer der Arbeiter in der Säge, geboren 1902, beschrieb, bevor er 1980 starb, seine Zeit und die seiner Eltern auf Norrbyskär. Er berichtet, dass der Boden der Insel langsam aber sicher mit Ballasterde von den Segelschiffen bedeckt wurde. Die Schiffe kamen aus verschiedenen Teilen der Welt und mussten diesen Ballast loswerden, um Holz laden zu können. Pär erzählte, wie er als Kind bunte Schnecken fand, die im nördlichen Skandinavien nicht zu Hause waren. Wie waren sie dorthin gekommen?, überlegte er. Dann ging ihm ein Licht auf. Die tropischen Schnecken waren tatsächlich mit den Schiffen über den halben Erdball gefahren worden: «... also ist es eigentlich ziemlich klar, dass es ein internationales Land ist, Norrbyskär», schrieb Per in einem seiner Erinnerungstexte, die von der Historikerin und Autorin Gudrun Nordstedt zusammengestellt und in dem Buch *Minnen från Norrbyskär* («Erinnerungen aus Norrbyskär») herausgegeben wurden.

Die Insel besteht eigentlich aus mehreren dicht beieinanderliegenden Schären, die mit Hilfe von Resten, Holzstegen und Steinen aus den Kartoffeläckern praktisch zu einer zusammengebaut worden waren. Auf ihrem Höhepunkt Mitte des zwanzigsten Jahrhunderts hatte sie 1400 Einwohner. Damals, als auf der Insel das größte Sägewerk Europas beheimatet war, wurde sie zu einer Projektionsfläche für Hoffnungen auf eine bessere Zukunft. Mit Hilfe von Dampfkraft, Elektrizität und sozialer Ingenieurskunst sollte eine neue Welt geschaffen werden. Die Idee war, durch eine Verbesserung der sozialen Verhältnisse die Produktion und die

Wirtschaftlichkeit zu steigern. Denn ein satter und zufriedener Arbeiter produziert mehr als ein hungriger und unzufriedener.

Auf dem Festland hatte Frans Kempe bereits wasserkraftgetriebene Sägewerke: In Håknäs am Öreälv und in Mo im Moforsen. Doch sie konnten nur im Frühling und Herbst auf vollen Touren laufen. Im Sommer war die Wasserflut zu schwach und im Winter, wenn alles zu Eis fror, blieben sie ganz stehen. Das zersägte Holz zum Hafen in Domsjöudden und anderen Häfen zu flößen war schwierig und führte dazu, dass es sich blau verfärbte und zerbrach. Was, wenn man ein weiteres Sägewerk bauen könnte, das durch Dampfkraft betrieben wurde und ganzjährig laufen konnte? Und wenn das Sägewerk dann noch auf einer Insel im Meer läge, wo das zersägte Holz auf Schiffe geladen und direkt zum Export verschickt werden könnte? Vielleicht war Frans Kempe durch andere Dampfsägewerke auf den nördlichen Inseln, wie denen auf den Strängöarna südlich von Örnsköldsvik, auf Axelsvik vor Kalix und auf Altappen vor Luleå auf die Idee gekommen.

Aber, wandten die Skeptiker ein, reicht es in diesem Fall nicht, ein Sägewerk in Küstennähe auf dem Festland zu bauen? Ja, schon, aber eine Insel war besser dafür geeignet, die Mustergesellschaft zu erschaffen, von der er träumte. In einem Brief an seinen Kompagnon führte er seine Vision aus, wie es für die Arbeiter werden würde: «In den ersten Jahren kann es für die Leute schon unheimlich und einsam werden, aber wenn der Ort ganz fertig ist und Hunderte von Menschen dort wohnen, wird er ein Zentrum, zu dem die Bevölkerung der Umgebung kommen wird. Außerdem wird Verschiedenes für das Wohlbefinden der Arbeiter getan, sie werden es dort, wo sie sich keine alkoholischen Getränke verschaffen und ihr Geld nicht mit Dummheiten durchbringen können, genauso gut oder besser haben als anderswo.»

Eine Insel war der beste Ort für eine Idealgesellschaft, da wurden die Arbeiter nicht durch die Schlechtigkeit der übrigen Leute abgelenkt und in Versuchung geführt. Die Isolation vom Rest der Gesellschaft, die nur eine Insel bieten konnte, war Voraussetzung für das Gelingen.

Doch wie sollten die Arbeiter auf der Insel wohnen? Vielleicht nach britischem Vorbild in Reihenhäusern mit unverputzter Backsteinfassade? Nein, das war nicht das Richtige. Daher wurde der Architekt Kasper Salin hinzugezogen, der unter anderem am Entwurf der Östermalmshalle in Stockholm beteiligt war und später Stadtarchitekt der Hauptstadt wurde. Jetzt werde ich es den Norrländern aber mal zeigen, dachte Kasper vielleicht, als er zweiundzwanzig Holzhäuser, inspiriert vom amerikanischen Stil, entwarf – mit rustikalem Steinsockel, Holzverkleidung, verziertem Hausgiebel und integrierten überdachten Eingangsbereichen, die als Veranda genutzt werden konnten, etwas, wofür er vermutlich in Fachzeitschriften wie *American Architect* Beispiele gesehen hatte. Frans Kempe mischte sich dauernd in die Pläne ein. Ochsenblutrot als Farbe kam nicht in Frage. Das wird zu dunkel. Nein, weiß wie in Louisiana sollen die Häuser sein!

Die Häuser wurden in einer Reihe entlang einer kilometerlangen, Allee-artig angelegten Straße gebaut. Auch die Bäume sollten weiß sein. «Nur Birken will ich haben», entschied Frans Kempe. So wurde es auch. Weiße Häuser, weiße Baumstämme und gerade Reihen. Das Ganze gekrönt von einem Schulhaus am hinteren Ende der Straße. Eine Huldigung an Licht, Luft und das nordisch Helle. Mit der Investition in eine gute Volksschule wohl auch ein Beitrag zum inneren Licht.

Vier Wohnungen in jedem Haus. Nicht so geräumig wie ursprünglich gedacht, nur ein Raum und Küche, aber Elektrizität für alle, noch bevor die Einwohner von Umeå Strom bekamen. Doch auch, wenn die Arbeiter in der idealen Inselgesellschaft es bequemer hatten als die Arbeiter auf dem Festland, behielt der Patron die Kontrolle. Selbst, wann der Strom eingeschaltet war, wollte Frans Kempe bestimmen. Punkt fünf vor zehn an jedem Abend blinkten in allen Häusern die Lampen auf, und Punkt zehn Uhr stellte der Betrieb mit einem zentral platzierten Sicherungsschalter den Strom ab. Deutlicher lässt sich kaum zeigen, wer das Heft in der Hand hatte. «Und hört zu, Arbeiter», ermahnte Frans, der ein abgeschlossenes Medizinstudium hatte, «niemand, ich sage niemand, darf in der Küche schlafen!» Er hatte nämlich die fixe Idee, dass es krankheitserregend und ungesund sei, in einem Zimmer mit Essensdämpfen zu schlafen. Deshalb wurden kleine Küchen gebaut und größere Kammern, in denen sich alle nachts zusammendrängten.

Auch wenn sich in jedem Haus vier Familien zusammenraufen mussten, verwies der amerikanische Stil mit freistehenden Häusern – jedes Einzelne für sich eine Art Insel – auf etwas, das selbstständiger und moderner als alles war, was man kannte.

Ende Oktober 1894 ging die erste Umzugsfuhre samt den ausgewählten Arbeitern zur Insel. Sie wurden von Schleppern gefahren, die Möbel dahinter auf angehängten Schuten. Das Meer stürmte, dicht lag der Nebel, und der Schnee wirbelte durch die Luft, aber schließlich erreichten die ersten zweihundert Arbeiter samt ihren Familien ihr Ziel. Später kamen mehr Arbeiter aus verschiedenen Gemeinden auf dem Festland, die von den beinahe unwirklich guten Verhältnissen gehört hatten, mit Vorteilen und Bequemlichkeiten, die ihrer Zeit weit voraus waren.

Die Arbeiter, für die Frans Kempe sich besonders verantwortlich fühlte, wurden zunächst vor allem von den Sägemühlen in Mo und Håksnäs, von den Verladeplätzen und dem schon in Betrieb genommenen Dampfsägewerk in Domsjö geholt. Er schrieb eine Liste mit Arbeitern, die er für geeignet befand, die neue, utopische Gesellschaft mit aufzubauen. Wichtig für die Beurteilung war natürlich, ob sie arbeitseifrig, geschickt, gesund und stark waren. Die Faulen und Nachlässigen wollte man nicht haben. Norrbyskär sollte eine Gesellschaft für produktive und loyale Idealmenschen werden. Alle Arbeiter, die an den Betrieb gebunden waren, bekamen freie Wohnung, doch auch andere Vorteile. Die Liste von dem, was über den Verdienst hinaus dazukam, umfasste acht Furchen Kartoffelacker, freies Holz, Krankenkasse, Notversicherung und Rentenversicherung, Hebamme, Badehaus, alle vierzehn Tage kostenlose Möglichkeit zum Arztbesuch, eine sichere Stelle, Zugang zu gemeinsamen Backstuben, Waschhäusern und Schreinerwerkstätten, kostenloses Material, um Möbel zu bauen, kleine Ferienhäuser auf den Nachbarinseln sowie jeden Sonntag freien Transport zur Kirche und jedes Weihnachten zu den Heimatgegenden auf dem Festland.

Doch es gab solche und solche Arbeiter. Hinter den Reihen mit weißen Arbeiterhäusern für die Festangestellten wurden Kasernen für nicht fest angestellte Arbeitskräfte gebaut. «Lösarbeter» wurden sie genannt. Dort war der Standard niedriger, die Vorteile nicht gegeben und die Enge drängender. Trotzdem bekamen die Häuser der freien Arbeiter Namen, die von der glänzenden Sicht auf die Zukunft erzählten, wie Klondyke, Nya Norrland («Neu-Norrland») und Nya Samhället («Neue Gesellschaft»). Als ob man dächte, das könne sie dazu bringen, auf diese Zukunft zu hoffen. Der Betrieb stellte auch Zeitarbeiter ein, die auf dem Festland wohnten und mit der betriebseigenen Fähre jeden Tag pendeln mussten. Die Bedingungen für die Pendler waren noch schlechter. Sie bekamen nichts von dem, was für die Inselbewohner dazugehörte. Das war eine strategische Entscheidung von Frans, denn auf diese Weise gab es für die Arbeiter, die auf der Insel wohnten, etwas, das sie verteidigen mussten. Und diejenigen, die gerne zur Insel dazugehören wollten, hatten etwas, wofür sie kämpfen konnten. Alles, um den Inselbewohnern ein kleines Gefühl von Überlegenheit zu geben.

Es funktionierte. Unter denen, die auf der Insel wohnten, entwickelte sich bald ein starkes Wir-Gefühl. Die Festlandbewohner merkten, dass die Inselbewohner bei Besuchen die Nase hoch trugen und zu glauben schienen, sie seien etwas Besseres. Überdies hatten die Arbeiter auf der Schäre sich innerhalb kurzer Zeit einen eigenen Dialekt zugelegt, mit etwas helleren a-Lauten als im Grenzland zwischen Ångermanland und Västerbotten üblich. In den Dörfern auf dem Festland schauten daher die Kätner, Flößer, Fischer und Hafenarbeiter mit ihren unsicheren Arbeitsbedingungen neidisch auf die Insel. Dort draußen auf den Schären im Meer zeigte sich eine andere und ein bisschen bessere Welt.

Die Krönung des Werkes war die Schule der Insel. Auf dem Festland war es noch üblich, unausgebildete Lehrer und nur sporadischen Unterricht zu haben. Zwar war die schwedische Volksschule seit 1842 obligatorisch, doch nur auf dem Papier. Auf dem Land, erst recht im dünn besiedelten Norrland, gab es häufig nur eine Woche pro Monat Unterricht. Und auch wenn die Schule offen war, fehlten die Kinder oft, weil die Eltern lieber wollten, dass die Kinder ihnen bei der Arbeit halfen.

Draußen auf der Insel herrschte größerer Ehrgeiz. Hier wurden die Kinder den ganzen Monat sieben Tage pro Woche unterrichtet. Schon von Beginn an hatte Frans bis in die Details mitbestimmt, wie der Unterricht aussehen sollte. Es war wichtig, nicht nur theoretisches Wissen zu lernen. Tischlerei, Handwerk und Haushaltskunde wurden als ebenso wichtig angesehen, nicht zuletzt für die Mädchen. Frans hatte fortschrittliche Ideen, wollte weniger Religion und repetitives Auswendiglernen und stattdessen mehr gesellschaftliche Themen und eigenständiges Denken:

«Ich bin nämlich kein Liebhaber dieses verrückten Katechismusunterrichts. Halte es für besser, dass die Kinder aufgeklärt & mit klarem Verständnis zum Pfarrer kommen als dumm & unwissend ohne eigene Gedanken und vollgestopft mit für sie unverständlichem auswendigem Katechismuswissen», schrieb er 1892 in einem Brief an seinen Kompagnon.

In der Schule der Insel gab es nur ausgebildete Lehrer und zwei Bibliotheken, die besser sortiert waren als die auf dem Festland. Mit der Zeit bekam die Insel außerdem eine weiterführende Schule mit Abendkursen in Geschichte, Staatswissenschaft und kommunaler Verwaltung, eine Art Demokratieausbildung. Bereits im Herbst 1917 führte die Schule außerdem eine tägliche Schulspeisung ein. Das war siebenundzwanzig Jahre bevor Schwedens Reichstag den entsprechenden Beschluss fasste, und fünfundsechzig Jahre bevor sämtliche schwedische Schulen das Gesetz umsetzten. In Gudrun Norstedts Dokumentation des Lebens auf der Insel, in dem Buch *Norrbyskär – sågverksön i Bottenhavet* («Norrbyskär – Sägewerksinsel im Bottnischen Meerbusen»), erzählt Eifrid, einer der Schüler, die von Anfang an dabei waren:

«Meistens gab es Haferbrei oder Hafersuppe, Polenta, Pfannkuchen und manchmal vielleicht auch Erbsensuppe. Phantastisches Essen!»

Und die ehemalige Schülerin Agnes sagte, sie habe sich in die Schule zurückgesehnt, als sie von dem Essen erfuhr:

«Ich war im Frühjahr 1917 mit der Schule fertig geworden, daher habe ich die Schulspeisung nicht miterlebt. Aber ich war so neidisch, dass ich gerne die letzte Klasse wiederholt hätte, um diesen Teller Brei zu bekommen.»

1917 tobte in Europa noch der Weltkrieg. Es gab Lebensmittelknappheit, Rationierung und Teuerung. Auf Seskarö und in Ådalen brachen Arbeiterunruhen aus, und durch mehrere schwedische Städte zogen hungernde Demonstranten.

Zur gleichen Zeit aßen sich die Arbeiterkinder auf der Insel im Bottnischen Meerbusen satt.

Einer der Männer aus der ersten Gruppe der Arbeiter, die im Oktober 1894 auf die Insel ziehen durften, war Per Magnus Lindgren. Um mehr über das Inselleben zu erfahren, rufe ich seinen Urenkel an. Er heißt Olle Öberg, wohnt seit langem in Uppsala, hat dort bei dem Biotechnologie-Unternehmen Pharmacia gearbeitet und ist jetzt in Rente. Als Kind verbrachte er in den Fünfzigerjahren viele Sommer draußen auf der Insel mit dem gerade erst stillgelegten Sägewerk und er hat viele Geschichten über seine fleißigen Vorfahren zu hören bekommen. Olle erzählt, wie sein Urgroßvater Per Magnus mit seiner Frau Maria und allen sechs Kindern auf dem ersten Schiff war, das bei unruhiger See und dichtem Schneefall im Herbst 1894 hinaus in das neue Leben auf Norrbyskär steuerte. Eines der sechs Kinder hieß Amanda und war Olles Großmutter. Sie war zwölf Jahre alt, als die Familie zu Inselbewohnern wurde. Auf Norrbyskär begegnete sie dann Jonas, der von Grundsunda auf dem Festland abgeworben worden war und eine Stelle als Holzbearbeiter bekommen hatte, weil er beim Tischlern so geschickt war. Amanda und Jonas heirateten, zogen in eines der weißen Holzhäuser ein, genauer gesagt Nummer 19. Es lag nahe an der Schule, beinahe ganz am Ende der Birkenallee. Sie bekamen sieben Kinder. Eines davon wurde 1915 geboren, im selben Jahr wie das Dampfsägewerk der Insel elektrifiziert wurde. Der kleine Junge, getauft Joel Villiam, wurde später der Vater von Olle, mit dem ich jetzt telefoniere.

«Vater hat Norrbyskär immer als Paradiesinsel bezeichnet», erzählt Olle, «obwohl die Arbeit hart und die Arbeitstage lang waren.»

Bereits nachdem er die siebte Klasse beendet hatte, begann der

Vater, im Sägewerk zu arbeiten. Zunächst als «Sticklingpojke», was hieß, dass er herumgehen und die Sägeabfälle aufsammeln musste. Den überwiegenden Teil des Lohnes gab er seiner Mutter, die das Geld in die Haushaltskasse steckte. Dann wurde er «Stabbläggare». Da trug er dann gesägte und gehobelte Balken und stapelte sie auf Stapelplätzen. Olle hatte so viele Geschichten zu hören bekommen. Wie die von dem Jungensstreich, als jemand von hinten, dort wo man die Tonne herausholt, in das Plumpsklo hineinkroch und demjenigen, der gerade darauf saß, eine geteerte Bürste in den Hintern steckte. Oder aber, dass man den Fisch für den Winter einsalzte und dann im Winter drei Mal pro Tag Hering aß. Und wie es war, wenn die Segelschiffe kamen, die ein Stück vor der Insel auf der Reede ankerten, und die Seemänner aus fremden Ländern an Land gingen. Daher bekamen auch viele Kinder englisch oder deutsch klingende Zweitnamen. Der zweite Name von Olles Vater war Villiam, doch es war ihm wichtig, dass man ihn englisch aussprach. Eine seiner Schwestern hieß Sally Hildegard, was auch international klang.

Das Leben auf der Insel bestand nicht nur aus Arbeit. Olle erinnert sich, dass sein Vater von einer Menge Freizeitaktivitäten erzählt hat.

«Es war viel los. Es gab Freikirchen, Sportvereine, Blasorchester, anderes Musizieren und Turnübungen. Und dann natürlich die Fußballmannschaft der Insel, die einmal Hörnfors auf dem Festland schlug. Das war ein Triumph!»

Nicht nur Frans Kempe hatte das Bestreben, dass die Arbeiter pflichtbewusst waren. Häufig hatte er die Frauen auf seiner Seite. Olle hat gehört, dass seine Großmutter die Einkünfte ihres Mannes und ihrer Söhne sparte. Regelmäßig ging sie mit einer der Töchter zum Postamt der Insel und zahlte einen großen Teil der Löhne auf ein Sparbuch ein, damit Großvater es nur nicht mit Alkohol und Kartenspiel verschwendete. Die Großmutter, die

Abstinenzlerin und tüchtig war, sorgte dafür, dass eine ansehnliche Summe gespart wurde.

Doch dann kam die Rezession. 1945 hatte der Weltmarkt für Holz etwas nachgelassen. Olles Vater musste beim Sägewerk aufhören. Doch ein neuer Markt begann sich aufzutun: zurechtgesägtes Holz und mit der Zeit ganze Bausätze für all die Eigenheime, die sich immer mehr Arbeiter leisten konnten. Also bekam Olles Vater Arbeit in einer Holzhausfabrik bei Örnsköldsvik. Von dem Unternehmen bekam die Familie kostenlosen Baugrund, um sich ein eigenes Haus auf der Südseite der Hügelkette direkt vor der Stadt zu bauen. Dort wurde einige Jahre später Olle geboren.

Auf Sankta Helena, einer kleinen Felseninsel südlich von Norrbyskär, hatte Olles Großvater auf dem Grund des Unternehmens zuvor ein Ferienhaus mit kostenlosem Holz bauen können.

«Als er beim Sägewerk aufgehört hatte, war es für Vater jedes Jahr ein Fest, dorthin zurückzukehren. Auf Norrbyskär kannte er jeden. Es dauerte eine Ewigkeit, von der Fähre die Birkenallee hinaufzugehen, denn er wollte bei jedem, den er traf, stehenbleiben und sich unterhalten. Ich fand es nicht genauso herrlich dort draußen, nicht in regnerischen Sommern, wenn das Meer beim Baden eiskalt war. Doch Vater war so voller schöner Erinnerungen an die Insel, für ihn war alles, was mit Norrbyskär zu tun hatte, in wunderbares Licht getaucht.»

Als ich selbst im Sommer 1984 das erste Mal Norrbyskär besuchte, waren neunzig Jahre vergangen, seit das Sägewerk begonnen, und zweiunddreißig Jahre, seit es den Betrieb eingestellt hatte. Keine Stämme wurden mehr den Ume- und Öreälv hinab und zur Insel hinaus geflößt. Auf den Holzstapeln saßen keine Sägewerksarbeiter mit verschwitzten Hemden und Sägespänen im Haar und machten eine Kaffeepause, um danach weiter zu sägen, zu hobeln, zu stapeln und zu verladen. Auf dem Schotterweg der Allee waren keine Kinder mehr unterwegs zur Schule. Kein Geruch von gebratenem Hering lag dicht zwischen den Holzhäusern mit den geöffneten Küchenfenstern. In der gemeinsamen Backstube wurde kein Brot mehr gebacken und in der gemeinschaftlichen Wäscherei auch keine Wäsche mehr gewaschen. Im Ordenshaus wurden keine Versammlungen der Freikirchler und Abstinenzbewegungen – der beiden zentralen Volksbewegungen des schwedischen «Volksheims» – mehr abgehalten. Die elektrischen Loks Gråen, die Graue, und Svarten, die Schwarze, zogen auf der Hochbahn keine Wagen mit Holz mehr. Die Seilbahn war seit langem vom Winde verweht, der Holzbearbeitungsspeicher auf der Insel Truthällan ein für alle Mal in sich zusammengefallen. Die Seufzerbrücke zwischen Långgrundet und Blågrundet lag inzwischen irgendwo auf dem Meeresgrund.

Trotz der Ruhe und Stille war es, als ob die fieberhafte Aktivität, die hier früher einmal geherrscht hatte, noch in der Luft läge. Man sah und spürte beinahe körperlich, dass die Insel vor nicht langer Zeit voller Leben gewesen war. Das Sägehaus war abgerissen und die Kartoffeläcker in Birkenwald verwandelt, aber die Skelette der halb versunkenen Holzschuten, die verfallenen hölzernen Kais und die Stapel mit Bauholz erzählten von dem, was auf der Insel einmal gewesen war. Wenn ich ein wenig die Augen zusammenkniff, konnte ich mir das Menschengewimmel vorstellen.

Doch nicht alles war weg und verfallen. Noch in bester Ordnung, beinahe ganz intakt, standen die Arbeiterhäuser, das Herrenhaus, die Schule, das Hotel und die Kegelbahn.

Ein Besuch auf der Insel war wie eine Zeitreise in die Vergangenheit. Die Fähre vom Festland zur Insel war eine Zeitmaschine. Ich nahm sie viele Male, in dem Sommer in dem ich vierzig Kilometer nördlich davon in Umeå wohnte, wo ich als Reporter beim

Västerbottens-Kurir arbeitete. Eltern und Freunde, die mich aus dem Süden besuchen kamen, mussten zur Insel mitkommen und mich enthusiastisch von meinem Wurmloch in der Zeit erzählen hören. Zusammen blinzelten wir und versuchten uns das Wunderbare vorzustellen, das es hier einmal gegeben hatte.

Jetzt sind weitere vierzig Jahre vergangen und ich bin wieder hier auf der Insel. Dieses Mal werde ich mit einem Freund im Gästehaus in den umgebauten Ställen des Herrenhauses wohnen. Vielleicht nächtigen wir in dem Zimmer, in dem einmal das Pferd des Verwalters stand und Hafer gefressen hat? Oder wo die Magd und der Knecht geschlafen haben? Das meiste ist noch wie in den frühen achtziger Jahren. Der Verfall scheint aufgehalten worden, wenn auch nicht ganz. Der hölzerne Dampfboot-Kai sieht aus, als würde er jeden Moment zusammenfallen, das Herrenhaus muss neu gestrichen werden (ich sehe, dass mit der Arbeit begonnen wurde), und der Boden wird von dem giftigen Imprägnierungsmittel saniert, das Dioxine, polyzyklische aromatische Kohlenwasserstoffe sowie Schwermetalle enthielt und benutzt wurde, damit das Holz nicht schimmelte (die Sanierung ist mehrmals aufgeschoben worden).

Heute kümmert sich das Museum von Norrbyskär um die Insel. Die Arbeiterwohnungen sind seit langem in Ferienhäuser verwandelt, die teilweise Verwandten von denen gehören, die einmal im Sägewerk gearbeitet haben. Jetzt gibt es auch ein Restaurant, ein Museum, das Mittwochs-Pub mit Live-Musik, eine Kunsthalle und eine Spielwelt für Kinder mit Sägewerk und Arbeiterhäusern im Miniaturformat. Die Insel lebt wieder. Doch nur im Sommer. Sofort als ich ankomme, schlägt die Sehnsucht zu. Damals, denke ich, war der Traum von der Zukunft verlockend. Heute ist die Hauptattraktion der Insel die Erinnerung an das, was einmal war.

Im Gasthaus, das in der Dampfmaschinenhalle neben dem ehemaligen Sägehaus liegt, essen wir Tempura-frittierten Fisch an in Erbsencrème geschwenkten zerdrückten Kartoffeln, Karotten-Crudité, Zitrone und Norrbyskär-Remoulade. In der Speisekarte schreibt das Restaurant, sie versuchten, an die Essenstradition von Norrbyskär und die lokale Speisekammer anzuknüpfen. Weiter steht dort, man würde mit örtlichen Produzenten zusammenarbeiten, und das meiste, was serviert würde, stamme aus der Region.

Auch 1917 aß man regional Produziertes, obgleich man sich da mit nicht viel mehr als Brei, Hering, Kartoffeln und Erbsen begnügen musste.

Wir bekommen Lust, uns durch eine Kulturwanderung auf der Insel zu erfrischen. Ich lese, dass ich die App namens *Charged Utopia* herunterladen kann. Damit, so wird versprochen, kann ich die vergangene Sägewerksepoche in Form von Poesie, politischen Reflexionen und historischen Eindrücken erleben. Charged Utopia! Was für ein passender Name! Schließlich war auch das ursprüngliche Utopia eine Insel, erfunden von dem Schriftsteller Thomas More in dem Buch, dessen vollständiger Titel lautet *De optimo rei publicae statu deque nova insula Utopia (Von der besten Verfassung des Staates und von der neuen Insel Utopia)*. Genau wie auf Norrbyskär hatten alle Bewohner auf Utopia Arbeit. More zufolge herrschte Gleichheit, jedoch nur unter den freien Männern. Die Frauen durften zwar ein Handwerk erlernen, aber sollten sich zugleich um das Haus und die Familie kümmern. Auf Utopia gab es keine Konflikte und keine Anwälte. Mit anderen Worten, alles sehr ähnlich wie auf Norrbyskär.

Doch wir brauchen keine Utopia-App, denn wir sind mit Unni Rydja vom Museum Norrbyskär verabredet. Während wir vom Restaurant, wo das Sägewerk lag, an den Reihen der Häuser in der Birkenallee hoch zur Schule gehen, erzählt sie von der Kehrseite des Wir-Gefühls: der sozialen Kontrolle. Alle wussten alles über alle. Es wurde wie verrückt getratscht. Man durfte nicht aus der Gruppe herausstechen, und wer nicht reinpasste, war schlecht angesehen.

«Dieses Zusammengehörigkeitsgefühl erinnert schließlich an das einer Sekte, und da fühlt es sich gleich viel unbehaglicher an», sagt Unni.

Ein typisches Kleinstadt-Phänomen, das sich auf der Insel noch verstärkte. Weil die äußere Grenze für die Gemeinschaft der Inselbewohner völlig unverrückbar war, konnte die soziale Kontrolle hier noch stärker wirken als in einer ungefähr gleich großen Gemeinde auf dem Festland.

Einer, der auf Norrbyskär lebte, als wäre er ein Sektenmitglied, war der Rektor der Schule, der auch Dirigent des Männerchors war und sich um eine Menge weiterer sozialer Aktivitäten wie die jährliche Tradition der Weihnachtsbaumplünderung kümmerte. Nach der Pensionierung zog er in sein Heimatdorf auf dem Festland zurück und beging Harakiri.

«Er hatte nichts mehr, wofür er leben konnte», sagte Unni.

In mancher Hinsicht war Norrbyskär das, was wir heute eine Überwachungsgesellschaft nennen. Die Arbeiter waren überwacht und unfrei. Alkohol und Tabak waren verboten, und im Laden kaufte man auf Kredit ein. Das bedeutete, man verschuldete sich und konnte die Insel nicht verlassen, selbst wenn man wollte. Der nächste Polizist war in Hörnefors auf dem Festland. Er wurde nur in extremen Ausnahmefällen gerufen. Stattdessen versuchte das Unternehmen, die Streitigkeiten intern zu lösen. Oder aber die Arbeiter regelten sie untereinander. So wie mit der Frau, die Wäsche aus dem Waschhaus klaute. Da sagte man nichts zu ihr oder zeigte sie gar an, sondern ging ganz einfach zu ihrer Wäscheleine und holte sich, ohne eine große Sache daraus zu machen, die Wäsche zurück.

Der Besuch auf Norrbyskär lässt mich an Surahammar denken, wo mein Vater aufgewachsen ist. Es ist zwar keine Insel, doch die kleine Bergbaugemeinde kommt einem wie eine Insel vor, wie sie da in einer Lichtung im Wald von Bergslagen liegt. Als mein Vater dort in den dreißiger- und vierziger Jahren aufwuchs, gab es einen führenden Arbeitgeber, Surahammars Bruk. Dort arbeitete mein Großvater als Feinblechner, während meine Großmutter Hausfrau war. Genau wie auf Norrbyskär kümmerte sich das Werk um die meisten Dinge, die man brauchen konnte. Ein Bauernhof mit Kühen wurde für eine sichere Versorgung mit Milch bewirtschaftet, das Werk hielt eine moderne Wäscherei für Arbeiter und Bedienstete bereit und betrieb das Gasthaus, wohin alle in der Gemeinde gehen und essen konnten. Dem Werk gehörte auch der Grund und die Wohnhäuser und es subventionierte Bauholz für die Arbeiterfamilien, die sich mit der Zeit ein kleines Eigenheim bauen wollten. Seine Finanzabteilung kümmerte sich um den Haushalt der Kommune, als wäre es ein kleiner Nebenjob. Surahammar war keine Gemeinde mit einer Fabrik, sondern eine Fabrik mit einer Gemeinde. Das neorenaissancehafte Schloss der Stadt lag in einem englischen Park auf einer Insel im Fluss Kolbäcksån, doch es war natürlich nicht königlich oder nicht einmal adlig, sondern das Zuhause des Werkbesitzers. Mit anderen Worten, genau wie auf Norrbyskär war der Unternehmer König, Gott und Vaterfigur und sorgte bis ins Letzte dafür, dass die Leute sich ordentlich benahmen – und dafür durften sie anständig wohnen, konnten sich sauber halten und satt essen.

Frans Kempes Betrieb übernahm große soziale Verantwortung. Im Gegenzug forderte man vollständige Loyalität von Seiten der Arbeiter. Alles basierte auf gegenseitigem Vertrauen. Von Gewerkschaften und Sozialdemokraten hielt der Holzpatron nichts. Hatte man etwas auf dem Herzen, sollten die Arbeiter einzeln zu ihm kommen und erzählen. Die Machtverhältnisse sollten aussehen wie in einer patriarchalen Familie. Wenn nötig, konnte Vater Kempe hart und streng sein, doch sorgte er zugleich dafür, dass seine Kinder, also die Arbeiter, aßen, wuchsen und es ihnen gut ging. Wichtig war, dass es keine Zweifel darüber gab, wer das Sagen hatte.

Als die Arbeiter in den Sägewerken entlang der Küste von Norrland anfingen, Gewerkschaften zu gründen, stießen sie bei der Familie Kempe auf Widerstand. Frans, dem ja mehrere Sägewerke gehörten, war einer der hartnäckigsten Gegner einer Organisation der Arbeiter. Er fand nicht, dass man bei den Betriebsversammlungen Protokoll führen müsse. Er wusste schließlich selbst, was er wollte, und das zählte letzten Endes. Sein Rezept für eine harmonische und gut funktionierende Gesellschaft war Einigkeit. Mit lokalem Streikrecht war er einverstanden, wenn es nur nicht von außen gesteuert war. Auch ein Schiedsgerichtsverfahren war okay, sowie eine Arbeitervereinigung, die zur Lösung von Konflikten beitragen konnte. Gudrun Norstedt zufolge war sein Steckenpferd ein individualistischer Blick auf das Verhältnis zwischen Arbeiter und Arbeitgeber. Selbst bezeichnete er sich gern als Alleinherrscher. Ich halte ihn für einen typischen aufgeklärten Despoten.

Schon als 1898 die Gewerkschaft an die Tür klopfte, ließ Frans Kempe es hart auf hart kommen. In einem Brief an die Arbeiter im Sägewerk in Domsjö schrieb er, dass er nicht der Meinung sei, man solle eine Gewerkschaft gründen und sich «diesen bestimmenden Männern» unterordnen, womit er die führenden Figuren der Arbeiterbewegung meinte. «Doch wenn ihr es trotzdem macht», schrieb Frans, «dann könnt ihr die freie Krankenversorgung mit Krankenschwester und Hebamme, die Unterstützung bei Unfällen und die Rente vergessen.» Das war ein schwerwiegendes Argument. Die Rechte und Vorteile, die der Vertrag mit der Gewerkschaft bieten konnte, waren schlechter als das, was die Arbeiter bereits hatten. Also gewann die Linie des Holzpatrons, bis auf Weiteres.

Frans Kempe selbst betrachtete sich als hart, rational und modern, dennoch spielten Gefühle bei den Entscheidungen eine Rolle. Frans' Tagesverfassung konnte entscheidend sein. Wie in jeder beliebigen Familie war die Führung von einer gewissen Launenhaftigkeit geprägt. War Frans Kempe guter Stimmung, dann ging es gut. War er schlecht gelaunt, ging es schlecht. Pär Lindgren, der mehrere Jahrzehnte auf der Insel arbeitete, erinnerte sich an Versammlungen im Vertrauensrat, mit Vertretern der Unternehmensleitung und Arbeitern. Für die Seite der Arbeiter, erzählte er, war es entscheidend, in welcher Stimmung der Chef war. War er schlecht gelaunt, war es schwerer, für ihre Wünsche Gehör zu finden. «Wenn die Männer sich trafen, war die Frage immer ‹wie war er denn gelaunt?›. Das Ergebnis der Versammlung beruhte wesentlich auf der Antwort auf diese Frage.»

Bis 1919 gelang es Frans Kempe, die Gewerkschaftsbewegung von der Insel fernzuhalten. Dann konnte Frans' Sohn Carl, der nun übernommen hatte, nicht länger dagegenhalten. Während der zwanziger Jahre wuchs die Unterstützung für die Gewerkschaft und die Sozialdemokraten. Olle Öbergs Vater gehörte zu denen, die sich in der gewerkschaftlichen Arbeit engagierten. Schließlich wählten auch die Arbeiter auf Norrbyskär rot, bei der Wahl von 1946 machten 85 Prozent der Bevölkerung ihr Kreuzchen bei den Sozialdemokraten. Doch da läutete schon die Glocke. Mit jedem Jahr wurde die Konkurrenz durch andere Sägewerke in Schweden und im Ausland, nicht zuletzt in Finnland und Russland, härter.

Als 1952 die Zeit der Schließung kam, war das ein gutes halbes Jahrhundert währende Experiment, eine unbewohnte Insel in eine Mustergesellschaft zu verwandeln, für dieses Mal vorbei.

Muravandhoo

Luxusleben auf dem bedrohten Archipel

Fläche: 0,97 km²
Einwohnerzahl: Keine gemeldeten
Koordinaten: 5°36'28.0"N 72°57'00.7"O
Zeitzone: GMT +5 h
Höchster Punkt: 0,5 m ü. d. M.

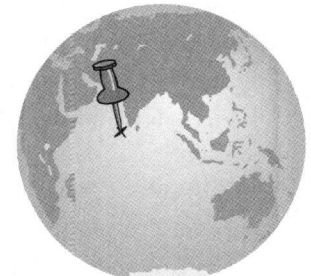

Eines Tages zu Hause auf dem Festland kam eine E-Mail mit dem Angebot, eine eigene Insel zu mieten. Mein erster Gedanke war, endlich meinen Kindheitstraum verwirklichen zu können: zu versuchen, wie Robinson Crusoe auf einer einsamen Insel ohne fremde Hilfe zu überleben. Oder aber wie Pippi Langstrumpf, als sie, Tommy und Annika zum Zelten auf eine einsame Insel gerudert waren und meinten, das Boot habe sich losgerissen, weshalb sie dann eine Flaschenpost schrieben, in der nach Pippis Willen stehen sollte: «Seit zwei Tagen ohne Schnupftabak, verschmachten wir auf dieser Insel.» Und Pippi gab an: «So etwas Schiffbrüchiges wie ich – da kann man lange suchen. Da kommt kein Robinson heran. Ich glaube, es gibt ungefähr so acht oder zehn Inseln im Atlantischen und Stillen Ozean, auf denen ich nicht nach einem Schiffbruch gelandet bin. Die stehen in den Handbüchern für Touristen auf einer besonders schwarzen Liste.»

Oder wie der Schotte Alexander Selkirk, das echte Vorbild für Robinson und weitere gestrandete Seefahrer in anderen Erzählungen. Selkirk stand Anfang des achtzehnten Jahrhunderts im

Dienst eines britischen Segelschiffs auf Kaperfahrt im Pazifischen Ozean, als er und einige weitere Piraten mit dem Kapitän in Streit gerieten. Selkirk bat darum, an Land gebracht zu werden. Was er dann auch wurde, auf eine unbewohnte Insel im Juan-Fernández-Archipel, siebzig Meilen westlich von Chile. Die Krux war, dass die Freunde es sich anders überlegt hatten. Zu spät begriff Selkirk, dass niemand ihm Gesellschaft leisten wollte und der Kapitän nur froh war, ihn loszuwerden.

Vier Jahre und vier Monate, zwischen 1704 und 1709, blieb er gestrandet auf der kargen Vulkaninsel ohne andere lebende Wesen als Katzen, Ratten und einige Ziegen, die in der Vergangenheit von Proviantschiffen getürmt waren. Schließlich wurde er von einem anderen Piraten gerettet, ein früherer Kumpan von ihm. Selkirk schloss sich seiner Truppe an und kehrte dann nach einiger Zeit nach Schottland zurück, nicht nur reich, sondern auch berühmt. Auch wenn Selkirk sich physisch erholte, blieb seine Psyche durch die lange Isolation dauerhaft verändert. Er heiratete eine junge Frau aus seinem schottischen Heimatdorf, verließ sie aber schon schnell, um in Plymouth eine Witwe zu ehelichen, gleich darauf in die Royal Navy einzutreten und wieder zur See zu fahren. Andere Quellen wiederum besagen, dass er nicht etwa Bigamist war, sondern die meiste Zeit allein in einer Grotte hinter dem Haus seines Vaters verbrachte, wo er sich damit beschäftigte, wilde Katzen zu zähmen und ihnen Kunststücke beizubringen. Die Insel, auf der er schmachtete, heißt heute Isla Robinson Crusoe. Vielleicht müsste sie stattdessen La Isla Solitaria de los Locos, Die einsame Insel der Verrückten, heißen?

Vielleicht, dachte ich, geht es in dem Angebot in der E-Mail von den Malediven darum, kurze Zeit in kontrollierter Form auf einer einsamen Insel zu leben, ungefähr so wie in der Reality-TV-Serie *Das Inselduell*, nur ohne Moderator und Fernsehkameras.

Aber nein! Das Angebot stellte sich als etwas ganz anderes heraus. Ja doch, ich konnte eine ganze Insel mieten und sie für mich allein haben, stand dort. Doch die Insel war alles andere als einsam. Es gab dort Pools, Restaurants, einundvierzig Strandvillen und neununddreißig Häuser auf dem Wasser. Mir wurden private, maßgeschneiderte Erlebnisse und Aktivitäten angeboten, so wie Bootsfahrten im Sonnenuntergang, Massage im Rauschen der Wellen, Wassersportaktivitäten, Yogastunden und ein privater Filmabend draußen am Strand unter dem Sternenhimmel. Frühstück, Mittagessen und Abendessen waren natürlich inbegriffen, genauso wie Cocktails und Snacks zum Sonnenuntergang.

Das alles für mich allein zu bekommen, klang nach übelster Schwelgerei. Aber angesichts aller vorhandener Schlafplätze könnte ich hundertvierzig Freunde mitbringen. Vielleicht beim nächsten runden Geburtstag alle einladen, die ich kenne? Das wäre doch etwas!

Die Insel, die als Ganzes vermietet wird, heißt Miriandhoo, ist dreihundert Meter lang, knapp hundert Meter breit und eine der fünfundsiebzig Inseln im maledivischen Baa-Atoll. Lust kann man schon bekommen, auch auf das Unzugänglichste und Unerreichbarste hier auf der Welt, aber das Preisschild brachte mich schnell wieder auf den Boden. Dreihunderttausend Euro kostete es, die Insel zu mieten. Pro Tag. Die E-Mail informierte mich auch, dass ich mindestens drei Tage buchen müsse.

Ich habe nicht angebissen. Es passt einfach besser zu dem Medienmogul Logan Roy in der Fernsehserie *Succession* oder zu einem der russischen Oligarchen, dessen Luxusyacht noch nicht beschlagnahmt und dessen Bankkonto noch nicht eingefroren ist. Sie hätten noch nicht einmal mit den Wimpern gezuckt, wenn sie das Preisschild gesehen hätten – für drei Tage *splendid isolation* auf einer der schönsten Inseln der Welt.

Es ist meine zweite Reise auf die Malediven. Bei der ersten Reise, 2008, war das Land gerade erst demokratisiert worden und hatte eine Regierung bekommen, die entschlossen war, die Bedrohung durch den Klimawandel ernstlich anzugehen. Als ausländischer Besucher durfte man sich nur in der Hauptstadt und an bestimmten ausgewählten Stränden frei bewegen. Der Rest der Besucher wurde direkt vom Flughafen zu Hotelinseln gefahren, die als unbewohnt gelten, da sie keine ständigen Bewohner haben.

Seitdem hat sich ein größerer Teil der Inselwelt für Besucher geöffnet. Jetzt kann man mit regulären Fähren reisen und in den Dörfern in hunderten von kleinen, familiengeführten Budgetpensionen einchecken. Doch als ich ankomme, ist die Pandemie noch nicht ganz vorbei und die Möglichkeit, sich frei von Insel zu Insel zu bewegen aus Infektionsschutzgründen aufgehoben. Die Behörden haben mir gesagt, ich solle mich an drei abgegrenzte Inseln halten, zwei Hotelinseln und eine bewohnte, außerdem die Hauptstadt Malé und wenn ich möchte auch die künstlich erbaute Vorortinsel Hulhumale.

Die schmucke Vorortinsel mit ihren neugebauten Parks, Restaurants, Cafés, Moscheen und Wohnhäusern, das Zuhause von zwanzigtausend Maledivern, hatte ich das letzte Mal besucht. Ich fand sie leblos und langweilig, also beschließe ich, stattdessen die deutlich lebendigere und abwechslungsreichere Hauptstadtinsel wiederzusehen, auf der zehn Mal so viele Menschen auf ungefähr gleicher Fläche wohnen.

Ich springe in ein Taxi und fahre über die neue Brücke zwischen der Flughafeninsel und der Hauptstadt. Wow, eine Brücke! Als ich vor dreizehn Jahren hier war, musste man zwischen den beiden Inseln mit der Fähre fahren. *China – Maledives Friendship Bridge* steht auf dem Tor über der Brückenauffahrt.

«Ein Geschenk aus Peking. Aber Sie wissen ja, die Chinesen geben nichts umsonst. Sie erwarten im Gegenzug Loyalität und natürliche Ressourcen», sagt Ahmed Nishan, der mich begleitet, um mich durch seine Heimatstadt zu führen.

Rechtzeitig zur Fertigstellung der Brücke kam es zum Machtwechsel auf den Malediven. Was für ein Glück für die Unabhängigkeit des Landes, denke ich, während das Taxi durch die schmalen Straßen zwischen den hohen Häusern fährt. 2018 wurde der chinafreundliche Präsident abgewählt, zugunsten von Ibrahim Mohamed Solih, der stattdessen auf gute Verbindungen mit dem Nachbarland Indien setzt. Also stehen die Chinesen mit langer Nase da und bekommen kalte Hände, wenn sie maledivische Gegengaben fordern.

Der Vorteil der Freundschaft mit Indien ist, dass diese neuen, alten Freunde eher die Demokratie in der Regierung der Inselnation anmahnen, was die ins Hintertreffen geratenen Freunde in Peking ganz und gar nicht interessiert hat. Der Nachteil ist, dass Indien nicht genauso viel Geld zu verleihen hat. Was wiederum den Vorteil hat, dass die Malediven sich nicht so verschulden wie das Nachbarland Sri Lanka und einige Inseln im Pazifischen Ozean, wo China seine Schuldenfallen-Diplomatie praktiziert, also den Geldsack geöffnet und mit langfristigen Darlehen gelockt hat, um sie in chinesische Marionetten zu verwandeln.

Wir bahnen uns den Weg durch einen Schwarm von Motorrollern und Motorrädern, vorbei an der blauen König Salman Moschee, die in ihrem modernistischen Design wie ein eben gelandetes Raumschiff aussieht. Danach kommt die Korallenmoschee, im Jahr 1153 aus echten Korallen erbaut, im selben Jahr, in dem der letzte buddhistische König der Inselwelt zum Islam konvertierte und sich den langen Titel *Sultan über Land und Meer und Herr über zwölftausend Inseln* zulegte.

An einer Straßenecke steigen wir aus und spazieren weiter in die dichtbebaute Stadt hinein. Trotz des Gedränges ist die Atmosphäre entspannt, um nicht zu sagen träge, während die Graffitis in den Gassen kongenial Wellen, Fische und Tintenfische abbilden. Als ich das letzte Mal hier war, bin ich um die Hauptstadt herumgejoggt. Es wurde eine kurze Runde, denn ich entdeckte dabei, dass der Umkreis nur fünf Kilometer beträgt. In gemächlichem Tempo von der einen Seite der Insel zur anderen zu spazieren, dauert höchstens zwanzig Minuten, da es nur anderthalb Kilometer sind.

«Aber warum fahren so viele Leute Motorroller und Auto, die Entfernung ist doch so klein?», frage ich.

«Wir sind faul. Viele Familien haben sechs, sieben Motorroller. Deshalb sieht es hier so aus», sagt Ahmed, als wir uns durch den proppenvollen Obstmarkt drängen und weiter zum Kai laufen, wo die Fischer gerade mit ihrem Fang eingelaufen sind.

«Es ist etwas chaotisch», fährt er fort, «weil viele so ungefähr dasselbe Modell haben. Seinen eigenen Roller unter hundert anderen geparkten zu finden, ist eine lokale Spezialität.»

Dann gehen wir weiter zur nächsten Markthalle, in der große, glänzende Thunfische auf Stahlbänken aufgereiht liegen und Männer mit wasserdichten Kunststoff-Schürzen sie unter spritzend kaltem Wasser filetieren. Es klappert und rauscht und riecht nach Meer. Als wir auf der anderen Seite wieder herauskommen, bestellen wir uns an einer Straßenecke einen Pappbecher mit Eiskaffee. Während wir dort stehen, unseren Kaffee schlürfen und fasziniert das Menschengewimmel betrachten, erkläre ich Ahmed, warum so viele Menschen in meinem Heimatland davon träumen, auf die Malediven zu reisen.

«Die weißen Sandstrände und das türkise Meer macht uns aus dem Norden krank vor Sehnsucht», sage ich.

«Ich verstehe, aber erzähl mir vom Schnee!», bittet Ahmed.

Das tue ich.

«Oh», sagt er träumerisch, «ihr habt das, wonach wir uns sehnen, und wir haben das, wonach ihr euch sehnt.»

Das Wasserflugzeug gleitet aus der Bucht zwischen der Flughafeninsel Velana und der Vorortinsel Hulhumale hinaus. Der Pilot dreht die Motoren auf, lässt die Bremsen frei und beschleunigt in Kaskaden von schäumendem Meerwasser. Dann verlieren die Schwimmer den Kontakt mit dem Wasser, und wir fliegen. Der Pilot dreht eine Kurve über die Insel Kurumba hinweg, die erste Hotelinsel der Malediven, eingeweiht 1972, der Beginn des Luxustourismus nach dem vorherrschenden Prinzip *ein Hotel – eine Insel*. Dann fliegen wir nordwärts.

Von hier oben sehen die Atolle aus wie riesengroße helle Ohrenquallen, die auf gut Glück in den indischen Ozean geworfen wurden. Sie bringen das Meer zum Strahlen, als wäre es von unten erleuchtet. So weit das Auge reicht, ist das Meer von den hellen Riffs gesprenkelt, die ab und an übergehen in eine üppig dunkelgrüne Insel, bedeckt von Mangroven, Mandelbäumen und Kokospalmen. Tatsächlich sind die Atolle Ringe aus Sand- und Korallenriffen, die, obwohl größere Teile von ihnen unter der Wasseroberfläche liegen, deutlich von oben zu erkennen sind. Die Teile, die aus der Wasseroberfläche hervorkommen, also die eigentlichen Inseln, sind klein und viele, aber machen nur einen Bruchteil der ringförmigen Unterwasserriffe aus.

Es ist, als seien wir unterwegs zu einem fremden Himmelskörper mit schärferen und klareren Farben, als ich es von meinem Heimatplaneten gewöhnt bin. Zwei Filmassoziationen blitzen auf: Das vom Meeresleuchten strahlende Meer in *Life of Pi: Schiffbruch mit Tiger* und die selbstleuchtenden Dschungelpflanzen des *Na'vi*-Volkes auf dem Planeten Pandora in *Avatar*. Unter mir: knapp zwölfhundert Inseln, von denen nur zweihundert bewohnt sind, und ein Meer, so türkis, dass es mir vorkommt, als sei ich in einem riesengroßen Swimmingpool unterwegs, und so transparent, dass die Schnorchler Gefahr laufen, schwindelig zu werden.

Das zwölfsitzige Twin-Otter-Wasserflugzeug von Trans Malediven Airways fliegt auf ein paar hundert Metern Höhe mit Motoren, die summen wie Bienen mit Bassstimme. Wir halten Kurs auf die Insel Muravandhoo im Raa-Atoll, hundertsiebzig Kilometer nördlich der Hauptstadt. Die Piloten vor mir haben ihre Flip-Flops abgestreift und fliegen barfuß. Sie tragen Sonnenbrillen und kurze Hosen, als wären sie Rettungsschwimmer an einem der Strände, über die wir fliegen. Von den barfüßigen Piloten wandert mein Blick durch das kleine runde Flugzeugfenster hinaus. Dort draußen flattert eines der Taue aus gedrehtem Hanf wie wild im Wind und erinnert mich daran, dass das Fahrzeug, in dem ich reise, Vogel und Fisch zugleich ist.

Eine halbe Stunde später landen wir mit einem Platsch. Als das Flugzeug dann auf den Wellen schaukelt, geht der zweite Pilot auf einen der beiden Schwimmer hinaus und wickelt dieses Seil ab, um es an dem Steg zu vertäuen, der als Flughafen der Insel dient. Während er unsere Taschen auslädt, klettere ich heraus, stelle mich breitbeinig auf den schaukelnden Schwimmsteg und schaue ins Meer hinab, das voller großer Schwärme farbenprächtiger Fischen ist.

Als ich am selben Tag in der Dämmerung um die klitzekleine Insel herumlaufe, was höchstens zwanzig Minuten dauert, bin ich nicht allein. Der Strand wimmelt vor Leben. Krabben, Schnecken und Krebse kriechen im Uferwasser herum. Als ich bald danach auf dem Steg zu meinem Bungalow gehe, der auf Stelzen im Wasser steht, schaue ich ins Meer hinab und sehe Schwärme von beinahe durchsichtigen Trompetenfischen und einen Stechrochen, der auf dem sandigen Meeresboden liegt und schlummert. Und als ich von dem Steg, auf dem mein Abendessen serviert wird, ins Meer hinab schaue, entdecke ich vor dem Hintergrund des hellen Sandbodens sieben Riffhaie, die mit offenen Augen schlafen.

Vor nicht allzulanger Zeit war Muravandhoo noch unbewohnt. Will sagen, von Menschen. Anderes Leben dagegen gab es zuhauf: die Krabben, Schnecken und Krebse des Strandes, in den Baumwipfeln rufende Koel-Vögel und Flughunde, die Mangos, Guaven und Papayas futterten. Seit 2018 haben sie Gesellschaft, denn seitdem ist Muravandhoo eine der hundertsechsundsechzig Hotelinseln der Malediven, was bedeutet, dass alle, die auf der Insel wohnen, entweder im Hotel arbeiten oder aber Hotelgäste sind. Hier gibt es kein maledivisches Dorf mit einheimischen Maledivern und damit weder eine lokale Gemeinde noch eine lokale Kultur im eigentlichen Sinne. Alles auf der Insel ist darauf ausgerichtet, die Wünsche der Besucher zufriedenzustellen.

Diese Hotelinseln in Reinkultur sind einer der Grundpfeiler der Tourismuspolitik der Malediven, deren Ziel es ist, die Auswirkungen des Tourismus auf die lokale Kultur zu minimieren und die sunnitisch-muslimischen Sitten aufrechtzuerhalten, aber zugleich Arbeitsplätze zu schaffen und Geld zu verdienen, was man nicht zu knapp tut. Sechzig Prozent der Devisen-Einnahmen und neunzig Prozent der Steuereinnahmen kommen durch den Tourismus zustande.

Das einzige Hotel der Insel heißt Joali und wird als ultraluxuriös klassifiziert, auch wenn man Luxus hier anders definiert als in anderen Fünfsterne-Hotels. Denn als die Insel erschlossen wurde, hatte man nicht nur den Ehrgeiz, so schnell, sondern auch so nachhaltig wie möglich zu bauen. Die meisten Bäume der Insel durften stehenbleiben. Die Bungalows schmiegen sich zwischen Büsche und Gehölz. Heute sieht es so aus, als wolle man die Häuser in der Vegetation verstecken. Man investierte in die Kompostierung des gesamten organischen Abfalls, in eine Entsalzungsanlage und in die Speicherung von Regenwasser für die Trinkwasserproduktion. Außerdem gibt es einen eigenen Gemüseanbau und ein vollständiges Verbot von Einwegplastik, einschließlich Wasserflaschen. Die Rohstoffe, die man nicht selbst anbaut, werden von örtlichen Fischern oder den bewohnten Nachbarinseln gekauft.

Auf Muravandhoo betreibt man außerdem Klimakompensation für alle Besucher und hat sich darüber hinaus verpflichtet, im Sinne der *Corporate Social Responsibility* (CSR) zu handeln. In den Schulen auf den Nachbarinseln wird Umweltwissenschaft unterrichtet, und es wurde ein nationales Programm zur Stärkung der Rolle der Frauen in der Gesellschaft angestoßen.

Wahrscheinlich wäre es einträglicher, die Umwelt links liegen zu lassen und keine soziale Verantwortung zu übernehmen. Denn natürlich wäre es billiger, den Müll unsortiert auf der Müllinsel Thilafushi vor Malé wegzuschmeißen, tiefgefrorene Nahrungsmittel aus fernen Gegenden einzufliegen und die Schulkinder nicht auszubilden. Daher ist es teuer, auf Muravandhoo Urlaub zu machen.

Ich bin dem ökologischen Ultraluxus gegenüber gespalten. Schließlich können nur die Gutverdienenden an ihm teilhaben. Es ist so wenig volksnah wie es nur sein kann. Doch wenn man die Perspektive umdreht: Selbstverständlich ist es für die Malediven besser, wenn eine kleine Menge Reicher kommt und viel bezahlt – und die Umwelt minimal belastet –, als wenn viele kommen und wenig bezahlen – und die Umwelt maximal belasten. Der Sinn des streng regulierten Tourismus auf den Malediven ist schließlich, dass man mehr Geld pro Tourist hereinbekommt, während man gleichzeitig die Entwicklung durchdacht steuern kann, mit dem Ziel, der gefährdeten maritimen Umwelt nicht zu schaden. Freie Niederlassung und freie Konkurrenz würde ganz sicher zu niedrigeren Preisen, aber zugleich höherer Umweltbelastung führen.

Auf Muravandhoo kann man sich auf Grund der hohen Preise (ab fünfzehnhundert Euro pro Nacht für einen Bungalow) einen eigenen Meeresbiologen leisten. Er heißt Shameen Ali. Als ich ihn treffe, ist er betrübt. El Niño im Jahr 2016 hat die Korallen hart getroffen, es sind lebende Tiere, die deutlich empfindlicher sind für Temperaturschwankungen als Fische und andere schwimmende Unterwassertiere. Als die Strömungen zweiunddreißig Grad warmes Meereswasser mit sich brachten, verblichen die Korallen. Achtzig Prozent von ihnen starben. Natürlich waren die Malediven nicht allein betroffen. Auch das Great Barrier Riff vor Australien und mehrere Inselnationen im Pazifik trafen die warmen Strömungen hart.

Jedes dritte bis fünfte Jahr führt sich El Niño so auf. So ist es schon immer gewesen und hat an sich nichts mit den vom Menschen verursachten Klimaveränderungen zu tun. Allerdings ist in den letzten Jahrzehnten das Wasser wärmer gewesen als früher. 2016 gab es einen Wärmerekord, was, wie man annimmt, mit der Verbrennung von Treibhausgasen durch den Menschen zusammenhängt.

«Jedes Mal, wenn ich die ausgeblichenen Korallenriffe sehe, weine ich innerlich. Ich weiß schließlich, wie es vor El Niño aussah. Auch die Anemonen sind weiß geworden, und in denen versteckt sich der Fisch Nemo so gerne», sagt Shameen Ali, während wir im seichten Uferwasser sitzen, bereit, Schnorchel und Maske aufzuziehen und eine Runde zu tauchen.

«Es besteht kein Zweifel. Dass die Wasserströmungen so warm waren, hängt eindeutig mit der globalen Erwärmung zusammen, darüber sind sich die Klimaforscher schließlich einig», fährt er fort, während wir barfuß auf das schmale, längliche Riff gehen, das ins Meer hineinführt, und uns die Flossen überziehen, um hineinzuspringen.

Die südasiatische Inselnation ist sowohl vom Fischfang als auch von den Tourismus-Einkünften abhängig. Daher arbeiten nicht nur Shameen, sondern viele Meeresbiologen auf den Malediven und mehreren anderen Inseln im Indischen Ozean daran, neue Korallen zu pflanzen, um die Erholung der lebendigen Farbenpracht der Unterwasserwelt schneller voranzutreiben.

Zusammen schnorcheln wir über das beinahe vollständig tote Korallenriff der Insel. Hier und dort taucht er hinab und schneidet einen kleinen Steckling von einer der vereinzelten lebenden Korallen ab. Am Ende hat er eine Handvoll. Da taucht er noch einmal hinab bis ungefähr vier Meter Tiefe und knüpft sie an einem Metallgestell fest, das als Unterwasserrabatte fungiert. In der vorangehenden Woche hat er vierhundert Korallen-Stecklinge gepflanzt. Es ist der Plan, mehrere Tausend zu pflanzen.

«Die meisten stimmen darin überein, dass die Klimaveränderungen der Grund für die ansteigenden Temperaturen der Wasserströmungen in den letzten Jahren sind», sagt Shameen, der auf einer Insel im südlichen Teil des Archipels aufgewachsen ist, wo man den Anstieg der Meeresspiegel bereits zu spüren bekommt und deshalb neue Wellenbrecher gebaut hat.

2009 wurde eine Kabinettsitzung auf dem Meeresboden abgehalten. Ziel war es, ein SOS an die Welt zu schicken, was mit der Inselnation passieren wird, wenn die Klimaveränderungen nicht aufgehalten werden. Der damalige Präsident Mohamed Nasheed sagte, es ginge darum, die Bedrohung, vor der die Inselnation wegen der steigenden Meeresspiegel steht, zu verdeutlichen. Die Malediven sind das tiefstliegende Land der Welt mit einer durchschnittlichen Erhebung von anderthalb Metern über dem Meeresspiegel, während der höchste Punkt des Archipels nur zweieinhalb Meter über dem Meeresspiegel liegt. Achtzig Prozent der Inseln haben eine Höhe von weniger als *einem* Meter.

Eine halbe Stunde dauerte die Tauchsitzung der Regierung in vier Metern Tiefe zwischen wehenden Korallen und schwimmenden Fischen, bei der die Minister, gekleidet in schwarze Taucheranzüge, eine Resolution unterschrieben, die globale Verringerungen der Treibhausgas-Emissionen anmahnt. Auf Filmaufnahmen, die um die ganze Welt gingen, sah man einen schwarzweißen Dreibinden-Preußenfisch während der Sitzung vorbeischwimmen. In der unterzeichneten Resolution stand: «Wir fordern alle Menschen aus kleinen und großen, reichen und armen, hochgelegenen und tiefgelegenen Ländern auf, sich über die Verringerung des CO_2-Ausstoßes zu einigen, so dass der Kohlendioxid-Gehalt in der Atmosphäre sich auf ein Niveau von unter 350 ppm verringert.»

«Wir versuchen, unsere Botschaft zu senden, damit die Welt versteht, was hier auf den Malediven passiert, wenn wir die Klimaveränderungen nicht unter Kontrolle bringen», sagte der Premierminister den versammelten Journalisten, nachdem er wieder aufgetaucht war und die Tauchermaske abgezogen hatte.

Die spektakuläre Kabinettsitzung öffnete uns Festlandbewohnern die Augen für die Bedrohung der tiefstliegenden Inselnationen der Erde. Doch leider hatte das keine hemmende Wirkung auf die steigenden Kohlendioxidwerte. Bereits drei Jahre nach der Unterwasser-Sitzung überschritt der globale Durchschnittsgehalt von Kohlendioxid 400 ppm (parts per Million), 2022 waren es über 420 ppm, trotz der Reiserestriktionen und Lockdowns der Pandemiejahre.

Schon gleich nach der Kabinettsitzung unter Wasser begannen die Malediver, sich nach Möglichkeiten umzuhören, mit Geld aus dem Tourismus Land in Indien, Sri Lanka und Australien zu kaufen, um die Bevölkerung an dem Tag, an dem das Meer das Land überschwemmt, evakuieren zu können. Denn eines ist sicher: Der Tag wird kommen, an dem mindestens dreihunderttausend Inselbewohner werden fliehen müssen. Darüber gibt es keinen Zweifel. Und die Regierung will vorbereitet sein.

«Zwar wollen wir die Malediven nicht verlassen, aber wir wollen auch keine Klimaflüchtlinge sein, die jahrzehntelang in Zelten wohnen müssen», begründete der Premierminister die Pläne für einen organisierten Flüchtlingsstrom aus der tiefliegenden Inselwelt auf sicheren Festlandsboden.

Auf Muravandhoo treffe ich einen anderen Nasheed. Ismael heißt er mit Vornamen und er liebt es, ohne Schnorchel, Schlauch oder Taucherbrille zu tauchen. Doch Neoprenanzug, extra lange Flossen und Nasenklemme braucht er, da er so tief taucht. Mit einer Tauchermaske würde der Druck gegen die Augen zu groß werden. Mit einem einzigen Atemzug ist er bis in einundsechzig Meter Tiefe getaucht. Dabei hielt er fast sechs Minuten die Luft an. Wenn er nicht im Meer um Muravandhoo frei taucht oder in das ägyptische Dahab fährt, um dasselbe zu tun, oder sich zum hundertsten Mal Luc Bessons Kultfilm *Im Rausch der Tiefe* ansieht, ist er Hotelchef von Joali.

«Es ist faszinierend, wozu ein Menschenkörper in der Lage ist. Wenn wir ohne Tauchermaske tief tauchen, kommt der Tauchreflex zurück, den wir als Embryos hatten», sagt er, während wir vor dem Tauchzentrum der Insel stehen, wo der Koel-Vogel im Brotfruchtbaum ruft.

Als er sich den Neoprenanzug auszieht, entdecke ich direkt über der einen Hüfte ein Tattoo. In meinen Augen kleine Schnörkel, doch tatsächlich ein Satz in der lokalen Sprache Dhivehi, eine Sanskritsprache, nahe verwandt mit dem Singhalesischen, das im Nachbarland Sri Lanka gesprochen wird. Ich bitte ihn, es zu übersetzen.

«Dort steht, dass von dir außer Erde nichts bleibt. Und dass, was du getan hast, schnell vergessen wird.»

«Klingt das nicht ein bisschen düster?»

«Im Gegenteil», sagt Nasheed, «es weist darauf hin, dass wir aus unserer Zeit auf der Erde das Bestmögliche machen müssen, dass wir versuchen müssen, Gutes zu tun und ganz im Hier und Jetzt zu leben.»

Nicht alle Hotelinseln der Malediven sind so nachhaltig wie Muravandhoo. Das Alltagsleben in der Hauptstadt, in der sich zweihundertfünfzigtausend Einwohner auf gut acht Quadratkilometern drängen – was sie zur am dichtesten bevölkerten Stadt der Welt macht –, zeichnet sich nicht durch ökologisches Denken aus. Der Müll wird auf die künstlich erbaute Müllinsel Thilafushi sieben Kilometer entfernt von Malé verfrachtet. Nur ein Teil des Metall- und Plastikmülls wird recycelt, der Rest wird vergraben oder verbrannt mit der Gefahr, dass giftige Stoffe ins Meer austreten. Seit mehreren Jahren verspricht die Regierung, auf der Insel eine Fabrik für die Produktion von Biokraftstoff zu errichten, doch bislang ist, zur Enttäuschung der lokalen Umweltbewegung, nichts daraus geworden.

Sicherlich gibt es also mehr zu tun, um die einzigartige natürliche Umgebung auf den mehr als tausend Inseln in Form von sechsundzwanzig Atollringen längs einer gut achthundert Kilometer langen nord-südlichen Linie direkt über dem Äquator zu bewahren.

Das Vorbild für Inseln mit großer biologischer Vielfalt und großem Einfluss durch Touristen ist Palau, das Land mit dreihundert Inseln, gelegen im Pazifischen Ozean achthundert Kilometer östlich der Philippinen. Es hat nur zweiundzwanzigtausend Einwohner und eine Hauptstadt namens Ngerulmud, in der weniger als vierhundert Menschen wohnen. Die Inselnation rühmt sich, 2017 die erste der Welt zu sein, die ihre Einreiseregeln geändert hat, um Umwelt und Klima zu schützen. Alle die Palau besuchen, müssen bei der Ankunft eine Erklärung unterschreiben, *The Palau Pledge*, gemeinsam verfasst von Kindern aus verschiedenen Teilen des Archipels. Die Erklärung wird einem in den Pass gestempelt und lautet: «Handle freundlich, erkunde bewusst und hinterlasse einen kleinen (ökologischen) Fußabdruck», aus Rücksicht auf die kommenden Generationen.

Inzwischen sind große Teile von Palau ein maritimes Naturreservat, das siebtgrößte der Welt in seiner Art. Außerdem herrscht vollkommenes Verbot von kommerziellem Fischfang und Ölbohrung. Die Regierung des Landes hat andere Inseln im Pazifischen Ozean dazu gebracht, *The Micronesia Challenge* zu unterschreiben, um es genauso zu machen. Das Ziel ist, dreißig Prozent des Wassers und zwanzig Prozent der Inseln in Naturreservate zu verwandeln. Bislang haben die Föderierten Staaten von Mikronesien, die Nördlichen Marianen, die Marshallinseln und Guam die Herausforderung angenommen.

Die Strände auf der Insel Huruvalhi, auch sie im maledivischen Raa-Atoll, leuchten genau wie auf den anderen tausend Inseln irgendwo zwischen hellgelb und weiß. Die Erklärung für den extrem hellen Sand sind die kleinen weißen Korallenstückchen, nicht größer als feiner Kies, die unter den Füßen kitzeln. Ich laufe hier sozusagen auf Fischkot, da die Papageifische von den Korallen fressen und dann die zerkleinerten Korallenskelettstücke ausscheiden.

Der Sand auf dieser Hotelinsel ist wie auf den anderen Luxustouristeninseln geharkt wie ein Kiesweg. Die Palmblätter und Zweige, die nachts von den Bäumen geweht wurden, sind weggefegt. So perfektionistisch, wie nur pedantisch veranlagte Menschen das Dasein hier auf der Erde einrichten können. Eine andere Auswirkung des Menschen entdeckte das Personal, als man 2021, nach mehreren Monaten Corona-Lockdown, auf die Hotelinsel zurückkehrte. Eine gute Weile lang hatte niemand die Strände gereinigt. Damals sah es nicht sauber und ordentlich aus. Schuhe, Windeln, Plastikflaschen, alles mögliche Gerümpel war aus dem Meer angespült worden. Ein großer Teil war natürlich mit den Strömungen von dichtbevölkerten Küsten weit hergekommen, wie zum Beispiel der afrikanischen Ostküste und der indischen Westküste. Die an Land gespülten Abfallberge erzählten etwas darüber, wie respektlos der Mensch rund um die Welt das Meer behandelt. Doch jetzt sind Huruvalhi und die anderen Touristeninseln gesäubert und werden bis zur Perfektion ordentlich gehalten, dank des Personals, das jeden Tag vor der Dämmerung um die Insel herum geht und den Sand harkt.

Auf solchen luxuriösen Hotelinseln erwartete ich Personal, das korrekt und höflich, aber unpersönlich und förmlich ist. Vielleicht geradezu unterwürfig, wie es in schicken Etablissements im Nachbarland Indien mit seinen extremen Einkommensunterschieden und der Kasten-Hierarchie weit verbreitet ist. Daher bin ich verblüfft darüber, wie offenherzig und persönlich viele der Malediver sind, die auf den Hotelinseln arbeiten.

Wie Risan, der von einer einsam gelegenen Insel gleich südlich des Äquators weit unten im südlichen Teil der weit auseinanderliegenden Inselnation kommt. Die Insel heißt Fuvamulah. In deutscher Übersetzung bedeutet das «Betelnuss-Insel».

«Die Einwohner der Nachbarinsel Addu ziehen uns immer auf. Was zwei Sachen zur Folge hat: Wir wollen den Namen unserer Insel ändern und wir mögen die Einwohner von Addu nicht», sagt er.

Jetzt arbeitet er als Kellner in Gudaguda, einem der Restaurants, die zu Huruvalhis einzigem Hotel, The Standard, gehören.

«Doch hier bin ich vielen begegnet, die aus Addu kommen. Und wissen Sie, ich habe einige von ihnen kennengelernt und sie haben sich als supernett herausgestellt. Man sollte nicht so über Leute urteilen, wie wir es auf meiner Heimatinsel getan haben.»

So wie die Mehrzahl der Bungalows von Huruvalhi steht das Restaurant auf Pfählen im Meer. Innen sitzt man auf Kissen auf dem Boden und isst maledivische Gerichte, zubereitet aus lokalen Zutaten. Als Risan mir frittierte Brotfrucht und Yams, frische Datteln, getrocknete Kokosscheiben und bittersüße Reisbällchen mit Moringapulver serviert hat, hockt er sich neben mich und erzählt von sich.

«Wenn ich hier länger als fünf Monate bleibe, werde ich depressiv. Dann muss ich weg von hier. Dann fliege ich nach Malé, um meine Mutter zu sehen oder nach Sri Lanka, um meine Schwester zu besuchen.»

Nach einer Viertelstunde, als er mehr von dem Leben auf seiner Heimatinsel erzählt hat, kommt es mir vor, als würden wir uns kennen. Zugleich habe ich einen Einblick in das Alltagsleben der Inselnation erhalten. Eine ziemlich unerwartete Begegnung im Edelrestaurant eines Luxushotels. Dann verschwindet er und kommt mit verschiedenen Currys zurück: eines mit Gelbflossen-Thun, eines mit Passionsfrucht und eines mit Früchten des Meerrettichbaumes.

«Essen Sie mit den Händen, fühlen Sie das Essen, dann schmeckt es besser», rät Risan.

Das bin ich aus Indien gewohnt, tue es gerne und erlebe eine der erlesensten asiatischen Mahlzeiten seit langem, die durch karamellisierte Papaya und Mangosorbet abgerundet wird.

«Darf man den Koch kennenlernen?»

Man darf. Er heißt Steffan Aafag und stammt vom Vaadhoo-Atoll, das zwei Tage Schiffsreise entfernt liegt. Wenn der jährliche Urlaub ansteht, fährt er dorthin und besucht seine Familie, um sich danach in die Welt hinauszubegeben. Neben Kochen ist Reisen seine große Leidenschaft. Zuletzt war er in Malaysia, die nächste Reise geht nach Portugal und Marokko.

«Hier passiert schließlich nicht so viel. Das Reisen ist eine Art, neue Eindrücke zu bekommen und die Abgeschiedenheit zu ertragen», sagte Steffan.

Ein Hotelkoch, der sich so viele Urlaubsreisen in ferne Länder leisten kann, macht mir deutlich, dass die Malediven nicht länger das arme Drittweltland sind, das sie einmal waren. Das Geld der Touristen hat den Unterschied gemacht.

Von Muravandhoo und Huruvalhi im Raa-Atoll fliege ich mit einem noch kleineren Wasserflugzeug südwärts zu der Insel Mandhoo im Ari-Atoll. Nachdem das Flugzeug auf dem Wasser aufgesetzt hat und zum Vertäuen an den Schwimmsteg schaukelt, sehe ich einen Schwarm von Delphinen, die etwas weiter draußen im Meer springen. Hier, im maritimen Naturreservat im südlichen Ari-Atoll, gibt es viele davon, genauso wie Walhaie, Echte Karettschildkröten und Mantarochen.

Auf der Insel, auf der ich gerade gelandet bin, liegt ein Dorf mit knapp dreihundert Einwohnern, die sich vor allen Dingen durch Fischfang und den Anbau von Ananas, Wassermelonen und Kokosnüssen ernähren. Auch ein paar Hotels gibt es hier. Eine billige Pension im Dorf und ein etwas feineres Resort im Wald daneben. Was Mandhoo von den anderen maledivischen Touristeninseln unterscheidet: hier lässt man die Lokalbevölkerung und die Touristen sich mischen – auch wenn man während der Pandemie die Einheimischen und die ausländischen Reisenden auseinanderhielt.

Noch bis in den Wald hinein hört man auf der Insel das rauschende Meer. Die Pflanzen wölben sich über den sandigen Weg, und die Flughunde pfeifen in den Baumkronen, als ich da zusammen mit Yusuf Hefny spaziere. Er kommt von der ägyptischen Rotmeerküste und ist nach einer Laufbahn in verschiedenen Hotels im Vorderen Orient hier draußen im Indischen Ozean gelandet. Das Hotel, in dem er arbeitet, heißt Fiyuvalhu, und neun von zehn der Angestellten dort sind, anders als er, Malediver.

«Also diese Resort-Inseln, das sind wirklich nicht die echten

Malediven, es gibt in diesem Land hier so viel mehr», sagt Yusuf, dessen philippinische Frau in Joali auf Muravandhoo arbeitet, was bekanntlich eine archetypische Hotelinsel ist, wie er sie überhaupt nicht mag.

Er nimmt mich mit in den südlichen Teil seiner Insel, um die Solarzellen zu zeigen, die Entsalzungsanlage und das Klärwerk, die dafür sorgen sollen, dass die endlichen Ressourcen nicht unnötig verschwendet werden und die Unterwasserwelt nicht zerstört wird.

«Hier wohne ich», sagt er dann und zeigt auf ein kleines, unaufgeräumtes Zimmer mit offener Tür und ungemachtem Bett. Es liegt in einem Gebäudetrakt, der nebst Personalwohnungen auch einen Fernsehraum und einen Laden beherbergt, in dem Angestellte Zigaretten, Snacks und Erfrischungsgetränke kaufen können.

Yusuf scheint sehr zufrieden damit, nicht auf einer abgeschiedenen und ansonsten unbewohnten Hotelinsel arbeiten zu müssen.

«Unser Alleinstellungsmerkmal ist es, mit der lokalen Bevölkerung zusammenzuarbeiten», sagt er, als würde er etwas sehr Außergewöhnliches und Wertvolles präsentieren. «Wir kaufen lokale Fische und Früchte und brauchen daher keine teuren Transporte mit Speedboats. Unsere Gäste dürfen das Dorf besuchen und Teil der lokalen Bevölkerung sein.»

Alkoholkonsum ist auf den Malediven verboten, außer auf den Resort-Inseln. Da Mandhoo fest ansässige Bevölkerung hat, herrscht auf der ganzen Insel Alkohol-Verbot. Doch keine Regel ohne Ausnahme. Sollten wir dennoch Lust auf einen Rausch haben, gehen wir einfach zur Rezeption und bitten, uns zum Bar-Boot rauszufahren, einer imposanten weißen Yacht, die fünfzig Meter vor dem Strand auf der Reede liegt. Dort draußen fließt der Alkohol in Strömen.

«Nutzen das viele?», frage ich.

«Nein, wir haben vor allen Dingen muslimische Gäste, die keinen Alkohol wollen. Es sind meist die sri-lankischen Touristen, die das Bar-Boot besuchen. Sie trinken gerne.»

Das schnelle Motorboot ist ostwärts im Ari-Atoll unterwegs. Wir springen hoch auf den Wellenkämmen, tauchen tief hinunter in die Wellentäler und kommen nach einer Stunde schaukeliger Fahrt in den Windschatten hinter einer Insel. Wir sind eine Gruppe aus sechs Hotelgästen von Fiyavalhu, die an zwei Riffen schnorcheln wollen. Obwohl diese Gewässer hier vor allen Dingen für ihre Schildkröten und schönen Korallen bekannt sind, reden wir über Haie. Hier im Indischen Ozean gibt es schließlich noch ausreichend Riffhaie und auch den einen oder anderen Walhai und Tigerhai.

«Die Haie bei den Riffen sind nicht gefährlich, sie finden so viele Fische zum Fressen, dass sie immer satt sind», sagt Nihan Abdullah, ein zweiundzwanzigjähriger Junge von der Insel Kondey in den südlichen Atollen, der bei Fiyavalhu als Tauchlehrer arbeitet.

«Das sagst du so! Aber ich habe von einem Mädchen gehört, die vor gar nicht so langer Zeit bei einem Tauchausflug von einem Hai gebissen wurde», sagt ein Australier.

«Vertrau nie einem Hai», findet ein Russe.

«Es gibt ja auch nicht nur nette Menschen», sagt Nihan scharf und bittet uns, mit dem Reden aufzuhören, Flossen und Maske anzuziehen und reinzuspringen.

Das Riff, an dem wir tauchen, wird aufgrund der reichen Variation von Arten «Korallengarten» genannt. Dank schützender Unterwasserklippen entging es dem Korallensterben, das durch die extrem warmen Meeresströmungen, die mit El Niño kamen, verursacht wurde.

Ich schwebe zwischen Wassermassen und grüße die orange-weiß gestreiften Clownfische, weltberühmt durch den Zeichentrickfilm *Findet Nemo*. Dieser hier lässt sich von den wehenden kleinen Tentakeln der Anemone streicheln. Freundlich nicke ich den Karettschildkröten zu und fliege, ja, so fühlt es sich an, durch das kristallklare Meer über die Tischkorallen, die aussehen wie psychedelische Riesenpilze.

Nach einer Weile bekomme ich Gesellschaft. Ein Schwarm von Falterfischen sucht Kontakt. Als ich tiefer tauche, folgen sie mir neugierig. Als ich zur Oberfläche steige, hängen sie sich hartnäckig an mich. Als ich zum Begleitboot schwimme, schwimmen sie, sehnsüchtig nach Gesellschaft, hinterher.

Amorgos

Nach Hause kommen

Fläche: 121 km^2
Einwohnerzahl: 1973
Koordinaten: 36°50'22.99"N 25°53'49.9917"O
Zeitzone: GMT +2 h
Höchster Punkt: 823 m ü. d. M.

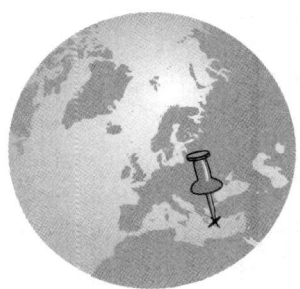

In der Ägäis schlummert ein Drache. Gezackt und braun liegt er regungslos mitten in dem großen Blau. Solange man denken kann, bekommt der große Drache täglich Besuch von einer kleinen Fähre. Hartnäckig kommt sie über das Meer geschaukelt. Sie ist so klein, dass man aus der Ferne die weißen Schaumkronen kaum von der Fähre unterscheiden kann.

Im Hafen von Naxos, der Nachbarinsel, zugleich meine Sommerinsel, zu der ich in den letzten zwanzig Jahren mit Familie, Freunden und Verwandten immer wieder zurückgekehrt bin, gehe ich an Bord. Das Schiff, das mich in dem Archipel Richtung Süden bringen soll, heißt *Skopelitis Express*. Beharrlich fährt es seine tägliche Route, beladen mit Touristen, Inselbewohnern und Warenlieferungen. Es ist rostfleckig, hat eine salzverkrustete Reling, ist nur acht Meter breit und liegt so tief, dass es sich anfühlt, als säße und schaukle man auf der Wasserlinie, obwohl man sich oben auf Deck niedergelassen hat. Jedes Mal, wenn ich damit fahre, bekomme ich das Gefühl, *wirklich* draußen auf dem Meer zu sein und nicht nur mit kaum spürbaren Wellenbewegungen voranzugleiten, wie man es in diesen neuen, klimatisierten Riesenfähren tut – schwimmende Parkhäuser und Shoppinggalerien mit Food-Courts.

Skopelitis ist eine kleine, abgenutzte, aber hartnäckige Widerstandsbewegung gegen die glitzernden Kolosse der Riesen-Reedereien. Ein Ruf aus der Vergangenheit. 1956 begann Kapitän Mitsos Skopelitis, den kleinen Kahn zu fahren, der das größere und dichter bevölkerte Naxos mit den abgeschiedenen, schwächer entwickelten und unfruchtbareren Inseln weiter südlich verband. Dann übernahm Sohn Giannis das Ruder und danach Enkel Dimitris. Mit anderen Worten, ein Familienunternehmen, ein männliches. Small Cycladic Lines, wie die Reederei heißt, hat eine Homepage voller alter, sonnenverblichener Farbfotografien aus dem Familienalbum. Sie zeigen ausschließlich die männlichen Mitglieder der Dynastie. Da spielt der Kapitän Geige mit einem Onkel an der Bouzouki, und dort ist die Hafentaverne, in der die Männer sich am Feierabend mit Tischen voller Duralexgläsern mit Weißwein und Tellern voll gegrilltem Tintenfisch entspannen.

Bevor wir den letzten Sund kreuzen, haben wir an vier winzigkleinen Nachbarinseln angelegt – Iráklia, Schinoussa, Koufonissi und Donoussa – alle karg und windig und von dem türkisesten Meer umgeben, das man sich vorstellen kann. Es steigen Männer mit Wollkäppis und Frauen mit schwarzen Kopftüchern aus, die beim Arzt auf Naxos gewesen sind und die Gelegenheit genutzt haben, Dinge einzukaufen, die es auf den kleinen Inseln nicht gibt. Auch urlaubende Familien mit kleinen Kindern sind dabei, gekleidet in farbige Shorts und weiße Unterhemden, im Visier die weißen Strände, das klare Wasser und die traditionellen Tavernen, die verführerische Düfte von frisch gegrilltem Fisch verströmen.

Als wir auf das Meer hinauskommen, das die Kleinen Kykladen von dem schlafenden Drachen, zu dem ich unterwegs bin, trennt, wird die Brise zum Starkwind. Der *Meltemi*, der Nordwind, frischt auf. Man kann beinahe die Uhr nach ihm stellen: Von Mai bis September bläst er zwischen Mittag und spätem Nachmittag, während es morgens und abends oft windstill ist und das Meer spiegelblank. Ich bin es gewöhnt, dass Wind zu grauem Wetter und Regen gehört, doch in dieser Inselwelt pfeifen die Winde auch, wenn der Himmel klarblau ist und die Sonne strahlt. Bei mehr als Windstärke sieben stellen die Reedereien normalerweise ihren Fährbetrieb ein, trotz des scheinbar schönen Wetters. Dann ist es zu gefährlich, an den ungeschützten Kais anzulegen. Doch Small Cycladic Lines stellen den Betrieb nur selten ein. Vielleicht hätten sie es heute tun sollen? Doch die Familie Skopelitis hat den Ruf, die zuverlässigste Verbindungslinie der Inseln zu sein. Es gehört mehr als ein bisschen Starkwind dazu, damit man am Kai liegenbleibt.

Gezielt steuert der Kapitän aus dem Hafen von Donoussa hinaus auf die Dünung, die von Nordost heranrollt. Der Mann an der Bar, der eben noch Frappé, Metaxa und Feta-Quiche serviert hat, verlässt seinen Posten und geht im Salon herum, reißt Plastiktüten von einer Rolle ab und deponiert sie auf Tischen und Stuhllehnen. Man muss sich nur bedienen. Alle an Bord verstehen, wie die Lage ist, und nehmen eine Plastiktüte. Der Meltemi ergreift die Fähre von Backbord und lässt sie kräftig seitlich schaukeln. Bald landet der Mageninhalt der Reisenden in den Plastiktüten. Ich lege mich auf ein Sofa und spüre statt der Übelkeit eine ungewöhnliche Benommenheit. Die Müdigkeit ist wie eine äußere Kraft, die beschlossen hat, mich niederzuwerfen. Bald schlafe ich und träume von einem Riesen, ähnlich Polyfemos, dem Zyklopen in der *Odyssee*, dem antiken Epos, das ich als Taschenbuchausgabe dabeihabe und in dem ich jeden Abend lese. Im Traum hebt er mit seiner Riesenhand das Schiff hoch, hält es gegen die

Sonne und schüttelt es, um zu sehen, ob ein paar Menschen herausfallen, die er zum Abendessen verspeisen kann.

Eine halbe Stunde später erwache ich davon, dass der Riese seinen Griff gelockert hat. Ich setze mich auf, sehe durch die salzbespritzten Fenster und stelle fest, dass Kapitän Dimitris nicht aufgegeben hat. Jetzt gleiten wir in die spiegelblanke Aegiali-Bucht hinein, geschützt durch eine bergige Landzunge. Tatsächlich hat der Wind nachgelassen, die Sonne ist Richtung Horizont gesunken, und der Hafen, an dem wir bald anlegen werden, mit seinen Zuckerwürfelförmigen Häusern, badet in einem pfirsichfarbenen Licht. Ich hebe den Blick und sehe den Drachenrücken. So karg, so steil, so gewaltig, so respekteinflößend, so still, so beruhigend. Mich erfüllt eine Ruhe, die ich als existenziell bezeichnen würde. Eine Ruhe, die bleiben wird, solange ich hier auf der Insel bin. Und von der mehrere Inselbewohner, denen ich begegne, sagen, dass sie sie ständig in sich tragen.

In meinen Kopfhörern singt Nick Cave einen Song, den ich ausgewählt habe, weil ich finde, dass er bestens zu einer Ankunft auf einer bergigen, griechischen Insel mit antiken Vorfahren passt. An dem Lied, gesungen mit Donnerstimme, ist etwas wahrhaft Inseliges, Melancholisches und Schicksalschweres:

> *Go son, go down to the water*
> *And see the women weeping there*
> *Then go up into the mountains*
> *The men, they are weeping too*
>
> *Father, why are all the women weeping?*
> *They are weeping for their men*
> *Then why are all the men there weeping?*
> *They are weeping back at them*

Oh father, tell me are you weeping?
Your face seems wet to touch
Oh, then I'm so sorry father
I never thought I hurt you so much

Vergib, Gott Vater und Mutter Erde, wir wollten nichts Böses. Ja, doch, ein Teil von uns vielleicht, aber ich nicht. Ich verspreche es! Ich wollte das Richtige, aber es ist so falsch geworden. Ich hätte mich nicht von den ewigen Elementen der Natur entfremden und an die künstliche industrielle Welt gewöhnen dürfen. Bitte, vergebt uns unsere Sünden! Bin verwundert über meinen Gemütszustand, es muss an der Homerlektüre liegen, in Kombination mit den Eindrücken der mächtigen Berge, die so dramatisch ins ewige Meer hinabstürzen. Vor dem literarischen Klassiker und der Gewaltigkeit der Natur fühle ich mich so winzigklein, federleicht, unbedeutend, unbeständig und unwichtig. Welche Rolle spielt es, was ich unternehme? Das interessiert wohl die Berge, die Insel, das Meer und den Himmel kein bisschen.

Doch nur kurz noch lasse ich die Tränen die Wangen hinabrinnen. Dann werde ich sie trocknen und mich wie neugeboren fühlen. Denn ganz anders als man glauben könnte, ist das Gefühl der Unterlegenheit der Natur gegenüber nicht ohne Hoffnung, sondern erfüllt von Zuversicht, mit einer Spur Melancholie. Denn sieht man seine eigene Bedeutungslosigkeit ein, versteht man leichter, dass selbst, wenn der Mensch die Lebensbedingungen für sich und die Tiere ruiniert, unsere Zerstörung aus der Perspektive des Planeten schließlich nur eine saisonale Grippe darstellt. Tausend, zehntausend und hunderttausend Jahre später, einige Mikrosekunden und Sekunden in der Lebenszeit des Himmelskörpers, ist alles vergessen und wiederhergestellt. Wir ruinieren ja schließlich nicht den Planeten, der zuckt nur mit der Schulter und kreist weiter um die Sonne, während er sich selbst repariert. Wir zerstören ihn nur für uns, hier und jetzt.

Wehmütige, fatalistische und geradezu nihilistische Gefühle und Gedanken. Das gehört mit der Ankunft auf Amorgos zusammen. Genauso war es letztes Mal.

Bei meinem ersten Besuch auf der Insel habe ich Irini Giannako-poulous getroffen. Ich hatte Malin dabei, meine damals sieben-jährige Tochter. Auf kurvigen Wegen nahm Irini uns mit in ihren Geburtsort ein wenig das Tal hinauf. Von dort liefen wir mit Ma-lin auf dem Eselsrücken zu den Weinreben und Olivenbäumen hoch. Mit Aussicht auf die Ägäis ernteten wir die Früchte, bevor wir nach Langada weiterzogen, ein anderes Dorf des Tales. Dort wurden wir Zeuge, wie die Dorfbewohner die Weintrauben zertraten, um sie in Wein zu verwandeln, die harten, bitteren Oli-ven einweichten, um sie weich und mild werden zu lassen, und in den mit Holz befeuerten Steinöfen Feigen rösteten und Brot buken.

Am nächsten Morgen standen Malin und ich vor Sonnenauf-gang auf und gingen im Hafen von Aegiali an Bord eines der Fischkutter. Unter einem Sternenhimmel, so funkelnd und schimmernd, wie ich ihn kaum je gesehen hatte, steuerten wir aus der Bucht hinaus. Dann verstummte das rhythmische Ge-räusch des Motors, und wir lagen und schaukelten, während die zwei Seemänner die Netze auslegten. Sie hofften auf Sardinen, vielleicht ein paar Seebarsche und, so Gott will, die eine oder an-dere Rotbarbe, den wertvollsten Fisch. Es wurden vor allen Din-gen Kleinfische, aber trotzdem haben wir einige Sardinen mitbe-kommen, die ich dem Koch in Irinis Hotel gab. Mittags am selben Tag servierte er sie gebraten in Olivenöl mit Salz und ausge-presster Zitrone, mit einer Tomaten-Bohnen-Suppe. Zusammen schmeckte alles göttlich, so wie es schmeckt, wenn man um vier

Uhr morgens aufgestanden ist und das Essen gefangen hat, das vor einem auf dem Teller liegt.

An einem anderen Tag sind wir mit den Ziegenhirten hinauf auf den windigen Drachenrücken der Insel gewandert. Dort versteht man erst, welch eine Weite einen umgibt, denn in allen Richtungen sieht man das Meer, wodurch man das Gefühl bekommt, als balanciere man auf einer Messerschneide. Und am dritten Tag tauschten wir Alltag gegen Fest und waren bei einer Hochzeit am Strand dabei, wo der Bräutigam auf einem Esel ritt. Am vierten Tag war Kindstaufe in einer Kapelle weiter oben am Berg, wo Sahnetorte auf Papptellern und Chivas-Regal-Whisky in Plastikbechern serviert wurde. Anschließend bekamen alle Gäste eine süße kleine Puppe, die einen Rucksack, gefüllt mit weißen Bonbons, trug.

Irini hatte einen Plan. Sie wollte, dass die Touristen die Nahrungsmittel und Traditionen der Insel kennenlernten, gerade wie wir es eben getan hatten, und worüber ich eine Reportage schreiben würde. Sie wollte dem Rest der Welt zeigen, wie die Inselbewohner leben und überleben und wie alles zusammenhängt. Nach unserem Besuch ließ sie eine Broschüre drucken, geziert von einem Bild von Malin, wie sie im Weinberg steht und Trauben isst. Mit dieser Broschüre wollte Irini Besucher dazu verlocken, eine Erntewoche auf der Insel zu buchen. Es hat nicht so gut funktioniert. Vermutlich, weil es das Jahr 1996 war und Irini ihrer Zeit um ein Jahrzehnt voraus war. Heute, denke ich, gäbe es einen Ansturm von urbanen Hipstern, die im Urlaub am Mittelmeer regional angebaute Produkte ernten wollten.

Seitdem ist ein Vierteljahrhundert vergangen. Das Hotel, das sie und ihr Mann einige Jahre vor meinem ersten Besuch eröffnet hatten, ist ausgebaut und luxuriöser geworden. Amerikaner mit dicken Portemonnaies gehören inzwischen zu ihren Zielgruppen. Die Idee der Erntewoche hat sie begraben, doch noch immer arrangiert sie Hochzeiten für Besucher, die in griechischem Stil heiraten wollen, und noch immer achtet das Hotel-Restaurant darauf, dass so viel Essen wie möglich aus regionalen und saisonalen Zutaten bereitet ist. Ganz hat sie ihre ursprüngliche Idee nicht vergessen.

Irini kommt zu spät zu unserer Verabredung. Als sie mit klappernden Absätzen und rosigen Wangen in die Lobby hereingerannt kommt und nachdem sie mit den Wangenküsschen fertig ist, entschuldigt sie sich mehrmals. Von dem Kurs, den sie für weibliche Gäste aus den USA und Costa Rica über die Zubereitung regionaler Gerichte gehalten hatte, konnte sie schließlich nicht einfach weglaufen. Mit diesen Kursen verwaltet sie das Erbe der Erntewoche. Heute hat sie viele Angestellte. Die Yogalehrer und Köche hat sie vom Festland geholt, sogar aus dem Ausland, so wie den Concierge, einen grazilen Mann mit femininen Zügen und einem ebenso schicken wie queeren Kleiderstil, der den Eindruck erweckt, als sei er in den coolsten Clubs in einer Weltmetropole zu Hause.

Während meines weiteren Aufenthaltes auf der Insel bekomme ich von den Dorfbewohnern auch Kritik an Irini und ihrem Hotel zu hören. Vom Kai in Aegiali aus sieht man, wie es sich am Berg auf der anderen Seite der Bucht ausbreitet. Es ist schließlich das größte, exklusivste und teuerste Hotel der Insel. Der ganze Komplex besteht aus Spa und Salzwasserpool und vielen in den Berg hineingebauten Gebäudeteilen. Ab und zu schauen die Dorfbewohner zu ihm herauf, schütteln den Kopf und sagen zueinander: «Bei der Baugenehmigung kann es nie und nimmer mit rechten Dingen zugegangen sein!» Doch Irini schämt sich nicht. Vielleicht, weil ihr Unternehmungsgeist ein wenig anders ausgeprägt ist als der, der normalerweise in einem traditionellen Dorf auf einer kleinen griechischen Insel herrscht. Sie hat zehn Jahre mit ihrem Mann und den Kindern auf der anderen Seite des Atlantiks in New Jersey gewohnt. Stolz erzählt sie, wie sie nach der Rückkehr mit zwei leeren Händen ihr Unternehmen aufbaute, den American Dream auf ihrer griechischen Heimatinsel verwirklichte und sich mit viel Mühe das erarbeitete, was heute ist.

«Anfangs habe ich alles gemacht. Habe den Mini-Bus gefahren, um die Gäste am Hafen abzuholen, habe an der Rezeption gesessen und eingecheckt, im Büro gesessen und Buchungen entgegengenommen, die Zimmer geputzt, das Essen gekocht. Es war heftig. Doch es kam nur ein Schiff pro Woche und es gab wenig Touristen. Doch dann fiel mir ein, wie ich expandieren könnte. Ich fing an, überall auf der Welt auf Reisemessen zu gehen und die Insel und das Hotel zu bewerben», erzählt Irini, während wir auf der Terrasse ihres Imperiums sitzen und mit Aussicht über das weiße Dorf, den gelben Sandstrand und die türkisfarbene Meeresbucht an einem Glas mit regionalem Wein nippen.

Der Tourismus kam spät nach Amorgos. Irini erzählt von einer Frau aus England, die Anfang der Siebzigerjahre auf Besuch kam. Es gab kein Hotel, also bot Irinis Vater der Frau an, kostenlos im kleinen Strandhaus der Familie zu wohnen und ihm dafür Englischunterricht zu geben. Irini war elf und konnte auch ein paar Worte lernen. Eines davon war *ice cream*. Aber sie verstand nicht, was das sein sollte. Nie hatte sie das, was das englische Wort bezeichnete, probiert. Das Tal in der nordöstlichen Ecke der Insel, in dem sowohl das Dorf liegt, in dem Irini geboren wurde, als auch das Hotel, war noch immer ohne Elektrizität und ohne Straßenverbindung nach Chora, dem administrativen Hauptort der Insel. Daher gab es im Tal keine Autos und keine Kühlschränke, Gefriertruhen oder Fernsehapparate. Wollte man irgendwohin jenseits des Tales, musste man wandern, mit dem Esel reiten oder das Schiff nehmen. Die Fährverbindungen zu den Nachbarinseln und dem Festland waren wenige und sporadisch. Die Frauen kümmerten sich um die magere Terrassenlandwirtschaft, die Häuser und die Kinder, während die Männer Seeleute wurden und verschwanden. Jedes Mal, wenn sie auf Heimatbesuch kamen, waren die Kinder einige Zentimeter gewachsen, seit sie sie zuletzt gesehen hatten.

Jetzt sind die Zeiten andere. Heute ist es so viel einfacher, auf einer dünnbesiedelten Insel weit draußen im Meer zu leben. Die jungen Leute ziehen für ihre Ausbildung aufs Festland, aber kommen immer öfter zurück. Nicht, um zu fischen und Oliven zu ernten, sondern um aus der Entfernung in dem Bereich zu arbeiten, in dem sie ausgebildet sind.

«Heute sind die Kommunikationsmöglichkeiten phantastisch. Wir haben tägliche Fähren und Internet. Wir können neue Filme und Theatervorstellungen sehen. Dank der Digitalisierung haben wir Zugang zu allem, was sie auf dem Festland haben. Wir haben inzwischen sogar eine Theater- und Tanzschule. Mein Gott, als ich klein war, konnten wir von so etwas nur träumen», sagt sie enthusiastisch und voller Eifer.

Danach zeigt sie mir auf ihrem Smartphone ein Video, das sie einige Tage zuvor aufgenommen hat, als ein gigantisches Kreuzfahrtschiff vorbeikam und auf der Reede lag. Ich sehe, wie Skopelitis und die konkurrierende Blue-Star-Fähre ins Bild kommen und im Vergleich mit dem Kreuzfahrt-Riesen wie kleine Freizeitboote wirken.

«So graziös und schön», stöhnt Irini, die findet, dass sowohl der Kapitän des Kreuzfahrtschiffes als auch die Gäste sich respektvoll und anständig benommen haben.

Für ihre positive Einstellung hat sie guten Grund, da sie als einzige auf der Insel die organisatorischen Mittel, die Guides und die Busse hat, die es braucht, um Ausflüge für die Kreuzfahrttouristen zu veranstalten. Was natürlich bedeutet, dass auf ihr Hotelunternehmen ein großer Teil des Geldes abfiel, das der Besuch des Schiffes generierte. Viele der Dorfbewohner, mit denen ich in den kommenden Tagen spreche, sind skeptischer. Sie vergleichen den Kreuzfahrtschiff-Besuch mit Speed Dating und einem Besuchergewerbe auf Steroiden. Nur wenigen, wie eben Irini und ihrer Familie, ist es schließlich gelungen, sich den überwiegenden Teil des schnellen Geldes zugutekommen zu lassen.

Doch ich erahne auch noch eine andere, eher kulturelle Ursache für die schlechte Stimmung. Alles, was großangelegter Kreuzfahrttourismus repräsentiert, beißt sich schließlich mit dem Image der Insel als einem kleinen, ruhigen und langsamen Ort weit entfernt von der großen, chaotischen und komplizierten Welt. Diesem Ruf ist es zu verdanken, dass die meisten Besucher, die in den letzten fünfzig Jahren kamen, Insel-hoppende Zivilisationsflüchtlinge waren, auf der Suche nach Entspannung und Ursprünglichkeit. Reisende, die meinen, auf der Insel ihre Eremitage gefunden zu haben, also einen abgeschiedenen Ort, der das Glück hatte, der Flutwelle der modernen Welt zu entkommen. Ein Zufluchtsort, an dem die Lampen nicht blinkern und die Musikberieselung nicht lärmt, wo man stattdessen den Duft von Kräutern riecht, die klingelnden Glocken der Ziegen hört und zu einem von Lichtverschmutzung unberührten nächtlichen Sternenhimmel aufschaut.

Heutzutage ist die Flucht eine selbstgewählte Urlaubsaktivität, eine Suche nach dem eigenen wahren Inneren oder dem vermuteten Ursprung. Doch in früheren Zeiten ist Amorgos zusammen mit den Inseln Ikaria und Gyaros wiederholte Male als Verbannungsort genutzt worden, wohin das Regime unliebsame Kritiker schickte. Amorgos' isolierte Lage prädestinierte sie dafür. Zuerst die Römer, dann der Kaiser von Byzanz und schließlich die Militärjunta benutzten die Insel, um Oppositionelle loszuwerden. Der berühmteste Gefangene während der Junta, die das

Land 1967–1974 regierte, war der linksliberale Minister Georgios Mylonas. Bekannt wurde er vor allen Dingen dadurch, dass es ihm gelang, des nachts mit Hilfe eines von seinem Schwiegersohn gesteuerten Bootes vor den Schergen der Diktatur von der steilen, bergigen Insel zu fliehen. Eine epische Flucht, die sicherlich einfacher war, und daher weniger dramatisch, als die Ausbrüche von den Gefängnisinseln Alcatraz und der Teufelsinsel, aber spannend genug, um ein Pageturner-Buch mit dem Titel *The Amorgos Conspiracy* hervorzubringen. Als ich eines Tages an dem Steinstrand Agia Anna an der Südküste der Insel stehe und die beinahe lotrechte Bergwand hinaufblicke, an der das mittelalterliche Kloster Panagia Hozoviotissa wie ein Schwalbennest hängt, wird mir deutlich, was für eine enorme physische Herausforderung die Flucht war, etwas, was nur noch klarer wird, als ich am selben Abend eine Youtube-Dokumentation über Mylonas' waghalsige Flucht schaue.

Ende der achtziger Jahre reiste einer meiner besten Freunde hierher, hauptsächlich, um sich selbst zu finden. Als er zurückkam, war er sowohl in die Insel als auch in ein Mädchen aus Berlin verliebt, das aus demselben Grund wie er hierhergekommen war. Mein Freund beschrieb Amorgos als eine Entdeckung für all diejenigen, die sich in Moderne und Urbanität nicht zu Hause fühlen. Außerdem klang der Name der Insel so romantisch. Das führte dazu, dass ich mich einige Jahre später entschloss, hierher zu reisen. Ich wurde nicht enttäuscht. Das bin ich jetzt auch nicht. Außer der Expansion von Irinis Hotel hat sich seit meinem ersten Besuch nicht sehr viel verändert. Das gibt mir die Hoffnung, dass langsamer Tourismus doch möglich ist.

Eine Insel, auf der das Leben einfach und beständig ist, wird immer meine erste Wahl als Reisender sein. Doch wer bin ich, die Erschließung zu kritisieren, die dazu führt, dass es mehr Leuten möglich ist, dort wohnen zu bleiben. Daher fällt es mir schwer,

Irini zu verurteilen. Trotz allem fügt ihr Komplex sich in den traditionellen Stil der Insel ein, und sie hat den Ehrgeiz, keine Ressourcen zu verschwenden. Unter anderem pumpt sie Salzwasser hoch in den Pool, statt Leitungswasser zu verwenden, das auf der Insel knapp ist (ein Teil von Amorgos' Trinkwasser kommt aus einer Entsalzungsanlage, während der Rest, absurd genug, mit Tankschiffen vom Festland geliefert wird).

Dass die Dorfbewohner so kritisch sind, beruht im Grunde genommen auf denselben Tatsachen, die mich so gespalten machen. Sie finden auch, das Leben auf der Insel solle am besten so bleiben, wie es immer war, und scheinen nicht wertzuschätzen, dass Irini durch die Arbeitsplätze, die sie geschaffen hat, mehr Wohlstand hervorgebracht hat, als irgendein anderer auf der Insel. Ich stehe wie ein Esel zwischen zwei Heuhaufen. Und finde, sowohl Irini als auch ihre Kritiker haben recht. Doch wenn ich nach dem gehen soll, was ich selbst während eines Inselbesuchs bekommen möchte, ja, dann hoffe ich, dass ihre Kritiker sich behaupten. Auch das nächste Mal, wenn ich herkomme, will ich den ländlich pittoresken Gegensatz zu meinem modernen Alltag vorfinden. Auch dann will ich die klingenden Glocken der Ziegen hören und den Duft wilder Kräuter riechen.

Früh am Morgen wandere ich auf den Wegen der steil zum Meer abfallenden terrassierten Berghänge. Es riecht nach trockener Erde, sandstaubigen Büschen und säuerlichen Thymianblüten. Dieses Jahr ist es ungewöhnlich trocken, habe ich erfahren, da der Winterregen geringer ausgefallen ist als sonst. Weit dort unten gluckert, rauscht und plätschert das Meer an die Steine. So freundlich, so anders als der Atlantik erscheint das Mittelmeer.

Auf den Terrassen prangen nicht länger die Olivenbäume und Weinrebenstöcke, die hier seit der Antike gewachsen sind. Die Steinmauern, die die vertrockneten Reste stützen, haben begonnen, zu zerfallen. In schnellem Tempo wird die magere Landwirtschaft aufgegeben. Es ist viel ertragreicher, ein Haus mit Ferienwohnungen zu bauen und es drei Monate im Jahr zu vermieten. Also macht man natürlich das stattdessen.

Ich denke, mit so einem angenehmen Klima und einem relativ gutmütigen Meer war es kein Zufall, dass auf den Kykladen, auf Amorgos und den Nachbarinseln, vor beinahe fünftausend Jahren eine der ersten Hochkulturen blühte, lange bevor das Athen der Antike zu einer ernstzunehmenden Stadt wurde. Unter vielem anderen hat man auf der Insel Dokathismata gefunden, eine der Marmorstatuen, die auf die Jahre 3000–2000 vor unserer Zeitrechnung datiert werden. Sie zeigt eine ästhetisch minimalistisch gestaltete Frau mit schmalen, eckigen Körperformen, spatenförmigem Kopf mit gerader Nase, doch ohne Augen und Mund, die Arme verschränkt und die Zehen aufgestellt. Weiter entfernt von einem Fruchtbarkeitssymbol kann man nicht sein. Stattdessen wird sie oft mit Werken des zwanzigsten Jahrhunderts von Bildhauern wie Jean Arp und Constatin Brancusi verglichen. Meiner Meinung nach sieht sie am ehesten aus wie ein über dem Boden levitierender Android, eine Besucherin von einem anderen Planeten, in einen enganliegenden Raumanzug gekleidet. Während ich zurück zur Levrossos-Bucht spaziere, bekomme ich von-Däniken-Phantasien über frühere Besuche aus dem Weltraum. Als vor fünftausend Jahren gerade ein Ufo am Strand gelandet war, tobte zwischen den Dorfbewohnern vielleicht dieselbe Diskussion wie heute darüber, wie man diesen unerwarteten Besuch fremder Wesen in seltsamen Fahrzeugen von fernen Orten finden sollte.

Seit Ende der achtziger Jahre gibt es noch eine andere Art von Besuchern, die in neun von zehn Fällen aus Frankreich kommen. Hergelockt wurden sie von Luc Bessons Film *Im Rausch der Tiefe*, der zum größten Teil hier auf der Insel spielt. Der Film handelt von einem genauso melancholischen wie leidenschaftlichen Freitaucher, ein Charakter, der von dem Leben des Franzosen Jacques Mayol inspiriert wurde. Tieftauchen mit Schwimmflossen, aber ohne Sauerstoffflaschen – und manchmal sogar ohne Taucherbrille – ist ein Sport, der sich seitdem auf der Insel fest etabliert hat. Obwohl die Filmpremiere schon mehr als drei Jahrzehnte zurückliegt, sehe ich an den Schotterwegen überall Schilder aufgestellt mit Angeboten wie «Freediving School» und «Swim like a dolphin in Amorgos' crystal clear water». Eine der wenigen komischen Szenen des Films zeigt, wie der traurige Junge mit einem verrückten Italiener an einem Schiffswrack taucht. Noch immer liegt dieses Wrack in derselben Bucht an der westlichsten Landzunge der Insel. Daher pilgern die Luc-Besson-besessenen Franzosen dorthin. Geduldig traben sie den Weg von einem eingehegten Grundstück mit Ziegen und einem Abstellplatz für rostige Autos und Wohnwagen, zwischen stacheligen Büschen und scharfen Kalksteinklippen entlang, um das bald vollkommen verrostete Wrack der M/S Olympia zu sehen. Die Franzosen vergnügen sich damit, Steine darauf zu werfen, wie es da mit heftiger Schlagseite einige Meter vor dem Steinstrand liegt. Wer den alten Kahn zuerst trifft, gewinnt und bekommt von den anderen ein Bier ausgegeben. Dann gehen sie in das Le Grand Bleu im Hafendorf Katapola, trinken ihr Bier und schauen zum siebenundvierzigsten Mal den Film, den der Barbesitzer Kostas Punkt halb neun zeigt. Was er seit 1992 jeden Abend getan hat.

«Für Luc-Besson-Fans ist ein Besuch auf Amorgos genauso wichtig wie eine Wallfahrt nach Mekka, sie müssen es einfach einmal im Leben machen», lacht Christos Souglis in Aegiali, dem zweiten Hafenort der Insel.

Am Pier, wo die Fähre anlegt, betreibt Christos das Hafencafé Amorgalos. Es ist dort untergebracht, wo früher Wartesaal, Fahrkartenschalter und Café des Hafens war. Seit Christos übernommen hat, ist es ein angesagter Ort bei Eingeborenen und Reisenden geworden. Hier bleibt man lange, raucht Papastratos- und Kareliazigaretten, während man über das Leben redet und Fisch und Tintenfisch isst, zubereitet auf neuartige Weise. Trotz innovativer Kochkunst betrachten viele Dorfbewohner sein Lokal noch immer als das, was es einmal war: den Empfangstresen der Insel. Es ist so ein Ort, an dem man einfach sein kann, was man ist. Wie heute Abend, wenn einer der männlichen Gäste dasitzt, mit Schiffermütze auf dem Kopf, aber nacktem Oberkörper, und stolz seinen großen, behaarten und sonnenverbrannten Bauch zeigt, während er sein Abendessen verspeist.

Christos kommt aus der Küstenstadt Alexandroupolis in Nordgriechenland, wo sein Vater fischte und tischlerte, um die Familie zu ernähren. Dort wuchs er auf und gewöhnte sich daran, immer den Berg im Rücken und das Meer vor sich zu haben. Dann zog er nach Thessaloniki, ebenfalls eine Festlandstadt im Norden, bevor er sich in südlicher Richtung in die Inselwelt begab. Seit vielen Jahren wohnt er zwischen der Osterwoche und der herbstlichen Tagundnachtgleiche auf Amorgos, um anschließend nach Ermoupolis zu ziehen, der Stadt auf der Insel Syros, wo er die regnerischen Winter verbringt. Er nennt sich Inselnomade, und mit seinem zerzausten lockigen Haar, dem lichten Bart, der heiseren Whisky-Stimme, dem herzlichen Lachen, der starken Präsenz und der lebensbejahenden Einstellung kommt er einem vor wie ein glücklich überwinterter Hippie, obwohl er zu jung ist, um ein Original aus den Siebzigerjahren zu sein. Doch eine freie Seele will er sein, mitten in dem großen Blau, mit mehreren Heimatorten und einer Bar, aber ohne feste Beziehung und eigene Kinder.

Das erste Mal, als wir uns begegnen, ist es früher Abend, und Christos hat vollauf zu tun, alle, die seinen Ouzo, Tsatsiki und Seebarsch oder Schweinekotelett möchten, zu bedienen. Mit flatterndem Haar und breitem Lächeln rennt er zwischen den Tischen herum. Auf der Stirn perlt der Schweiß, der Blick fliegt hin und her. Aber trotzdem kommt er und setzt sich zu mir und Noa, meinem vierzehnjährigen Sohn, an den Tisch.

«Ein gutaussehender junger Mann, ich mag deinen Stil», schmeichelt er und macht sowohl Noa als auch mich stolz.

Doch dann schaut er bekümmert.

«Aber wie sitzt du da?», fragt er und beginnt, Noa zu instruieren, die Beine weiter auseinanderzunehmen.

Er betrachtet mich mit kritischer Miene, wie um anzumahnen, dass ich gerade diesen Teil der männlichen Erziehung versäumt hätte. Dann zeigt er Noa, wie man es macht. Die Beine sollen vom Körper aus gesehen den Winkel eines V haben, damit deutlich zu sehen ist, dass einem die Welt gehört! Und dann gerne einen der Füße an die Querstange ganz unten am Stuhl gegenüber! Lehn dich zurück! Und jetzt raus mit der Brust! Vergiss nicht einen ruhigen, entspannten Gesichtsausdruck, gerne ein bisschen blasiert! Und dann der Blick, mit dem kannst du nach schicken Frauen ausschauhalten!

Noa tut wie er sagt. Christos ist zufrieden.

«Wow, Junge, jetzt sitzt du wie ein echter Grieche», sagt er mit seinem breiten Grinsen, bei dem ich nicht sicher bin, ob er es ernst oder ironisch meint.

Am nächsten Morgen bin ich wieder im Amorgalos. Ruhig plätschert das Meer. Lichtreflexe tanzen um das Hafenbecken herum. Noch stehen die Tische auf der Terrasse leer, und Christos setzt sich mit seinem Frappé und seinem Zigarettenpaket an meinen Tisch. Er nimmt einen Zug und beginnt, von seiner ersten Begegnung mit der Insel zu erzählen. Es war magisch, sagt er. Er kann das Glück, das er fühlte, nicht richtig beschreiben, aber er will es versuchen. Er wurde mit Ruhe erfüllt und war endlich heimgekommen. Er spürte, es war ein abgeschiedener Ort, den Hilfe von außen nicht so schnell erreicht, was paradoxerweise dazu führte, dass man sich sicher fühlte.

Während der Jahre, die seitdem vergangen sind, hat er viele Gleichgesinnte getroffen. Oft Reisende aus fernen Ländern, die die erste Begegnung mit der Insel ebenfalls als eine Heimkehr beschrieben haben.

«Ist das nicht seltsam?», fragt Christos sich, nippt an seinem Eiskaffee und zündet sich die nächste Zigarette an. «Es gibt einen ganzen Planeten voller spannender Orte, und doch kommen sie seit Jahrzehnten jedes Jahr hierher. Aber ich mache es schließlich genauso. Also weiß ich nicht, ob das seltsam ist.»

Das die Insel umgebende Meer beschreibt er als «ein schützendes Schild». Nichts aus der Außenwelt kann dich direkt erreichen, dich angreifen, dich ereilen. Stattdessen, sagt er, kommt alles – neue Besucher, Warenlieferungen, Liebesbriefe – mit einem der täglichen Schiffe. Kontrolliert, begrenzt und sicher. Zugleich findet er, das Meer habe die Fähigkeit, die Sinne zu öffnen. Christos taucht gerne in ihm, nicht wie in dem französischen Kultfilm und wie Jacques Mayol. Christos bevorzugt Sauerstoffflaschen. Das Dasein dort unten in dem scheinbar unendlichen großen Blau beeinflusst die Seele, sagt er. Erst wirst du instinktiv gestresst, wenn dir klar wird, dass du unter der Wasseroberfläche bist und nicht atmen kannst. Das Hirn schickt dir ein Signal, dass du hochschwimmen musst, um Luft zu bekommen. Doch dann sagst du zu deinem Gehirn: Es ist kein Problem, ich kann hier unten bleiben, ich habe Luft in den Sauerstoffflaschen! Und dann, erklärt Christos, tritt ein großer Friede ein.

Dann reden wir darüber, dass das Leben auf der Insel heute so viel einfacher ist als früher, dasselbe Thema, worüber Irini am vorherigen Tag gesprochen hat. Die alte Kultur hat dank der Einkünfte aus dem Tourismus und der Möglichkeit, via Technik an der großen Welt teilzuhaben, eine neue Vitamininjektion bekommen.

«Ich sehe ein neues Interesse für das Regionale. Ich sehe, wie die Jungen auf der Insel an *Panigiris* (Dorffesten) teilnehmen und die Tradition bejahen. Während sie zugleich mit der Welt verbunden sind. Das ist ein gutes Zeichen.»

Doch daneben erahnt er eine Bedrohung, die sich am Horizont auftürmt: All das Plastik im Meer. Seiner Ansicht nach eine Folge der heutigen Eile und mangelnden Besonnenheit. Denn heutzutage wolle jeder alles in Plastikbechern und Plastikflaschen bekommen und niemand nehme sich die Zeit, um sich hinzusetzen, sich etwas Luft zu gönnen und sein Wasser und Kaffee aus einem Trinkglas oder Porzellanbecher zu trinken. Das Plastik, Ergebnis dieser Hetzjagd, kommt ins Meer, wird kleiner und zu Mikroplastik, das von den Fischen gefressen wird und schließlich im Körper der Menschen landet. Der Teufelskreis von schlechtem Verhalten und schwer abbaubarem Material beunruhigt ihn mehr, als dass der größte Teil der Elektrizität auf der Insel und landesweit noch immer aus fossilen Brennstoffen gewonnen wird.

Da Griechenland und die anderen Mittelmeerländer einen so viel schmutzigeren Energiemix haben als Nordeuropa, gibt es EU-Beiträge für die Umstellung. Für die griechische Inselwelt bedeutet dies großangelegte Pläne, auf den windigen Inseln die Windkraft auszubauen, damit sie das Festland mit erneuerbarer Energie versorgen können. Christos findet das einen schrecklichen Plan. Und alle anderen, mit denen ich auf der Insel spreche, selbst Irini, sind seiner Meinung. Der Widerstand ist massiv. Das Vorhaben, mehr als sechzig riesenhafte Windräder auf dem Drachenrücken zu errichten, jagt ihnen Angst ein.

«Allein schon, um die riesigen Flügel hierher zu bekommen, muss man neue Häfen und breite Asphaltstraßen bauen. Und was ist mit all dem Beton, der gegossen werden muss? Die Unternehmen, die die Anlagen aufstellen, werden keine Verantwortung dafür übernehmen. Nach zwanzig Jahren werden die Windräder als industrielle Leichen vor sich hin rosten», sagt er und betont, dass er an sich nichts gegen grüne Energie habe, aber dass er nichts davon hält, eine unzerstörte Umgebung weit draußen im Meer zu opfern, um die Energieprobleme ganz Griechenlands zu lösen.

Fünf, sechs Windräder wären in Ordnung, findet er, das würde für den Bedarf der Insel reichen. Doch zehnmal so viel? Nein! Sie werden nachts blinken und rund um die Uhr surren und die Ruhe stören.

Auf anderen Kykladen-Inseln wie Tinos und Andros hat man begonnen, Windräder aufzustellen, doch nicht ohne Krach. Auf Tinos gab es gewaltsame Proteste, als sich weit auseinanderliegende politische Richtungen vereinten – Anarchisten, Rechtsextremisten und Priester – und sich zur Wehr setzten. Die Polizei musste gerufen werden, um sie wegzuholen.

Genau wie die anderen, denen ich im Dorf begegne, wird Christos am selben Abend auf eine Dorfversammlung gehen, bei der die Windräder diskutiert werden. Nicht zum ersten Mal beruft man eine Versammlung ein, um Widerstand zu formieren. Der Kampf dauert schon lange an.

«Warum», fragt er, «sollen wir auf den Inseln die Probleme lösen, die ihr auf dem Festland geschaffen habt?»

Vangelis Vassalos hat nie bereut, dass er zurückgekommen ist.

Schon mit zwölf Jahren hat er Amorgos verlassen, um auf Naxos in einem Internat zur Schule zu gehen. Es war eine einfachere Lösung, als jeden Morgen mehrere Stunden über die Berge in die Hauptstadt Chora zu wandern, die zwanzig Kilometer entfernt am anderen Ende der länglichen Insel liegt. Danach landete er mit Umweg über Syros in London, wo er elf Jahre lang blieb.

Eines Tages, zu Besuch auf Kreta, begegnete er Eleni aus Thessaloniki und zusammen entschlossen sie sich, auf Vangelis' Heimatinsel zu ziehen. Seit fünfundzwanzig Jahren wohnen sie in dem Dorf Langada mit Vangelis' vierundneunzigjähriger Mutter im Obergeschoss und ihrem eigenen Laden mit getrockneten Kräutern, Ölen und Parfüms im Erdgeschoss.

Langada ist ein Dorf wie früher. Schmale Treppengässchen mit girrenden Tauben, blinzelnden Katzen und Cafés, in denen alte Männer mit lederiger Haut Kaffee aus süßen Puppengeschirrtassen trinken. Gerade heute Abend ist in einer der Tavernen Rembetiko-Konzert. Obwohl es mitten in der touristischen Hochsaison ist, haben sich fast nur Inselbewohner eingefunden, um dem wehmütigen griechischen Blues zu lauschen, der in den 1920er Jahren unter Flüchtlingen in Piräus entstanden sein soll. Nach dem griechisch-türkischen Krieg und der darauffolgenden ethnischen Säuberung waren sie aus Smyrna, dem heutigen Izmir, und den anderen ethnisch gemischten Städten in Kleinasien, in denen seit der Antike Griechen gelebt hatten, geflohen.

Vangelis und ich schlängeln uns an den Musikern und dem Publikum vorbei, das auf Hockern und traditionellen Tavernenstühlen sitzt, und gehen aufs Dach hinauf. Die Musiker verbeugen sich vor ihm und beinahe alle grüßen. Oben auf dem Dach unter dem Sternenhimmel sind wir allein und hören nur schwach im Hintergrund die traurige Musik, die davon erzählt, wie es ist, plötzlich sein Zuhause zu verlieren.

«In einem Dorf auf einer Insel aufzuwachsen ist etwas ganz anderes, als in einem Dorf auf dem Festland. Das Besondere am Inselleben ist, dass man sowohl isoliert ist, als auch an einer Hauptstraße, also dem Meer, wohnt. Mit den Schiffen kommen ständig neue Einflüsse und andere Arten zu leben und zu denken. So war es seit der Antike. Deshalb werden die Inselbewohner kosmopolitischer, toleranter und weitsichtiger», sagt er, während wir dasitzen, im Duft des Holzkohle-gegrillten Tintenfisches, der von unten die schmale Gasse hinaufsteigt, und unser Fix-Bier trinken.

Vangelis, ein Cousin zweiten Grades von Irini, trägt ein dunkelblaues T-Shirt, auf dem eine kleine Insel im Meer zu sehen und ein Text zu lesen ist, der lautet *Small islands matter*. Die meisten hier sind, wie er es ausdrückt, *Jack of all trades, master of none*, also auf verschiedenen Gebieten tätig. So war es bei seinem Großvater, der als Seemann in der Handelsflotte arbeitete, als Händler und Fischer tätig war und zu Hause auf der Insel Landwirtschaft betrieb. Und so ist es weitergegangen, inzwischen mit dem Tourismus als einer von mehreren Möglichkeiten des Broterwerbs. Sein Bruder hat die beliebteste Taverne auf der anderen Seite der Gasse, und er selbst empfängt mit Eleni häufig Touristengruppen, um Vorträge mit anschließendem Verkauf über die Gesundheits- und Pflegeprodukte zu halten, die sie in einer kleinen Werkstatt weiter oben im Bergdorf selbst herstellen.

Er ist natürlich der gleichen Meinung wie die anderen, dass die sechzig Windkraftanlagen auf dem Zeichenbrett bleiben müssen. Stattdessen findet er, die Inselbewohner sollten die Landwirtschaft und den Fischfang wiederaufleben lassen. Doch die EU subventioniert Fischer, die ihr Gewerbe niederlegen. Einer nach dem anderen hat zugestimmt, das Geld genommen und aufgehört. Jetzt ist nur noch eine Handvoll lokaler Fischer übrig, was er bedauerlich findet. Stattdessen hat man über den Ziegenhirten Subventionen ausgeschüttet, seufzt er tief, wie um zu unterstreichen, wie falsch das ist. Vangelis ist betrübt, genau wie Irini und Christos: Die Ziegen, sagen sie, fressen alles auf, was wächst. Bald ist die Insel frei von aller Vegetation. Die EU-Beiträge für saubere Energie sollten stattdessen dafür verwendet werden können, Bäume zu pflanzen, findet er. Und Bohnen anzubauen, aus denen man *Fava* herstellen kann, die regionale Spezialität, die Hummus täuschend ähnlich sieht, aber aus pürierten Ackerbohnen statt aus Kichererbsen besteht.

Dass Amorgos ein Ort für diejenigen ist, die ihren Ursprung suchen, findet er gut.

«Das ist wahrer Öko-Tourismus. Und in tieferer Bedeutung, als wir es gewöhnlich mit dem Begriff verbinden. Denn ‹Öko› bedeutet auf Griechisch schließlich auch ‹Zuhause›. Auf die Insel zu kommen, bedeutet, nach Hause zu kommen. Nach meinen Abenteuern auf dem Festland bin ich wieder nach Amorgos zurückgekehrt, genau wie Odysseus nach seinen Abenteuern nach Ithaka zurückkehrte.»

Es gibt zu wenige Ithakas und Amorgos', sagt er, Orte, die man als «Zuhause» bezeichnen kann. Früher oder später müssen wir alle zu einem solchen Ort zurückkehren, um weiter in Harmonie leben zu können.

«Tief in unserem Innern sind wir alle Odysseus und suchen nach unserer Heimatinsel.»

Miké Vekri hat die Insel nie verlassen. Er ist hier geboren und hatte daher nie Grund, sich über unterschiedliche Lebensbedingungen Gedanken zu machen.

«Was kann ich sagen, da ich nichts zum Vergleich habe?», fragt er, nachdem wir uns in seiner Kombination aus Taverne und Fleischerei niedergelassen haben.

Er zündet eine Zigarette an, schaukelt ruhelos mit dem Körper, geht an das klingelnde Handy, schaut dann bald mit in die Ferne gerichtetem Blick über die Meeresbucht hinaus, bald konzentriert auf mich und Michali, der zum Übersetzen dabei ist, denn Miké spricht kein Englisch. Es ist, als hätte ihn jemand an den kleinen Tavernentisch gezwungen, um mit mir zu reden. Schließlich ist es für ihn normal, ständig in Bewegung zu sein, denke ich. Er ist nicht daran gewöhnt, stillzusitzen und von einem

Festlandbewohner, der keine Ahnung zu haben scheint, wie es ist, auf einer Insel zu wohnen, seltsame Fragen gestellt zu bekommen. Doch etwas weiß er sicher. Er würde nie von hier wegziehen. Er hat gehört, wie es in den Städten auf dem Festland zugeht. Dort ist das Leben durchgetaktet, sagt er. Das Inselleben hingegen, das ist frei und sicher, obwohl die Winter ohne Touristen wirtschaftlich hart sind, das nächste Krankenhaus auf der Nachbarinsel Naxos liegt und man für etwas intensivere Krankenversorgung, zum Beispiel, um Sauerstoff zu bekommen, bis nach Athen muss, siebeneinhalb Stunden Schiffsreise nach Norden.

Neben der Taverne und der Fleischerei stellt Miké Käse her und baut Gemüse an. Außerdem kauft er Ziegen von den Hirten und verkauft sie weiter auf andere Inseln und aufs Festland. Mit der Zigarette im Mundwinkel stellt er sich hin und zeigt mit Körpersprache, wie es aussieht, wenn er sich eine Ziege über die Schulter legt, die beiden Beinpaare mit den Händen fasst und den Weg den Berg hinab zum Meer geht.

Aber ein eigenes Boot hat er nicht. Vom Meer hält er sich fern. Es ist okay, es anzusehen und mit der Fähre darauf zu fahren. Aber längere Zeit darauf verbringen? *Ochi*, sagt Miké, was eines der wenigen Worte auf Griechisch ist, das ich kann: «Nein.»

Der Kühlschrank für das Bier und andere kalte Getränke summt, die Auslieferungsklappe der Küche scheppert, und am Tresen, wo er Fleisch aus seiner Schlachterei verkauft, hat sich eine Kundenschlange gebildet. Ich versuche, noch genauer herauszufinden, weshalb er das Meer nicht mag und werfe daher meine Annahme ein, dass «ich dachte, alle Inselbewohner lieben das Meer». Vielleicht kann die vereinfachende Behauptung ihn herausfordern? Er sieht mich stur an, nimmt einen eiligen Zug aus seiner Zigarette der Marke Azzoz und sagt dann mit seiner rauen Stimme ruhig und leise, dass er Fischen einfach nicht mag.

Karin Oscarsson kam im selben Jahr in den achtziger Jahren nach Amorgos, in dem mein Freund hierher reiste und sich doppelt verliebte. Ich treffe sie unter Weinranken auf ihrer Terrasse oberhalb eines Cafés am Strand in Aegiali. Auf dem Schild an der Treppe neben ihrem Haus steht «Iris Yoga & Massage Studio», was Auskunft darüber gibt, womit sie heutzutage ihren Lebensunterhalt verdient.

«Iris, also Regenbogen», sagt sie, «nenne ich meine Tätigkeit, weil es mit Merkurius zusammenhängt, dem Kommunikationsgott in seinem regenbogenfarbigen Mantel, der für den Kontakt zwischen den Göttern und den Menschen steht.»

Früher hat sie in mehreren Tavernen der Insel gearbeitet und zusammen mit einem Deutschen Kräuter für den Export gesammelt. Doch jetzt geht es vor allen Dingen um Spiritualität und Wellness. In einem der drei Zimmer mit Eingang vom Balkon aus wohnt sie selbst, ein anderes hat sie für Massagebehandlungen und Yoga-Sessions eingerichtet und in dem dritten wohnt ihr Ex-Mann, mit dem sie eine inzwischen erwachsene Tochter hat. Es sind viele Jahre vergangen, seit sie zum ersten Mal hier ankam. Als Backpackerin hatte sie Südamerika, die Karibik und Europa bereist. Als Skopelitis 1986 mit Karin an Bord in die Aegialis-Bucht steuerte, war sie die einzige Touristin an Bord und die Insel mehr oder weniger unbeeinflusst von der modernen Welt. Erst wenige Jahre zuvor hatte man Elektrizität und einen Schotterweg nach Chora bekommen. Damals fuhr sie wieder nach Hause, aber kehrte zurück, traf einen tollen Mann aus Athen, heiratete und ließ sich mit ihm auf der Insel nieder.

Damals kamen die Fähren nur sporadisch, sagt sie. Streiks und Unwetter führten manchmal dazu, dass sie für mehrere Wochen eingestellt wurden. Da wurde dann die Auswahl an Waren in den Lebensmittelläden schnell kleiner.

«Eine Weile lebten wir ausschließlich von Blumenkohl. Es war das Einzige, was es im Laden noch gab, als einmal die Fähren eingestellt wurden, sagt sie, während wir auf einer Holzbank mit einem bunten Flickenteppich sitzen und Pressstempel-Kaffee trinken.

Dass man auf einer kleineren Insel weniger äußere Stimulanz bekommt durch Ereignisse aus der Außenwelt, betrachtet sie als großen Vorteil. So kann man schließlich an seiner inneren Freiheit arbeiten und mit sich selbst ins Reine kommen. Oder miteinander reden, über alle anderen, die hier wohnen. Und das tut man täglich, mit dem Ergebnis, dass alle meinen, alles über alle zu wissen, genau wie auf den meisten kleineren Inseln. Ein Teil der Dorfbewohner, sagt Karin, verbringt sämtliche Nachmittage damit, im Café zu sitzen und über all die zu sprechen, die in dem Moment gerade *nicht* da sind.

«Aber das bedeutet nicht, dass ich das falsch finde. Es gibt positiven Klatsch, der Ausdruck davon ist, dass man sich um seine Nachbarn kümmert», sagt sie. «Wir Hippie-Reisenden haben den Touristen den Weg gebahnt. So beginnt es wohl immer, oder? Wir entdecken, sie bauen aus», sagte sie und erinnert sich an die Zeit, in der am Levrossos-Strand in der kleinen Bucht hinter Aegiali fast alle – außer den Priestern – nackt gebadet haben.

Sie ist genauso gegen die Kreuzfahrtschiff-Besuche und die Pläne für die Windkraftanlagen wie alle anderen, die ich getroffen habe, und am Abend, bevor wir uns sehen, war sie auf einer Dorfversammlung, bei der diese zwei brennenden Fragen diskutiert wurden. Auch Karin ist der neuen, vom Tourismus abhängigen Ökonomie gegenüber skeptisch.

«Eine arme Insel bekam einen Zufluss von Geld, die Wirtschaft wuchs, aber die Moral verkümmerte. An Land bekamen wir Gier und im Meer Plastik», sagt sie. «Doch wenn es an der fortwährenden Zerstörung etwas Positives gibt, ist es der Widerstand, der uns vereint hat.»

Die meisten Einwanderer sind Festlandgriechen, danach kommen Franzosen und dann Deutsche. An Skandinaviern herrscht Mangel. Doch in dem Tal, in dem die Dörfer Aegiali, Potamos, Langada und Tholaria liegen, wohnen immerhin zwei Schwedinnen. Neben Karin Oscarsson noch Annika Nordin.

Sie kam drei Jahre nach Karin zum ersten Mal auf die Insel. Doch in der griechischen Inselwelt war sie schon viel früher unterwegs gewesen. Bereits 1972, als Dreizehnjährige, reiste sie vollkommen auf sich allein gestellt auf die Insel Symi, um drei Monate lang in einem Kloster zu wohnen. Ihre Eltern hielten das wohl für unproblematisch und sicher, aber Annika blieb nicht dort, sondern reiste auch über die Inseln. Sie erinnert sich, wie sie auf den Inseln den Duft von Salbei und Rosmarin roch und dachte, endlich nach Hause gekommen zu sein.

«Es ist schwer, dieses Gefühl anders zu beschreiben. Aber es war so stark», sagt Annika, als wir uns im Hafencafé auf Aegiali treffen.

«Aber dass du mit nur dreizehn Jahren auf den Inseln herumgereist bist!»

«Ja», stellt Annika fest, «die Eltern hatten in dieser Zeit noch nicht so eine gute Kontrolle über ihre Kinder.»

Als sie hierher zog, wurde sie herzlich aufgenommen. Der griechisch-orthodoxe Priester in Tholaria, dem Dorf, in dem sie wohnt, ließ sie in der Kapelle mithelfen und das Kirchensilber putzen, obwohl sie nicht gläubig war. Sie ging in die Gottesdienste und war bei den Treffen danach dabei, als man redete … ja, worüber?

«Über die, die gerade nicht da waren», lacht sie.

Sie hat sich auch in einer örtlichen Partei engagiert und ist im Zusammenhang mit einer Lokalwahl von Tür zu Tür gegangen. Damals hat sie entdeckt, dass ein Teil der Dorfbewohner im Haus noch immer einen Boden aus Erde hatte und in einem Raum mit dem Vieh wohnte. Du bist eine *Patrida*, sagten die Dorfbewohner zu ihr. Eine Landsmännin. Nein, antwortet sie und betont, dass sie nicht von hier ist. Ja doch, beharren sie, in deinem Inneren bist du es. Als sie das sagen, hört es sich für sie so an, als gehöre sie dazu.

«Wir haben die Einfachheit und die Direktheit gemeinsam. Ich mag, dass nichts so funktioniert, wie es gedacht ist. Das gefällt mir sehr gut», sagt Annika, nachdem wir das Hafencafé verlassen haben, um in mein kleines Mietauto zu steigen und uns zu der Taverne in Tholaria zu begeben, in der wir Moussaka, Fava, Salat und Weißwein bestellen.

Alle, die in der Gasse vorbeigehen, grüßen rufend herüber und winken Annika zu.

«Wenn ich rausgehe, weiß ich nie, wann ich heimkomme. So ist das hier einfach. Und so soll es auch sein.»

Sie findet es auch gut, dass es im Tal keine Polizei gibt. Die nächste Polizeistation liegt in Chora, vierzig Minuten Autofahrt oder eine noch längere Schiffsreise entfernt. Man muss sich gegenseitig im Blick behalten. Und genau, wie ich es auf Fårö kennengelernt habe, hat man Leute auf den Fähren, die Bericht geben, wenn Polizisten oder Leute vom Gesundheitswesen sich nähern. Dann bleibt noch genug Zeit, alles in Ordnung zu bringen. Wenn sie dann ankommen, finden sie nie irgendwelche Unregelmäßigkeiten.

Trotz der Dorfgemeinschaft gibt es auf einer friedlichen Insel weit draußen im Meer viel Zeit für einen selbst. Erst recht, wenn man wie Annika allein lebt und von zu Hause aus arbeitet. Sie hilft anderen auf der Insel, sich um ihre Zimmerbuchungen zu kümmern und arbeitet außerdem als Grafikdesignerin für Kunden in verschiedenen Teilen der Welt.

«Inselbewohner werden bekanntermaßen etwas eigen und dürfen das auch sein. Und auch mit seinen Seltsamkeiten wird man nicht ausgeschlossen», sagt sie und erzählt von dem Mann, der am Nebentisch sitzt, ein verschlissenes braunes Zaumzeug über die Schulter gelegt.

«Das ist von seinem geliebten Esel, der vor langer Zeit gestorben ist», erklärt Annika. «Er läuft noch immer damit herum, als würde der Esel noch leben.»

Sie selbst sei auch dabei, *verinselt* zu werden, sagt sie. Etwa als sie wegen einer Verletzung zum Arzt in Athen kam und er fragte, wann sie sich diese zugezogen hatte. Und Annika antwortete: «Als Vollmond war!» Der Doktor sah sie skeptisch an.

«Aber mein Gott, wie soll man auf einer Insel auch Wochentage und Datum im Blick behalten.»

Als ich später am selben Abend mit der Blue-Star-Fähre, die mich nach Naxos bringen soll, Amorgos verlasse, denke ich noch einmal an das existenzielle Gefühl, das diese Insel weckt. Das Gefühl, das uns immer wieder zurückkehren lässt und einige von uns sogar dazu bringt, sich hier für immer niederzulassen und die Insel als ihr Zuhause zu bezeichnen.

Doch was ist es, was gerade mich lockt? Ist es der Drachenrücken oder das große Blau? Schon bevor ich die Frage formuliert habe, weiß ich die Antwort. Es ist die Kombination – also steile Berge, mit einem großen Meer zu Füßen. Es verzaubert mich, ich selbst komme mir dadurch unbedeutend und zufällig vor, und die Natur erscheint dagegen großartig und ewig. So seltsam es klingt, ich fühle mich dadurch etwas freier.

Heimkehr

An einem kühlen Aprilabend bin ich zurück in der Inselwelt, die ich am besten kenne: dem Stockholmer Schärengarten mit seinen vierundzwanzigtausend Holmen, Felseneilanden und Schären. Ich gehe an Bord der Fähre, die zwischen den eng beieinander liegenden Inseln ins stille Binnenmeer hinausgleitet. Bald werde ich wieder auf der waldigen Schärengarten-Insel mit ihren silbern funkelnden Seen und dem kleinen Häuschen sein, in dem ich in der Dämmerung sitze und über den Fjord hinausschaue, während die Estlandlandfähre sich ostwärts bewegt. Die Insel, die nur anderthalb Stunden mit Bus und Schiff von meinem Zuhause im Zentrum der schwedischen Hauptstadt entfernt liegt. Die Insel, die mir das Gefühl vermittelt, die normale Welt verlassen zu haben und in eine andere eingetreten zu sein.

Bis ich dort bin, muss ich mich durch einen dichten Schärengarten hindurchschlängeln. Das dumpfe Geräusch des Schiffmotors. Das Rauschen und Platschen des schäumenden Kielwassers. Die roten Bojen mit den Seevögeln, die, sobald die Fähre näherkommt, plötzlich auffliegen und wegflattern. Die Schwäne, die ruhig und genügsam auf den Heckwellen schaukeln. Die Enten, die tief und eilig über die spiegelnde Wasseroberfläche hinwegfliegen. Die Inseln mit ihren grau-rot-gestreiften Granitfelsen und den knorrigen, kurzgewachsenen Krüppelkiefern. An den Uferlinien die Umrandung aus kreideweißen Kieselalgen, im Sommer durch Grünalgen ersetzt. Die verwitterten, schiefen Holzanleger, die einen weiteren Winter überstanden haben. Die an Land gezogenen Freizeitboote, jetzt im Frühjahr noch von blauen Plastikplanen verhüllt. Die Fahnenstangen mit ihren flatternden, blaugelben Wimpeln. Und die roten Häuschen mit ihren Ziegeldächern, dazu gelbe Sommervillen mit von Grünspan überzogenen Kupferdächern.

Längst nicht alle Inseln, an denen wir vorüberfahren, sind bewohnt: Schon nach wenigen Minuten sind wir an ungefähr zehn Schären vorbeigefahren, die so unbedeutend sind, dass sie einem Menschen nichts bieten könnten. Dafür gehören sie den Seeschwalben, Möwen und Kormoranen. Die vielen tausend kleinen Schären sind ihr Reich. An Bord schaue ich mir die Seekarte an: Ich sehe ein Meer, gepunktet von mehr kleinen Inseln als ich in der Zeit bis zu unserer Ankunft zu zählen vermag. Es sieht aus, als habe ein Riese eine Handvoll Kieselsteine genommen und ins Meer geworfen.

Dicht streicht die Fähre an rundlichen und flachen Inseln vorbei. Von dem Gletscher, der vor hunderttausend Jahren den Schärengarten bedeckt hat, wurden sie mühsam und hartnäckig heruntergedrückt und dann weitere zehntausende Jahre von Wind und Wellengeplätscher abgeschliffen. Und dicht an anderen Inseln vorbei, die, im Gegensatz dazu, kantig und spitz sind, mit senkrechten Felswänden. Als hätte derselbe Riese, der die Kieselsteine geworfen hat, die Küstenlinie mit Hammer und Meißel bearbeitet, um Spannung und Dramatik zu erzeugen.

«Wir legen in Ängsö an, nächster Halt Ängsö», leiert die Lautsprecherstimme.

Ein paar Minuten später ist Gränö dran, dann Kalvholmen und danach Mörtö und Uvö, alle bewohnt. Während der wenigen Minuten, in denen wir anlegen, kann ich einen Blick auf eine Handvoll kleiner Häuser werfen, die meisten einfach und nicht sehr ansehnlich, sowie einige Anleger mit Bootshäusern, jedoch keine Cafés, Läden oder andere öffentliche Einrichtungen. Bei jedem Anlegen steigen ein paar Passagiere mit Einkaufstrolleys, vollgepackt mit Lebensmitteln, aus. Diese Inseln hier, denke ich, gehören nicht gelegentlichen Besuchern, sondern Sommerurlaubern mit eigenen Häuschen.

Angeregt durch meine Odysseen zu Inseln auf der ganzen Welt mache ich einen Umweg durch einen mir unbekannten Teil des Schärengartens. Immer wieder legen wir an und lassen Leute aussteigen, auf Ängsholmen, Ekholmen, Orrön .... Obwohl die Inseln eine regelmäßige Fährverbindung haben und nur eine gute Stunde Fahrt entfernt von der Stadt liegen, in der ich den größten Teil meines Lebens verbracht habe, höre ich doch das erste Mal von ihnen.

Durch meine umständliche Route dauert es, bis wir unser Ziel erreichen. Ich hole das Buch heraus, das ich in der Bibliothek ausgeliehen habe. Mir fehlen nur noch ein paar Seiten von Aldous Huxleys Buch *Eiland*, das 1962 erschien, meinem Geburtsjahr. Es ist vielleicht der allerletzte wirklich visionäre utopische Insel-Roman in der literarischen Tradition, die mit Platons Phantasien über Atlantis ihren Anfang nahm. Das Buch handelt von einer Insel frei von Überkonsum, menschlichen Konflikten und sexuellen Neurosen. Im Schlusskapitel wird mir deutlich, wie zerbrechlich das erfundene Idyll dieser Insel – wie auch vieler tatsächlich existierender Inseln – ist. Die von der Festlandwelt Ausgesandten übernehmen die Macht, um die verborgenen Ölvorkommen der Insel auszubeuten und einen Markt für Massenkonsum zu schaffen. Der Traum zerbricht. Die Utopie verwandelt sich in eine Dystopie. Eins, zwei, drei, das schöne Insel-Märchen ist vorbei. Jedoch: Ist es das wirklich?

Ich lege das Buch beiseite und denke daran, dass ich bald auf meiner eigenen Traum-Insel ankomme. Meine Insel, so wie die anderen um sie herum, scheint ganz unbeeinflusst von dem menschlichen Vorwärtsstreben zu sein. Doch so ist es nicht. Früher einmal wurde auch sie ausgebeutet. Vom sechzehnten bis

Mitte des zwanzigsten Jahrhunderts hat man auf den Inseln des Stockholmer Schärengartens gegraben, gebohrt und gehackt, auch auf meiner Insel, nur um an Eisen, Mineralien und Gesteine zu kommen. Doch Mitte des letzten Jahrhunderts stellte man den Grubenbetrieb ein, und in den Steinbrüchen wurde es still. Stattdessen bevölkerten die Inseln sich mit Tagestouristen, mit Feriengästen und im Homeoffice arbeitenden Großstadtbewohnern. Die magische Anziehungskraft der Inseln, denke ich, während ich das Buch einpacke, beruht nicht mehr auf materiellen Werten, sondern auf immateriellen: der Sehnsucht, in einer unsicheren Welt Orte zu finden, die sich – außer, dass man sie gerne ansieht und sich gut darauf entspannen kann – überschaubar, verstehbar und sicher anfühlen.

So viele und so unterschiedliche. Auf den Inseln, die ich kürzlich besucht habe, im Bottnischen Meerbusen, der Ostsee, dem Mittelmeer, dem Atlantik und dem Indischen Ozean, wachsen verschiedenartige Bäume und Büsche, beten die Inselbewohner zu unterschiedlichen Göttern, sprechen verschiedene Sprachen und bevorzugen jeweils anderes Essen. Wenn ich auf all diesen Seereisen etwas gelernt habe, dann, dass alle Inseln der Welt dennoch etwas gemeinsam haben.

Als die Fähre an einer Insel mit nur einem Baum und einem Haus vorbeikommt, ein Anblick, der sich gut als Werbebild für ein Retreat für Festlandbewohner mit Burn-out-Symptomen eignet, denke ich daran, wie Mickey auf Denis Island gesagt hat, dass man auf einer Insel begreift, wie komplex die Verbindung aller Elemente der Natur ist, und der Mensch erst dann versteht, dass er einen Schritt zurücktreten und lernen muss, in dem großen, komplizierten Ökosystem eine Nebenrolle zu spielen. Ja, genau, jetzt erinnere ich mich an noch etwas: Danach sah Mickey verlegen aus, als habe er etwas Selbstverständliches, Banales und allzu

Politisch-Korrektes gesagt. Deshalb fügte er hinzu, dass diese Erkenntnis zwar universell ist, jedoch noch deutlicher offenbar wird, wenn man auf einer kleinen Insel weit draußen im Meer lebt.

Das Gefühl, dass wir alle dasselbe Schicksal teilen, wurde bei einer UN-Konferenz über nachhaltigen Tourismus auf einer spanischen Mittelmeerinsel noch klarer. In einer emotionalen Rede erzählte der spanische Astronaut Pedro Duque, wie er und seine Kollegen in der internationalen Raumstation saßen und auf die Erde herabschauten. In den ersten Tagen versuchten alle, ihr Heimatdorf oder ihre Heimatstadt zu identifizieren. Dann gaben sie auf. In den folgenden Wochen begnügten sie sich damit, nach ihrem Heimatland zu suchen. Nach einigen Monaten gaben sie auch das auf und schauten auf die ganze Erde, ihre gemeinsame Heimatinsel im Universum, mit dem Gefühl, dass sie letztlich alle von demselben Ort kamen. Von außen betrachtet erschien die Erde klar und deutlich als ihre gemeinsame, unteilbare Heimat. Die Unterschiede wirkten unbedeutend.

Über Nämdö, Idöborg, Aspö und viele weitere kleine Inseln, deren Namen ich jetzt vergessen habe, gelange ich endlich zu meiner Insel. Ich laufe den wohlbekannten, gewundenen Schotterweg zwischen Weiden und Wiesen zu dem kleinen Häuschen hoch. Dabei denke ich an das Gefühl, das Vangelis befiel, als er nach Amorgos zurückkehrte, der Insel seiner Kindheit. Dieses Gefühl, das ihn an Homers *Odyssee* denken ließ. Stärker als früher teile ich nun sein existenzielles Bedürfnis nach einer Rückkehr. Für Odysseus ging es um Ithaka, für Vangelis um Amorgos, für mich um Runmarö.

Also lasse ich mich in dem Häuschen auf der Insel nieder, die sich mehr als jede andere als die Meine anfühlt. Setze mich in die Küche, trinke einen Schluck Kaffee und blicke hinaus über das Meer.

Was ist eine Insel?

Die kurze Definition einer Insel laut der Schwedischen National-enzyklopädie ist ein Landgebiet, das von allen Seiten vom Wasser eines Meeres, eines Sees oder eines Flusses umgeben ist. Das See-rechtsübereinkommen der Vereinten Nationen findet außerdem, dass ein Ort, der sich Insel nennen möchte, einen Teil haben muss, der sich auch bei Flut über der Wasseroberfläche befindet. Auch Afrika-Eurasien, Amerika, die Antarktis und Australien sind bekanntlich von Wasser umgeben, jedoch stehen sie auf eigenen tektonischen Platten und werden daher als Kontinente gezählt. Außerdem sind sie viel zu groß, als dass wir sie uns als Inseln vor-stellen können.

Was Meeresinseln angeht, unterscheiden Geologen zwischen *Kontinentalinseln*, die auf demselben Kontinentalsockel liegen wie das Festland, und *Ozeanischen Inseln*, die weiter draußen für sich liegen.

Die Kontinentalinseln haben für gewöhnlich einen geologi-schen Aufbau, der mit dem benachbart liegenden Kontinent übereinstimmt oder sich aus Sand und anderem Sediment gebil-det hat, das Flüsse ins Meer gespült haben. Gotland, Usedom, Bali, Sri Lanka, Norrbyskär und Amorgos sowie sämtliche klei-nen schwedischen Inseln, die ich in diesem Buch erwähne, sind Kontinentalinseln.

Ozeanische Inseln, die also außerhalb der Kontinentalsockel liegen, haben sich häufig nach Vulkanausbrüchen oder auf Kalk-strukturen aus Skeletten der Korallentiere gebildet. El Hierro, North Sentinel Island, Denis Island und Muravandhoo sind ozea-nische Inseln.

Die 20 inselreichsten Länder

	Inseln
1. Schweden	267 570
2. Norwegen	239 057
3. Finnland	178 947
4. Kanada	52 455
5. USA	18 617
6. Indonesien	17 504
7. Australien	8 222
8. Philippinen	7 641
9. Japan	6 852
10. Chile	5 000
11. China	5 000
12. Südkorea	4 400
13. Kuba	4 195
14. Vietnam	4 000
15. Nordkorea	3 579
16. Griechenland	3 054
17. Estland	1 520
18. Thailand	1 430
19. Dänemark	1 419
20. Papua-Neuguinea	1 400

Die 20 größten Inseln der Welt

km²

1. Grönland, *Dänemark*	2 175 600
2. Neuguinea, *Papua-Neuguinea und Indonesien*	785 753
3. Borneo, *Malaysia, Brunei und Indonesien*	748 168
4. Madagaskar	587 713
5. Baffininsel, *Kanada*	507 451
6. Sumatra, *Indonesien*	425 000
7. Honshu, *Japan*	225 800
8. Victoria-Insel, *Kanada*	217 291
9. Großbritannien	209 331
10. Ellesmere-Insel, *Kanada*	196 236
11. Sulawesi/Celebes, *Indonesien*	180 681
12. Südinsel, *Neuseeland*	145 836
13. Java, *Indonesien*	138 794
14. Nordinsel, *Neuseeland*	111 583
15. Luzon, *Philippinen*	109 965
16. Neufundland, *Kanada*	108 860
17. Kuba	105 806
18. Island	101 826
19. Mindanao, *Philippinen*	97 530
20. Irland, *Republik Irland und Großbritannien*	84 421

Die 20 größten Inseln Deutschlands

	km²
1. Rügen	926
2. Usedom	373
3. Fehmarn	185,4
4. Sylt	99,2
5. Föhr	82,9
6. Pellworm	37,4
7. Poel	34,3
8. Borkum	30,7
9. Norderney	26,3
10. Amrum	20,4
11. Langeoog	19,7
12. Ummanz	19,6
13. Spiekeroog	18,2
14. Hiddensee	16,7
15. Juist	16,4
16. Langeneß	11,6
17. Norderoogsand	9,4
18. Wangerooge	7,9
19. Baltrum	6,5
20. Hooge	5,9

Bei Deutschland denkt man zwar nicht direkt an ein Inselland, doch tatsächlich gehören dazu 92 Inseln, mehr als 20 davon bewohnt. Die meisten in der Nordsee und Ostsee, aber auch in Flüssen und Binnenseen, wie zum Beispiel die Inseln Lindau, Reichenau und Mainau im Bodensee.

Die 20 Inseln mit der größten Bevölkerung

	Mio. Einwohner
1. Java, *Indonesien*	148
2. Honshu, *Japan*	104
3. Großbritannien	66
4. Luzon, *Philippinen*	64
5. Sumatra, *Indonesien*	59
6. Madagaskar	28
7. Mindanao, *Philippinen*	27
8. Taiwan	24
9. Borneo, *Malaysia, Brunei und Indonesien*	24
10. Hispaniola, *Dominikanische Republik und Haiti*	22
11. Sri Lanka	22
12. Sulawesi/Celebes, *Indonesien*	20
13. Salsette, *Indien*	15
14. Neuguinea, *Papua-Neuguinea und Indonesien*	15
15. Kyūshū, *Japan*	13
16. Kuba	11
17. Hainan, *China*	10
18. Long Island, *USA*	8
19. Irland, *Republik Irland und Großbritannien*	7
20. Singapur-Insel, *Republik Singapur*	6

Die 20 dichtbevölkertsten Inseln

Einw./km²

1. Dawahon, *Philippinen*	166700
2. Ilet a Brouee, *Haiti*	125000
3. Bonacca, *Honduras*	83000
4. Migingo, *Kenia*	65500
5. Ap Lei Chau, *Hongkong*	65100
6. Joal-Fadiouth, *Senegal*	60000
7. Arwad, *Syrien*	57500
8. Malé, *Malediven*	56095
9. Nasingin, *Philippinen*	55143
10. Nocnocan, *Philippinen*	54238
11. Ebeye, *Marshallinseln*	41667
12. Pulau Bundin, *Indonesien*	41176
13. Santa Cruz del Islote, *Kolumbien*	41000
14. Bilangbilangan, *Philippinen*	38127
15. Ilha de Moçambique, *Mosambik*	36210
16. Cuaming, *Philippinen*	30609
17. Pangapasan, *Philippinen*	30128
18. Pandanon, *Philippinen*	29751
19. Manhattan, *USA*	27993
20. Calituban, *Philippinen*	27976

Auf Platz 28 kommt Lilla Essingen mit 21004 Einw./km², auf Platz 34 Södermalm (17458 Einw./km²), auf Platz 39 Reimersholme (14525 Einw./km²) und auf Platz 40 Kungsholmen (14151 Einw./km²) – alle vier im Zentrum von Stockholm gelegen.

Inselbücher, die nicht
ungelesen bleiben sollten

Die Odyssee von Homer, ca. 700 vor Christi, übersetzt von Kurt Steinmann. Die zehn Jahre dauernden Abenteuer des Odysseus in der Ägäis, mit Landgang auf verschiedenen Inseln, unter anderem der Insel der Zyklopen, der Insel der Nymphe Kalypso, der Insel der Zauberin Kirke und der Insel der Sirenen. Außerdem Begegnung mit den menschenfressenden Seeungeheuern Skylla und Charybdis.

Utopia von Thomas More, 1516, übersetzt von Jacques Laager. Der Autor begegnet einem Seemann, der mit Amerigo Vespucci gesegelt ist und auf einer Insel irgendwo im Westen an Land gegangen ist. Dort hat man die gerechte, rationale und glückliche Gesellschaft geschaffen, die es in Europa nicht gibt. Inspirierte Karl Marx.

Gullivers Reisen von Jonathan Swift, 1726, übersetzt von Christa Schuenke. Unterwegs nach Ostindien erleidet Gulliver Schiffbruch und geht auf verschiedenen Inseln an Land. Auf Lilliput, wo die Inselbewohner winzig klein sind, auf Brobdingnag, die von Riesen bewohnt wird, auf Laputa, welches eine fliegende Insel ist, und schließlich auf der Insel der Houyhnhnmer, die von böswilligen zweibeinigen Pferden bewohnt wird.

Die Insel der Glückseligkeit von Per Daniel Amadeus Atterbom, 1824, Übersetzung von Alexander Heinrich Neus. Klassische Dichtung / Märchenspiel, basiert auf einer keltischen Volkssage aus dem siebzehnten Jahrhundert über eine paradiesische Insel jenseits von Zeit und Raum, gelegen im großen, westlichen Meer. König Astolf verlässt sein kaltes Land und seine Frau namens Svanevit (Schwanenweiß) und wird mit den Winden auf die Insel der Glückseligkeit gebracht, wo er Felicia heiratet. Nach dreihundert glücklichen Jahren wird er von Schuldgefühlen erfasst und kehrt wieder heim. Doch er findet sein altes Zuhause verändert vor. Die Menschen sind materialistisch geworden, und die Regierungsmacht des Königs wurde abgeschafft. Er muss auf die Insel zurückkehren.

Die geheimnisvolle Insel von Jules Verne, 1874/75, Übersetzung von Lothar Baier. Fünf Männer und ein Hund fliehen in einem Freiballon vor dem Amerikanischen Bürgerkrieg auf eine scheinbar unbewohnte Insel im südlichen Pazifik. Nachdem sie die Nachbarinsel erkundet, einen schiffbrüchigen, verwilderten Mann gefunden und mit Piraten gekämpft haben, entdecken sie eine Unterwasserhöhle, in der sie auf Nautilus und Kapitän Nemo aus dem vier Jahre zuvor erschienenen Buch *20 000 Meilen unter dem Meer* treffen. Die Insel Lincoln, auf der das Buch spielt, ist eine Erfindung von Jules Verne. Er hat sie zwischen Chile und Neuseeland platziert, so weit entfernt wie möglich von anderen größeren Landgebieten.

Die Insel des Dr. Moreau von H. G. Wells, 1896, übersetzt von Felix Paul Greve. Nach einem Schiffbruch landet Edward auf einer Insel, die von zwei Wissenschaftlern und mehreren seltsamen Wesen bewohnt wird. Er findet heraus, dass die Wesen von einem der Wissenschaftler, Dr. Moreau, geschaffen wurden. In den Dschungeln der Insel leben diese Gestalten in einer eigenen Gesellschaft, in der sie Moreau anbeten wie einen Gott. Um 1900, im Europa des wissenschaftlichen Fortschritts, entfachte das Buch eine Debatte über die Frage, wie sehr der Mensch in Gottes Schöpfung eingreifen kann.

Die Insel der Weisheit von Alexander Moszkowski, 1922. Eine Prophezeiung führt zur Entdeckung einiger außergewöhnlicher Inseln, die nach verschiedenen politischen und philosophischen auf die Spitze getriebenen Prinzipien regiert werden. Dystopisch, sarkastisch und burlesk, von einem Autor, der seine Inselerzählung mitten in dem Chaos schrieb, das in Deutschland auf den Ersten Weltkrieg folgte.

Zum Leuchtturm von Virginia Woolf, 1927, übersetzt von Karin Kersten. Eine Familie und ihre Freunde verbringen den Sommer auf der Isle of Skye. Die Perspektive wechselt, Spannungen kommen auf, und Gegensätze in der Beziehung zwischen Frauen und Männern werden offengelegt – während der jüngste Sohn fortwährend davon träumt, zu einem Leuchtturm zu fahren, der in der Ferne lockt.

Tim und Struppi: Die schwarze Insel von Georges Remi alias Hergé, 1937, übersetzt von Leslie Lonsdale-Cooper und Michael Turner. In dieser Geschichte, inspiriert von Alfred Hitchcocks Film *Die 39 Stufen*, landet Tim im schottischen Dorf Kiltoch. Vor der Küste liegt eine Insel, vor der alle im Dorf Angst haben. Doch Tim begibt sich natürlich trotzdem dorthin, begegnet einem Gorilla, der einem Falschmünzersyndikat angehört, und wird in ein Loch im Berg hineingejagt, das sich bei Flut mit Wasser füllt. Kann ein Inselthriller spannender sein?

Ein Haus für Mr. Biswas von V. S. Naipaul, 1961, Übersetzung von Karin Graf. Über das mühselige Leben des Inders Mohun Biswas und seinen Kampf für ein eigenes Haus auf Trinidad, zu der Zeit, als die Insel noch von Großbritannien regiert wurde. Hier werden Geschichten aus einer heute verschwundenen kolonialen Inselwelt erzählt, die Naipul von seinem Vater gehört hat.

Fünf Freunde machen eine Entdeckung von Enid Blyton, 1962, übersetzt von Ilse Winkler-Hoffmann. Spannende Geschichte, ab neun Jahren aufwärts. Die Fünferbande begibt sich auf die Flüsternde Insel. Dort angekommen, verschwindet das Boot. «Haltet ihr es für möglich, dass die Flut es hinausgezogen hat?», sagt eines der Kinder und versteht zugleich, dass sie jetzt auf der Insel gefangen sind.

Der Magus von John Fowles, 1965, Übersetzung von Walter Schürenberg. Ein junger Mann, der akademischen Studien müde, reist zur entlegenen griechischen Insel Phraxos, um dort als Lehrer zu arbeiten. Dort gerät er in die Hände eines Multimillionärs, der in seiner verborgenen Villa sozialpsychologischen Experimenten nachgeht, die historische Ereignisse und Personen – unter anderem die Okkupation durch die Nationalsozialisten, Marquis de Sades Leben und verschiedene griechische Mythen – wiederauferstehen lässt.

Das Sommerbuch von Tove Jansson, 1972, aus dem Schwedischen von Birgitta Kicherer. Von der Freundschaft zwischen einem kleinen Mädchen und ihrer Großmutter auf einer Insel im Finnischen Meerbusen. Tove Janssons Buch für Erwachsene besteht aus zweiundzwanzig für sich stehenden Kapiteln, alle genauso schön und intensiv wie die Kindheitserinnerungen an einen Sommeraufenthalt auf einer einsamen Schäreninsel.

Freibeuter des Todes von Peter Benchley, 1979, Übersetzung von Jürgen Abel. Zwei Männer und ein Junge segeln im Meer vor den karibischen Turks- und Caicoinseln, wo in jüngerer Zeit viele Segelboote auf rätselhafte Weise verschwunden sind. Sie werden von Piraten angegriffen, die seit dem siebzehnten Jahrhundert über mehrere Generationen hinweg überlebt haben. Auf einer kleinen Insel haben sie eine autonome Republik gegründet, in der sie sich damit beschäftigen, was sie am besten können: der Seeräuberei. Verfilmt mit Michael Caine in einer der Hauptrollen.

Es liegt in der Familie von Michael Ondaatje, 1982, Übersetzung von Peter Torberg. Lebendige, urkomische und nostalgische Schilderung einer Reise zurück auf die Insel, auf der Ondaatje aufgewachsen ist. Darüber, wie das Leben dort für seine Eltern und Großeltern in der ersten Hälfte des neunzehnten Jahrhunderts, als die Briten noch regierten, aussah.

Nur eine kleine Insel von Jamaica Kincaid, 1988, Übersetzung von Ilona Lauscher. Dieses Buch schrieb Kincaid, als sie, nach zwei Jahrzehnten in den USA, auf ihre karibische Heimatinsel Antigua zurückgekehrt war. Ein wütender Text darüber, wie Kolonialismus, westlicher Tourismus, Offshore-Banken und korrupte Politiker eine schöne Insel zerstört haben.

Der Strand von Alex Garland, 1996, Übersetzung von Rainer Schmidt. Der spannungsreiche Debütroman Garlands beginnt in einem Backpacker-Hotel in Thailand. In einem Hostel in Bangkok wird über eine mythenumsponnene Insel geredet. Drei Reisende begeben sich dorthin und werden Teil der alternativen Gesellschaft, die sich dort bildet. Doch das versprochene Paradies kommt nicht zustande. Wurde mit William Goldings *Herr der Fliegen* verglichen. Verfilmt mit Leonardo di Caprio und Tilda Swinton in den Hauptrollen.

Evighetens stränder («Strände der Ewigkeit») von Sun Axelsson, 2001. Von einem Paar, das auf der griechischen Insel Leros in ein altes Haus einzieht. Endlich haben sie nach Hause gefunden! Mythen verweben sich mit der Wirklichkeit, die Ausgesetztheit der Menschen trifft auf die Sehnsucht nach Freiheit, ausgelassene Verrücktheit auf Tragödie. Doch über allem steht die Liebe füreinander – und zu der Insel.

Atlas der abgelegenen Inseln: Fünfzig Inseln, auf denen ich nie war und niemals sein werde von Judith Schalansky, 2009. Die Autorin phantasiert über fünfzig existierende Inseln von Tristan da Cunha bis zur Osterinsel. Sie sind von seltenen Tieren, gestrandeten Sklaven, einsamen Naturforschern, verirrten Entdeckern, frustrierten Leuchtturmwärtern, Meuterern und Schiffbrüchigen bevölkert.

Nära Nauru – varför vi behöver öar («Nahe bei Nauru – warum wir Inseln brauchen») von Anders Källgård, 2011. Meisterhafte Reportage über Reisen nach Svalbard, Neuguinea, die Trobriand-Inseln, Tasmanien, die Salomonen, Kiribati und schließlich Nauru, die Insel, die durch den Phosphat-Export aus Vogelkot reich wurde und daraufhin den Weltrekord in Fettleibigkeit, Diabetes und Verschwendung brach.

Ön («Die Insel») von Lotta Lundberg, 2012. Man darf der schwedischen Ärztin Olivia auf eine Südseeinsel folgen. Sie liebt Taip, der häufig an den erotischen Tänzen auf der Landzunge teilnimmt. Als Touristen von einem besuchsweise ankernden Luxuskreuzfahrtschiff sexuelle Übergriffe anzeigen, wird eine Gruppe britischer Sozialarbeiter dorthin geschickt, um die Sache zu untersuchen. Derber, urkomischer und humoristischer Roman über finstere Ereignisse, inspiriert von dem Reportagebuch *På Pitcairn – återbesök i Polynesien* (*«Auf Pitcairn – wieder in Polynesien»*), in dem der Arzt Anders Källgård, der, wie Olivia im Roman, auf dieser Insel arbeitete, beschreibt, wie es zu den Anschuldigungen kam.

On the Island. Liebe, die nicht sein darf von Tracey Garvis Graves, 2015, übersetzt von Karin Dufner. Eine moderne Robinson-Crusoe-Erzählung über die dreißigjährige Lehrerin Anna Emerson, die unterwegs ist zu einem Ferienhaus auf den Malediven. Neben ihr im Flugzeug sitzt der sechzehnjährige T. J. Callahan, der kürzlich eine Krebsbehandlung überstanden hat und den Anna jetzt unterrichten soll. Doch der Pilot bekommt einen Herzinfarkt und das Flugzeug stürzt ab ins Meer. Anna und T. J. können sich auf eine unbewohnte Insel retten, auf der sie zusammenarbeiten müssen, um zu überleben.

Doggerland von Maria Adolfsson, übersetzt von Stefanie Werner. Die Krimiserie spielt auf Heimö, Noorö und Frisel, die zur Inselnation Doggerland gehört, gelegen in der Nordsee zwischen Großbritannien und Dänemark. Ständig passieren spektakuläre Morde, in denen die Kriminalkommissarin Karen Eiken Hornby ermittelt. Nie von diesen Inseln gehört? Das liegt daran, dass sie von der Autorin erfunden worden sind. Bislang sind drei Bücher auf Deutsch erschienen: *Doggerland. Fehltritt* (2018), *Doggerland. Tiefer Fall* (2020) und *Doggerland. Tiefer Grund* (2021).

Die Pestinsel von Marie Hermanson, 2021, übersetzt von Regine Elsässer. Um die Verbreitung ansteckender Krankheiten aus fernen Ländern zu verhindern, isolierten die schwedischen Behörden kranke Seemänner auf Känsön im Göteborger Schärengarten. In diesem Krimi, der 1925 spielt, führt die Jagd nach dem Mörder auf die berüchtigte Pestinsel. Die Quarantäne-Station ist geschlossen, aber wer ist dann der Mann, der noch auf der Insel gefangen gehalten wird?

Dank

An Irini Giannakopoulos und Anna Myra Boberg (Amorgos), Janet De Neefe (Bali), Robyn Shield und Karen Confait (Denis Island), Sofi und Tomas Lundwall und Cristina Ferro Fernández (El Hierro), Emilie Walter und Lars Erik und Monika Eriksson (Gotland), Helene Hofverberg (Muravandhoo), P. K. Mahanandia (North Sentinel Island), Unni Rydja und Olle Öberg (Norrbyskär), Godwin Samararatana und N. D. Wijenayake (Sri Lanka), Iris Müller (Usedom) sowie Egil Andersson (für die geologischen Daten) und Stina Helmstrand (dafür, dass du nach El Hierro und Usedom mitgekommen bist, für deine klugen Textanmerkungen und dafür, dass es dich gibt).

Quellennachweis

S. 13: Tomas Tranströmer: Als wir die Inseln wiedersahen, aus Tomas Tranströmer: *Sämtliche Gedichte*. Aus dem Schwedischen von Hanns Grössel, München 1997 © 1997 Hanser Verlag GmbH & Co. KG, München

S. 173–174: aus Michael Ondaatje: Es liegt in der Familie. Aus dem Schwedischen von Peter Torberg, München 1992 © 1992 Hanser Verlag GmbH & Co. KG, München

S. 204–205: aus Selma Lagerlöf: *Nils Holgerssons wunderbare Reise durch Schweden*. Aus dem Schwedischen von Thomas Steinfeld. Die Andere Bibliothek, Bd. 359, Berlin 2014 © Aufbau Verlage GmbH & Co. KG, Berlin 2014

S. 252–253: Nick Cave. The Weeping Song, (BMG Rights Management/Hal Leonard Europe)

301 Seiten | Klappenbroschur | 978-3-406-72164-9

Der Bestsellerautor Per J. Andersson berichtet in diesem Buch von
seiner großen Leidenschaft, dem Reisen. Dabei erzählt er bezaubernde Geschichten, entführt in fremde Welten und zeigt, warum
das Reisen ein Bedürfnis ist, das in jedem von uns schlummert. Eine
gefährliche Lektüre für Menschen mit festem Wohnsitz – und eine
wunderbare Inspiration für alle, die es in die Welt hinauszieht.

«Wer dieses Buch zur Hand nimmt, sollte sich nicht wundern, wenn er
am Ende Landkarten studiert und neue Urlaubspläne schmiedet.»
Theo Körner, Lesart

C.H.BECK
WWW.CHBECK.DE

379 Seiten | Klappenbroschur | 978-3-406-75127-1

Per J. Andersson begibt sich mit der Eisenbahn zum nördlichsten
Zipfel Europas, fährt mit der Dampflok über den Wolken, steigt in
den sagenumwobenen «Orientexpress» und verbringt ganze Tage
und Nächte im Abteil, wo er kuriose Mitreisende kennenlernt.
Sein Buch weckt die Sinne und ist ein Muss für alle Menschen, die
beim Reisen gerne etwas erleben – und dabei auch noch das Klima
schonen wollen.

«Der Autor zeigt, warum das Zugreisen nicht nur nachhaltig ist,
sondern auch neue Horizonte eröffnet.»
green Lifestyle

C.H.BECK
WWW.CHBECK.DE